우리와
그리스도는
어떻게
연합되는가

우리와 그리스도는 어떻게 연합되는가

초판 1쇄 2011년 01월 10일 발행(도서출판 목양)
재판 1쇄 2023년 03월 20일 발행

지은이   김수홍
펴낸이   박순자
발행처   도서출판 언약
주소   경기도 수원시 영통구 중부대로 271번길 27-9, 102동 1303호
전화   070-7851-9725
전자우편 kidoeuisaram@naver.com
등록   제374-2014-0000016호

이 도서의 국립중앙도서관 출판시도서목록(CIP)은 서지정보유통지원시스템 홈페이지 (http://seoji.nl.go.kr)와 국가자료공동목록시스템(http://www.nl.go.kr/kolisnet)에 서 이용하실 수 있습니다.

ISBN 979-11-89277-19-2 03230
값은 뒤표지에 있습니다.

우리와 그리스도는 어떻게 연합되는가

그리스도의 말씀이 연합에 미치는 영향

김수흥

언약

머리말

그리스도와의 연합교리는 성경신학(Biblical theology)의 핵심교리이다. 우리가 그리스도와 연합되었기에 하나님으로부터 의롭다함을 받게 되었고 구원을 받게 되었으며 성화의 삶을 살 수 있게 되었다. 또 그리스도와의 연합교리는 조직 신학(systematic theology)의 중심교리이기도 하다. 그리스도와의 연합이란 구원의 서정에 있어 중생, 회심(conversion), 신앙, 칭의, 수양, 성화보다 논리적으로 가장 앞 선 순서이다. 다시 말해 그리스도와의 연합은 다른 서정들(중생, 회심, 신앙, 칭의, 수양, 성화)을 포함하는 순서이다. 우리가 그리스도와 연합했기에 새로운 생명을 받게 되었고(중생), 연합되었기에 회심을 하게 되었으며, 연합되었기에 신앙할 수 있게 되었고, 의롭다는 선언을 받게 되었으며(칭의), 하나님의 양자로 수납되었고, 우리의 성화가 시작되게 되었다. 이처럼 연합교리는 신학의 노른자임에도 불구하고 세계 신학계에서나 한국 신학계에서의 연구는 초보 단계를 넘지 못했다.

게다가 필자가 시도한바 그리스도의 말씀이 연합에 어떤 영향을 미치는가의 연구는 더욱 천단하다. 필자는 그리스도의 말씀이 연합에 미친 영향만을 다루는 것이 아니라 성령님께서 어떤 역할을 하셔야 하는지를 살펴야 했고 우리의 믿음이 어떤 역할을 하는지도 살펴야 했다. 필자는 이 연구를 위하여 안간 힘을 썼다. 자료를 찾느라 웬만한 신학교 도서관(필라델피아의 Westminster 신학교, Biblical 신학교, 루터 신학교, New Jersey 주의 Princeton 신학교, Florida주의 Pensacola 신학교 등)을 찾아 헤맸다. 이 연구가 완전하지는 않지만 "그리스도의 말씀이 그리스도와의 연합에 미친 영향"(The Role of Jesus' Words upon His Union With His Disciples)이라는 제목으로 세상에 내놓는다. 오늘 필자는 학위논문을 그냥 번역해내는 것이 아니라 수정 보완해서 우리 교계에 내 놓는다. 이 책이 한국 교계(Churches)에 나가서 많은 분들에게 읽혀질 뿐 아니라 연합을 연구하는 이들에게 큰 도움이 되었으면 하는 마음 간절하다.

2023년 3월
수원 원천동 우거에서
저자 김수흥

차례

머리말　4
서언　9

제1장 서론

A. 이 연구가 왜 필요한가	15
B. 이 연구가 왜 중요한가	25
C. 각종 용어에 대한 정의	32
D. 몇 가지 가정들(Assumptions)	37
E. 이 연구의 한계성	44

제2장 다른 문헌들 연구조사

A. 참 포도나무와 그에 관련된 문제들에 관한 개관	47
B. 예수님의 말씀(Jesus' Words)에 대한 개관	88
C. 연합에 대한 개관	109
D. 본장 결론	210

제3장 그리스도의 말씀이 연합에 미치는 역할

A. 예수님의 제자들과 예수님 사이에 이루어진 연합의 의미	213
B. 예수님과 제자들의 연합은 오순절 이전에 이루어졌다	218

C. 제자들이 예수님과 연합된 것을 보여주는 증거   225
D. 관련 성구(요 15:3) 의미 요약   227
E. 예수님의 말씀이 어떻게 연합시키는 것인가   232

제4장 그리스도의 말씀 충만이 열매 맺는 일에 미치는 영향

A. 말씀 충만은 열매 맺는 일에 절대적이다   253
B. 본 논문에 관련된 본문 해설 요약(요 15:1-2, 4-7)   258
C. 제자들이 그리스도 안에 거한다는 것이 무슨 뜻인가   267
D. 예수님의 말씀에 관하여 규명해야 할 세 가지 문제   273
E. 그리스도의 말씀이 어떻게 열매를 맺게 하는가   284
F. 본장 결론   304

제5장 적용(Application)

A. 믿는 자들은 예수님의 말씀을 열심히 들어야 함   306
B. 신자들은 성경을 열심히 읽어야 함   308
C. 신자는 성경을 열심히 연구해야 함   310
D. 설교자는 청중들에게 열심을 다해 전해야 함   313
E. 한국인 전도자들은 오순절파, 신비주의, 이단을 조심해야 함   315
F. 결론   317

참고문헌   322

알아두기

1. 본서의 저자는 자신을 지칭할 때 '필자'라고 표기한다. 본래는 '저자'라고 표기해야 하나 성경 저자들을 저자로 불러야 하기에 성경 저자들과 본인을 혼동할 가능성이 있어 본인을 '필자'라고 표기한다.
2. 필자가 본서를 쓸 때 성삼위간의 연합이나 또 유대인과 이방인의 연합, 에큐메니칼 연합 같은 것에 대해서는 취급하지 않았음을 말해둔다.
3. 본서는 어떻게 해서 우리와 그리스도가 연합되는 것인가와 또 연합된 이후 어떻게 하면 연합이 공고히 되어 열매를 많이 맺을 수 있는 것인가에 대해서만 다루었다.
4. 본 논문을 쓸 때 KJV판을 주로 사용했다. 때로 필요할 때는 다른 성경을 사용하기도 했다.
5. 논문을 그대로 번역해 낸 것이 아니라 삭제하기도 하고 수정하기도 했으며, 보완했음을 알려 둔다.

서언(序言)

　세계의 신학계가 중생, 칭의, 회심, 믿음, 양자, 성화 등의 교리에 대해서는 많이 연구했다. 그러나 신학의 노른자(Sinclair B. Ferguson, John F. Walvoord)로 취급되어야 하는 그리스도와의 연합이라는 교리는 많이 취급하지 않았다(Augustus H. Strong). 그리고 한국신학계도 세계의 신학계와 마찬가지로 연합에 대해서는 많이 다루지 않았다.
　예수님은 포도나무 비유에서 말씀하시기를 "나는 포도나무요 너희는 가지니 저가 내 안에 내가 저 안에 있으면 이 사람은 과실을 많이 맺나니 나를 떠나서는 너희가 아무것도 할 수 없음이라"고 하신다(요15:5; 14:20 참조). 예수님은 예수님 자신이 우리 안에 계셔야 우리가 과실을 많이 맺을 수 있다고 하시고 또 우리가 예수님 안에 있어야 과실을 많이 맺을 수 있다고 선언하신다. 다시 말해 우리가 예수님과 연합되어 있어야 과실을 맺을 수 있다고 하신다.
　예수님은 자신이 하나님의 택함 받은 사람들과 혼인하신다고 말씀한다. 예수님은 비유를 들어 이 사실을 증명하실 때 수많은 유대인들이 예수님과의 혼인 잔치에 초청을 받았음에도 오지 않고 거절했다고 하시고(마 22:1-8) 많은 이방인들의 경우 혼인잔치에 청함을 받았으나(마 22:9-10) 예복을 입지 않은 사람들(택함을 받지 않은 사람들)은 결국 그 잔치에서 쫓겨나고(마 22:11-13) 오직 예복을 입은 사람들(택함을 입은 사람들)만(마 22:14) 혼인잔치에 남아 예수님과 혼인한다고 하신다. 예수님은 초림하신 후 유대인이나 이방인을 막론하고 택함 받은 사람들로 하여금 그의 복음을 믿게 하여 자신과 연합하게 하신다. 예수님은 또 택함을 받은 사람들은 기름을 가지고 산다고 하였고(마 25:4) 깨어 있는 삶을 살다가(마 25:13) 종말의 혼인예식에 참여한다고 말씀한다(마 25:10). 혼인 예식만큼 연합을 극명하게 말하는 비유는 없다. 사람이 일단 혼인하면 하나가 되는 것이고 그리고 하나님께서 하나 되게 하신 남녀는 인위적으로 나눌 수 없다고 하신다(마 19:4-6). 성경은 여러 곳에서 혼인잔치에 대해 언급하고 있다(사 62:5; 마 9:15; 요 3:29; 계 19:7-9).

성도들과 예수님이 연합되어 있다는 사실은 예수님께서 다메섹 도상의 바울 사도에게 책망하신 대목에서도 확인된다. 예수님께서 바울 사도에게 말씀하시기를 "사울아 사울아 네가 어찌하여 나를 핍박하느냐?"(행 9:4)고 하신다. 사실 사울은 예수님을 따르는 사람들을 핍박한 것이지 예수님을 핍박한 것은 아니었다. 그러나 사울이 성도들을 박해한 것은 곧 바로 예수님을 박해한 것이라고 예수님은 말씀하신다. 예수님께서 이렇게 주장하신 것은 예수님과 성도들이 서로 연합되어 있다는 뜻이다. 그리고 바울 사도는 훗날의 간증에서 연합을 말하고 있다. 그는 "이제는 내가 산 것이 아니요 오직 내 안에 그리스도께서 사신 것이라"(갈 2:20)고 했다. 성경은 연합에 대해서 많이 말씀하고 있다.

예수님은 인류의 종말을 당하여 인류를 둘로 가르신다. 그 양편의 최후는 예수님과의 관계에서 결정된다. 예수님께 잘한 쪽은 영생으로 들어가고 예수님께 잘못한 쪽은 영벌로 들어간다(마 25:46). 이 말씀은 사람의 행위에 의해 구원이 결정된다는 것은 아니다. 믿음이 있으면 행할 수 있다는 것을 말씀한다. 그런데 예수님께 잘한 쪽이나 예수님께 잘 못한 쪽은 다 같이 예수님께 직접 잘했거나 잘 못한 것이 아니라 예수님을 믿는 작은 사람 한 사람에게 어떻게 대했느냐에 따라 결정된다. 예수님은 이렇게 말씀하신다. 먼저 예수님께 잘 한 사람은 다른 사람이 아니라 예수님을 믿는 작은 사람 한 사람에게 잘한 사람이라고 하신다. 마 25:40에 "내가 진실로 너희에게 이르노니 너희가 여기 내 형제 중에 지극히 작은 자 하나에게 한 것이 곧 내게 한 것이니라"고 하시고 또 예수님을 믿는 작은 사람 하나에게 잘못한 것이 예수님에게 잘못한 것으로 간주하신다. 마 25:45에 "내가 진실로 너희에게 이르노니 이 지극히 작은 자 하나에게 하지 아니한 것이 곧 내게 하지 아니한 것이니라"고 하신다. 위의 두 구절은 예수님과 성도들이 연합되어 있음을 보여주고 있다. 작은 자 하나는 곧 예수님과 완전히 결탁되어 있음을 보여주고 있다. 성경에는 이런 구절들이 많이 있다(막 13:13; 요 15:18-21; 고후 1:5, 10; 갈 2:20; 6:17; 골 1:24; 참조).

제1장
서론

요한복음 15:1-17에 쓰여 있는 참 포도나무 풍유(allegory)는 예수님과 그의 제자들 간의 연합에 대해 말씀하고 있다.[1] 그 동안 한국 교계에서 요한복음 15:1-17을 비유라고 말해왔으므로 필자도 편의상 비유라고 표현하려고 한다.

요한복음 15:5에서 예수님은 말씀하시기를 "나는 포도나무요 너희는 가지니 저가 내 안에, 내가 저 안에 있으면 이 사람은 과실을 많이 맺나니 나를 떠나서는 너희가 아무것도 할 수 없음이라"고 하신다. 이 구절은 세 가지 중요한 사실을 보여주고 있다. 1) 예수님은 누구이며 또 제자들은 누구인가(identity)를 보여주

---

[1] 요15:1-17의 말씀은 비유(parable)라기 보다는 풍유(allegory)라고 정의하는 것이 옳을 것이다. 참고. James P. Berkeley, *Reading the Gospel of John* (Chicago: The Judson Press, 1953), 103-104; Milton S. Terry, *Biblical Hermeneutics: A Treatise on the Interpretation of the Old and New Testament*(Grand Rapids: Academie Books, n.d.), 302; R. Wade Paschal, Jr., "Sacramental Symbolism and Physical Imagery" in *The Gospel of John, Tyndale Bulletin* 32 (1981), 152.

고 있으며, 2) 예수님을 믿는 사람들은 많은 열매를 맺는다는 것을 보여주고, 3) 예수님을 떠나서는 사람이 아무 열매를 맺을 수 없다는 것을 보여주고 있다. 이 구절은 예수님과 제자들이 상호 연합을 이루면 많은 열매를 맺는다고 말해주고 있다. 다시 말해 제자들이 예수님 안에 거하고 또한 예수님을 심령 속에 모시고 살면 많은 열매를 맺는다는 것을 말해주고 있다. 그리고 이 구절은 예수님을 떠나서는 제자들이 완전 무력함을 선언하고 있다.

그러면 무엇이 예수님과 제자들 간에 연합을 성립시키는 것인가? 무엇이 불가분리의 연합을 가능케 하는 것인가? 무엇이 제자들로 하여금 예수님으로부터 분리되지 못하도록 지탱시켜주는 것인가? 도대체 무엇이 제자들을 예수님에게 연합시키는 역할을 감당하고 있는 것인가?

참 포도나무 비유는 예수님의 말씀이 제자들을 예수님에게 연합시켜 주는 일에 중요한 역할을 감당한다고 말씀해주고 있다. 1) 예수님의 말씀은 제자들을 깨끗하게 해서 그들로 하여금 예수님 안에 거하게 하고(요 15:3-4), 2) 예수님의 말씀이 제자들 안에 내주(內住)함으로써 연합이 계속해서 성립되게 함으로써 열매를 맺게 한다고 말해주고 있다(요 15:5-7).[2] 다시 말해 예수님

---

2   예수님께서 우리 안에 한번 거하시기 시작하면 이미 영원한 연합이 이루어진 것이지만 예수님의 말씀이 심령 속에 거함으로 더욱 열매를 맺을 수 있게 된다. 다시 말해 예수님의 말씀이 우리의 심령 속에 풍성히 거할 때 열매를 위한 연합을 이루게

의 말씀은 예수님의 제자들을 예수님에게 연합시키는 일에 있어서 두 가지 중요한 역할을 하고 있다. 그 중 하나는 제자들로 하여금 깨끗하게 해서 예수님을 믿도록 해주는 것이며 또 다른 하나는 말씀이 심령 속에 거하면 무엇이든지 구할 수 있게 해주어서 많은 열매를 맺도록 해주는 것이라고 말씀한다.

A. 이 연구가 왜 필요한가

한국 신학계 안에는 신자들과 예수 그리스도와의 연합에 대한 연구가 부족하다. 한국 교회 안에 연합을 다룬 책자가 부족하며 또한 연합을 다룬 소수의 학자들은 그들의 책 중에 불과 몇 쪽을 연합교리 연구에 할애했을 뿐이다.

스트롱(Augustus H. Strong)은 "기독교 교리를 다룬 책들의 대부분은 연합에 대해서 한 장(chapter)도 다루지 않았을 뿐 아니라 혹시 다루었다고 해도 불과 몇 쪽에 걸쳐 다루고 있다. 그리고 대부분의 기독교인들은 그리스도를 생각할 때에 기독교인들 안에서 살아 거하시는 구주로 생각하기 보다는 그들 밖에서 역사

된다. 열매를 위한 연합을 이 책에서 Fruitful union이라고 표현하고 있다.

하시는 구주로 생각하고 있다"고 주장한다.[3]

한국 교회는 1885년 복음을 받은 이후에 급격히 성장했다. 그러나 그 이후 그리스도와의 연합의 교리에 대해 별로 연구하지 못했다. 그러므로 한국 교회는 이 교리에 더욱 접근해야 할 필요가 있다. 더욱이 한국 교회는 예수님의 말씀이 연합에 미치는 영향을 연구할 필요가 있다. 그 이유는 그리스도와의 연합 자체에 대한 연구나 또 그리스도의 말씀이 연합에 미치는 영향에 대한 연구가 별로 없기 때문이며 또한 그리스도의 말씀이 연합에 미치는 영향에 대해서 성경 신학이나 조직 신학에서 별로 연구되지 않았기 때문이다.

학자들은 이 연구의 중요성을 인정하고 있다. 『예수 그리스도의 생애와 교훈』(*The Life and Teaching of Jesus Christ*)의 저자 제임스 스튜어트(James S. Stewart)는 "예수 그리스도와의 연합이라고 하는 것이 바울의 개인적인 신앙의 중심이라는 것과 또 그가 전파한 복음의 중심이라는 사실에 대한 인식이 점진적으로 증가하고 있기 때문에 신약 해석학에 있어서 결정적이고도 중요한 전진을 이룩하게 되었다"고 말하고 있다.[4]

---

[3] Augustus Hopkins Strong, *Union with Christ,* (Philadelphia: American Baptist Publication Society, 1913), 18.

[4] James S. Stewart, *A Man in Christ: The Vital Elements of St. Paul's Religion*(New York: Harper & Row Publishers, n.d.), 147.

한국교회의 모든 설교자들이 이 교리에 대해서 연구할 필요가 있는 이유는 성경적인 교리를 더욱 정확하게 설교해야 하기 때문이다. 대부분의 한국 교회의 설교자들은 이 연합의 교리에 대해서 설교하지 않고 있으며 또한 그리스도의 말씀이 연합에 미친 영향에 대해서 언급하지 않는다. 이유는 이 연구가 부족하기 때문이다. 많은 설교자들은 그리스도의 말씀이 제자들과 성도들을 예수님에게 연합시키는 역할에 대해서 이해하지 못하고 있으므로 말씀의 역할에 대해서 언급하지 못하고 있는 실정이다. 설교자들은 성령의 인격과 사역에 대해서는 많이 전파하고 있으며 또한 신자들을 예수님에게 연합시키는 것이 성령의 사역이라고 말하고 있기는 하지만 예수님의 말씀과 성령과의 밀접한 관계에 대해서는 연구가 깊지 못한 형편이다.

이에 한국 교회의 성령론의 현황을 관찰하기 위해서는 잠시 설명이 필요하다. 개신교보다 한국에 먼저 들어온 로마 천주교의 역사에 대해서는 많은 시간이 필요하기 때문에 여기서 관설하지 않고 개혁교회의 입장에 대해서만 언급하려고 한다.

첫째로, 한국에 개신교가 들어온 것을 살펴보면 그 최초의 선교사는 1840년 9월 7일 웨일스(Wales)에서 탄생한 영국목사 로버트 토마스였다. 그는 1866년 9월 3일 복음을 가지고 한국에

입국하려다가 대동강에서 순교했다.[5]

그러나 하나님은 한국 교회의 복음화를 쉬지 않으셨다. 하나님은 두 선교사를 1885년 4월 5일에 북 아메리카로부터 보내셨다. 이 점에 관해서 민경배교수는 이렇게 회고하고 있다. "1885년 4월 5일은 한국에 프로테스탄트교 선교사가 첫발을 디딘 날이요 복음의 씨가 미국인에 의해서 뿌려지기 시작한 날이다. 이 날에 인천에 상륙한 이들은 장로교의 언더우드(H. G. Underwood), 감리교의 아펜젤러, 그리고 스크랜톤(W. B. Scranton)등이었다."[6] 그들이 한국에 들어온 후 그들은 서로 다른 방법으로 복음을 전했다. 언더우드는 한국인들에게 복음을 전하는 일에 주력해서 1886년 7월에 최초로 세례를 베푼 반면 아펜젤러목사는 기독교교육에 주력했다.[7]

"1905년대에는 한국에 미국인이 250여명 있었는데 그 중에 반이 선교사들이었다."[8] 그들은 열심히 복음을 전했다. 1907년에는 한국에 놀라운 부흥운동이 일어났다. 그렇게 부흥이 일어난 이유에는 두 가지가 있었는데 그 두 가지는 모두 기도가 중요한 이유였다. 첫째로 선교사들이 기도회를 개최하고 있었기 때

---

5   Allen D. Clark, *History of Korean Church,* trans. Jae Won Shim (Seoul: Christian Literature Society of Korea, 1970), 16-18.
6   민경배, 『한국의 기독교회사』(서울: 대한기독교서회, 1968), 61-62.
7   *Ibid.*, 62.
8   *Ibid.*, 75.

문이라고 할 수 있고 둘째로는 길선주목사가 매일 새벽기도회를 열고 있었기 때문이라고 할 수 있다. 길선주목사는 성경 읽기를 좋아했다. 그는 "구약 성경을 30번, 신약 성경을 100번, 요한계시록을 10,000번을 읽었다."[9] 그리고 그는 성경을 끊임없이 가르쳤다. 한국 교회에 1907년에 놀라운 부흥이 일어날 때 "교인들은 눈물과 감격으로 밤 새워 기도하기 시작했고 그리고 그 감동의 격류는 며칠을 계속했다. 통성기도의 음성은 신비로운 조화와 여운을 가지고 있었으며 통회의 울음은 설움의 폭발이라기보다는 성령의 임재에 압도되는 넘치는 물결 같았다."[10]

1907년의 영적 부흥의 특징들은 한편으로는 하나님으로부터 임한 죄의 용서를 경험했기에 성도들은 기쁨이 넘쳐있었고 또 다른 한편 교우들은 다른 사람들의 죄를 용서했기에 형제에 대한 사랑을 경험하게 되었다. 그 이후에 한국 교회의 모든 부흥회와 성경공부는 성령에 의해서 움직여지고 있었다. "한국 교회의 신앙형태가 여기서 실질상으로 규정되었다는 것은 누구나 다 시인한다."[11] 그때로부터 보수적이고 개혁적인 한국교회는 계속해서 복음을 전하여 교회 안에서 성령님께서 힘 있게 역사하고 계셨다. 따라서 성령께서는 그리스도와 성도들의 연합을 위하여

---

9 국제신학연구원, 『하나님의 성회교회사』(서울: 말씀사, 1998), 171.
10 민경배, 79.
11 민경배, 80.

예수님의 말씀과 함께 역사하시고 계셨다.

둘째로, 자세하게 고찰해야 할 국면은 오순절 성령운동이다. 1953년 4월 8일에 기독교 대한 하나님의 성회교단이 탄생한 점이다.[12] 하나님의 성회교단은 1956년에 분열되었으나 훗날 1972년에 다시 합했다. 그 후 하나님의 성회는 한국에서 네 번째로 큰 교단으로 성장했다.[13] 하나님의 성회는 성령의 역사를 말함에 있어서 방언을 강조했다. 그리고 하나님의 성회는 예수 그리스도와 제자들의 연합에 관해서 성령의 역사를 강조하기는 했으나 말씀의 역사에 대해서는 별로 주의하지 않았다. 오순절 운동은 그들의 설교에서 예수님의 말씀이 그리스도와 성도간의 연합에 영향을 미치는 것이라는 것을 별로 말하지 않았다.

하나님의 성회 오순절 운동은 네 번째로 큰 교단이긴 했지만 한국 전체의 교회 위에 막강한 영향을 행사하고 있었다. 예를 들면 순복음 중앙교회 담임목사 조용기목사(David Cho)는 70만 성도를 확보하고 있으면서 주장하기를 신자는 성령에 의해서 예수님에게 연합되어 죽음을 정복하는 것이라고 주장했다.[14] 그러

---

[12] 민경배, 213.
[13] *The Christian Herald Press* printed that the largest one is the Presbyterian Church, the second is the Methodist Church, the third is the Holy Movement Church, and the fourth is the Assembly of God denomination. *Christian Herald Press* (September 4, 1992):3
[14] 조용기, 『행복의 내적 조건』(서울: 서울서적, 1983), 88.

나 그는 예수님의 말씀의 역할에 대해서는 별로 언급하지 않았다. 조목사 자신은 실제로는 17세에 하나님의 말씀으로 거듭났다. 그는 증거하기를 폐결핵에 걸려 거의 죽어갈 무렵 고등학교 여학생이 증거 해주는 복음을 들었다. 그는 하나님의 말씀을 계속해서 읽는 중에 예수님의 구원의 능력을 체험했다.[15] 그럼에도 불구하고 조목사는 예수님과의 연합에 미치는 그리스도의 말씀에 대해서는 별로 언급한 바가 없다(필자가 살핀 대로는 그가 요한복음 15장 포도나무 비유에 대한 설교에서만 한번 언급했을 뿐이다). 조목사가 이렇게 예수님의 말씀에 대해서 관심하지 않는 이유는 아마도 그가 신학교 2학년 때 가졌던 성령 충만의 경험 때문이었을 것이다. 그는 그 당시의 경험에 대해 말하기를 "저는 성령 충만을 받는데 2년이나 걸렸습니다. 제가 성령 충만을 받기 위해 기도할 때에는 성령을 꼭 받아야 하겠다는 뜨거운 소원이 없었습니다. 그래서 기도하다가 응답이 없으면 '다음 기회에 받으면 될 거야'라고 스스로를 위로하며 자꾸 뒤로 미루었습니다. 그러다가 신학교 2학년 때에서야 비로소 성령 충만을 받는 체험을 할 수 있었습니다. 그 당시 저는 성령 충만이 신앙생활에 얼마나 유익한가를 지식적으로나마 알고 있었기 때문에 성령을 받아야겠다는 갈급한 마음으로 몇몇 학생들과 함께 산에 기도하러 갔

---

15   조용기, 『사차원의 영적세계』(서울: 서울 말씀사., 1995), 12-17.

습니다. 그리고 이번 기회에 성령을 받지 않으면 산을 내려가지 않으리라는 굳은 결의를 한 후 기도를 시작했습니다. 그런데 이러한 마음가짐으로 기도한지 불과 5분이 지나기도 전에 성령 충만함을 받았던 것입니다."[16] 분명히 이런 경험 때문에 조목사는 신자들의 믿음과 연관하여 그리스도의 말씀의 사역을 말하지 않고 성령 충만을 강조한 것같이 보인다.[17]

셋째로, 두 사람의 은사파 설교자들(charismatic preachers)이 한국에서 일어났다. 그 중에 하나는 벧엘교회의 목사이며 동시에 성령신학교의 교장 박덕종목사였다. 이 운동은 예수님의 말씀으로부터 거리가 먼 성령의 역할을 강조했다. 박덕종목사는 주장하기를 "성화에 이르는 모든 단계는 성령에 의해서만 이루어진다. 회심, 중생, 거룩, 성화, 영화와 천국에 들어가는 것은 다만 성령에 의해서만 이룩된다"고 주장했다.[18] 박목사는 구원에 있어서 예수님의 말씀의 역할을 관설하지 않았다.

두 번째 설교자 김기동씨는 한국교회에 혼란을 주었다. 그는 한국 장로교에 의해서 이단자로 낙인 찍혀졌다.[19] 그는 그 나름

---

16 조용기, 『성령님』 (서울: 서울서적, 1995), 149-50.
17 조용기, 『믿음』 (서울: 서울 말씀사, 1995), 37-38, 150, 231-32; 『성령님』, 53; 『사차원의 영적세계』, 136, 193.
18 Duck Jong Park, *The Explosion of the Spirit* (Seoul: Full Gospel Fellowship International Church in Korea, 1980), 28-51; 76-77.
19 Hang Eup Chung says that Ki Dong Kim was condemned as a heretic by the Korean Presbyterian Assembly Denomination in September 1992. *Heresy Dispute in*

대로의 독특한 성령론을 제시했다. 그는 주장하기를 "성령이 임하지 않아도 예수를 인정하면 구원을 받는다"고 말하고[20] 또 "성령을 받지 않아도 구원과는 관계가 없다"고 주장했다.[21] 그는 구원과 성령과를 관련 짖지 않으면서도 또 때로는 주장하기를 성령의 역사에 대하여 전혀 다른 주장을 하고 있다. 그는 말하기를 "구원받은 사람일지라도 성령에 감동되지 아니하면 결코 크리스천이 될 수 없습니다….성령에 의해서만이 크리스천이 될 수 있습니다"라고 강변했다.[22] 김기동씨는 천명하기를 "구원은 오직 예수 그리스도의 공로로만 이루어진다. 이렇게 구원 받은 자들에게 성령이 임하게 되는 것이다"라고 주장한다.[23] 김기동씨의 주장은 분명하다. 성령은 신자의 구원과 무관하다는 것이며 신자의 구원을 위해서 성령과 예수님의 말씀의 연관에 대해 연관 짖지 않는다. 다시 말해 그는 그리스도의 말씀을 통한 신자의 구원을 관설하지 않는다. 그는 주장하기를 "성경의 어느 한 구절도 십자가를 믿으라는 곳은 없다. 십자가를 믿어야 영생을 얻는다는 말도 없다. 또 십자가를 믿어야 죄 사함 받고 거듭난다

  Korean Church History (Seoul: Korean Presbyterian Publishing Co., 1999), 302-309.
20 김기동, 『성령을 알자』(서울: 뵈뢰아도서출판, 1986), 97.
21 *Ibid.*, 127.
22 김기동, 『악한 자를 이기는 힘』(서울: 베뢰아도서출판, 1984), 107-108.
23 김기동, 『성령을 알자』, 166.

는 말도 없다. 십자가는 저주의 나무일뿐이다. 우리는 다만 예수님의 이름을 믿는 자들이다. 그 이름을 믿는 자는 하나님의 자녀가 되는 권세를 주셨으며(요 1:12), 그 이름으로 죄가 사해지고(눅 24:47), 또 우리가 생명을 얻는다"고 말하고 있다(요 20:30-31).[24]

위에 진술한 김기동씨의 첫 번째 주장은 예수님의 말씀은 신자의 구원과 전혀 관련이 없다는 것이다. 이와 같이 김기동씨는 예수님의 말씀에 관심이 없다. 그는 다만 예수님의 이름에만 관심을 쏟는다. 그는 결코 예수님의 말씀이 신자의 구원과 어떤 관련이 있다는 것을 말하지 않는다. 그럼으로 김기동씨는 구원이란 예수님의 이름에 의해서만 이루어지는 것이고 성령이나 예수님의 말씀에 의해서는 이루어지지 않는다고 말한다.

그러나 성경은 성령께서 사람으로 하여금 예수 그리스도를 알게 한다고 극명하게 말하고 있다. 고린도전서12:3은 선언하기를 "그러므로 내가 너희에게 알리노니 하나님의 영으로 말하는 자는 누구든지 예수를 저주할 자라 하지 아니하고 또 성령으로 아니하고는 누구든지 예수를 주시라 할 수 없느니라"고 말씀하고 있다.

위에 진술한 세 종류의 오순절파의 운동은 성경을 하나님의 무오한 말씀으로 인정하면서도 그들은 예수님의 말씀이 성령과

---

24   Ibid., 104.

밀접한 관련이 있는 것을 말하지 않는다. 어쨌든 오순절파의 운동은 신자들의 신령한 생활의 영역에 미치는 예수님의 말씀의 역할의 중요성을 등한히 하고 있는 것은 사실이다. 이렇게 그들이 구원에 미치는 예수님의 말씀의 역할에 대해서 등한히 하고 있기 때문에 예수님의 말씀의 중요성을 인식시키려고 이 글을 쓰게 되었다. 이글은 다시 말씀하지만 예수님의 제자들이나 혹은 현대의 신자들과 예수님 사이의 연합에 미치는 예수님의 말씀의 역할을 조명하려고 시도한 것이다. 아무튼 이 글이 한국 교회의 설교자들로 하여금 성경적인 교리를 정확하게 설교하는데 도움이 되었으면 한다.

B. 이 연구가 왜 중요한가

이 연구의 중요성은 바로 그리스도와의 연합이라는 것이 가장 중요한 성경교리라는 점에 있으며 또한 예수님 안에 있는 신자들이 열매를 맺는데 있어 그리스도의 말씀이 결정적으로 중요하다는데 있다. 혹자들은 열매를 맺는 것이 최초의 연합으로 충분한 것으로 생각하기도 하고 또 혹자들은 기도만으로 충분한 것으로 여기기도 한다.

그리스도와의 연합은 성도의 죄로부터의 구원을 의미하며 또

한 죄인들에게 주어진 은혜 전체를 포함한다. 달라스 신학교 이전 총장이며 조직신학교수였던 왈보르드(J. F. Walvoord)는 말하기를 "총체적으로 말하여 그리스도와의 연합이라고 하는 것이 가장 중요한 교리일 뿐 아니라 은혜의 전 영역에 있어서 가장 중요한 것이다"라고 말한다.[25]

실로 모든 죄인들을 위하여 죄로부터의 구원이라는 것보다 더 중요한 것은 없다. 바울 사도는 말하기를 "기록된바 의인은 없나니 하나도 없으며 깨닫는 자도 없고 하나님을 찾는 자도 없고 다 치우쳐 함께 무익하게 되고 선을 행하는 자는 없나니 하나도 없도다"라고 말한다(롬 3:10). 죄인들이 자기들 스스로의 힘으로 구원 받는다는 것은 불가능하다. 그들은 전적으로 저주아래에 있다(갈 3:10). 성경은 말씀하기를 오직 우리의 주님이시며 하나님이신 예수 그리스도만(요 20:28)이 죄인들을 죄 가운데서부터 구원하실 수 있다고 말씀한다(행 4:12).

이 논문은 예수 그리스도께서 어떻게 죄인들을 죄 가운데서 구원하시는지를 보여주고 있다. 다시 말해 예수 그리스도의 영이 어떻게 죄인들을 그리스도에게 연합시켜주고 또 영적인 생명을 죄인들에게 분여하며 죄인들을 의롭다하고 또 하나님 가족의

---

[25] J. F. Walvoord, *Evangelical Dictionary of Theology*, ed. Walter A. Elwell (Grand Rapids: Baker Book House, 1984), 542.

양자로 삼고 성화시키는가를 보여주고 있다. 이 글은 구원의 전체 적용을 설명해주고 있다. 버지니아 소재 유니온 신학교의 조직신학 교수 댑니(R. L. Dabney)는 그리스도와의 연합의 교리가 구원의 전체 적용(whole application of redemption)이라고 인정하고 주장하기를 "그리스도와의 이 연합을 통하여 구원의 전체 적용이 죄인들의 영혼에 효과적으로 이루어진다"고 말한다.[26]

그리스도의 말씀이야말로 그리스도와의 최초의 연합과 뒤따르는 역할(열매 맺게 하는 역할)에 절대적인 영향을 미치고 있다. 이 책은 성령께서 믿는 자들을 어떻게 예수님에게 연합시키는가를 보여줄 뿐 아니라 예수님의 말씀이 어떻게 열매를 맺게 해주는가를 보여주고 있다. 일반적으로 말해서 대체적으로 학자들은 예수님의 말씀이 최초의 연합과 뒤따르는 역할에 미치는 영향에 대해서 관설하지 않는다. 그러나 이 책은 예수님을 믿는 자들을 예수님께 연합시키는데 있어서 성령께서 어떻게 예수님의 말씀을 사용하시는지를 보여줄 것이다.

구약성경이나 신약성경이나 모두 권위와 영적인 힘을 가지고 있는 하나님의 영감된 말씀이다. 신구약 성경은 믿는 자의 영적인 생활에 놀라운 영향을 주고 있다. 그러나 이전의 많은 운동들

---

[26] R. L. Dabney, *Lectures in Systematic Theology* (Grand Rapids: Baker Book House, 1985), 612.

은 하나님의 무오한 말씀의 위치를 경시하는 경향이 있었다.

1) 천주교의 경향

켄터키 소재 파이크빌 대학의 성경 신학 교수 로레인 뵈트너 (Loraine Boettner)는 통렬하게 비난하기를 "로마 캐돌릭은 말씀을 무가치하게 만들거나 혹은 파괴한다. 로마의 캐돌릭은 성문화된 말씀과 함께 기록되지 않은 말씀, 그리스도와 사도들이 가르쳤으나 성경에는 기록되지 않고 사람의 입을 통하여 대대로 전해져 내려 온 구전이라는 것이 따로 있다고 주장한다. 기록되지 않은 하나님의 말씀은 교회회의들의 선언(pronouncements)과 교황의 칙령을 통하여 표면화되었다는 것이다. 이 구전이 바로 기록된 말씀에 우선하고 또한 성경을 해석한다. 교황은 지구상에 있는 하나님의 대리자로서 새로운 환경이 생길 때마다 부가적인 것을 제정하여 성경에 더할 수 있다"고 했다.[27] 그러나 성경의 많은 구절들이 성경의 충족성(充足性)을 말하고 있다. 결코 아무도 구약성경이나 신약성경이 교회 회의나 혹은 교황의 칙령에 의해서 보충 되어져야 할 필요가 있다고 하는 암시를 주는 구절이 없다. 예수 그리스도께서는 "성경은 폐하지 못하나니"(요 10:35)라

---

[27] Loraine Boettner, *Roman Catholicism* (Phillipsburg, N.J.: Presbyterian & Reformed Publishing Co., 1985), 77.

고 하시고 또 "너희가 성경에서 영생을 얻는 줄 생각하고 성경을 상고하거니와 이 성경이 곧 내게 대하여 증거하는 것이로다"(요 5:39)라고 말씀하심으로 성경의 무오성을 선언하셨다. 성경은 증언하기를 부자의 다섯 형제에게는 "모세와 선지자들이 있다"고 증언함으로써(눅 16:28-29) 충분한 증거를 가지고 있는 것이라고 말씀한다. 그럼에도 불구하고 로마 캐돌릭 교회는 전통을 따르려고 성경의 진리를 지금까지 타협해왔다. 로마 캐돌릭 교회는 교회 자체를 성경과 동등 위치에 놓기 시작했으므로 거기에서 멈추기는 불가능할 것이다. 다음 단계로서 교회의 전통을 성경 위에 놓을 때가 올 것이다.

2) 현대주의 혹은 현대의 자유주의

현대의 자유주의자들은 "성경이 하나님의 말씀을 포함하고 있으나 성경 전체가 하나님의 말씀이라는 사실을 부인하고 있다."[28] 그들은 성경과 하나님의 말씀을 동일한 것으로 여기지 않는다. 그들에게는 두 가지(성경과 하나님의 말씀)가 똑같은 것을 의미하지 않는다. 그들은 성경을 정확 무오(無誤)한 하나님의 말씀으로 인정하지 않는다. 이유는 성경이 사람에 의해서 기록된 책이기 때문이다. 그들에게는 진리를 위한 정해진 규준이 없다.

---

[28] *Ibid.*, 94.

현대주의는 하나님의 무오한 말씀의 권위를 경시하고 있다.

a) 오순절파

"오순절파는 대체적으로 말해서 19세기로 접어들면서 성령 운동을 펼치는 흑인 기독교 연맹(Alliance of Black Christianity)에 뿌리를 두고 있다고 의견의 일치를 보고 있다."[29] 오순절 운동에 속해있는 설교자들이나 성직자들은 "만장일치로 선언하기를 자기들은 신조(creed)가 아니라 성경을 가지고 있는 경건한 성경 엄수주의자들이라고 주장하고 있다."[30] 그러나 데이빗 스미스(L. Smith)는 주장하기를 "동시에 실제로 많은 오순절파의 사람들은 성경 권위에 대한 주관적이고도 경험적인 개념을 가지고 있다. 그들은 '주께서 나에게 말씀하셨다'(The Lord told me)는 말을 자주 사용하여 마치 계시를 받은 것처럼 생각하고 있다. 그리고 '믿음의 말씀' 설교자들('word of faith' preachers)은 종종 그들의 계시가 성경에 맞먹는 것이라고 주장하고 있다."[31] 이와 같이 오순절파는 실제로 두 가지 종류의 계시, 즉 하나님의 개관적인 말씀과 그들 자신의 경험적인 예언들을 가지고 있다. 이런 현상은 분

---

[29] David L. Smith, *A Handbook of Contemporary Theology* (Wheaton, Ill.: BridgePoint, 1992), 41.
[30] *Ibid.*, 51.
[31] *Ibid.*, 51.

명히 하나님의 무오한 말씀의 권위를 가볍게 취급하고 있는 것이다.

b) 은사운동 측

"은사운동에는 거의 반드시 공통된 점이 있는데 그것은 신학에 근거를 두지 않고 '성령으로 세례를 받았다는 경험'에 근거를 두고 있고 또 보통 방언을 말하는 경험에 근거를 두고 있다. 그런 현상은 어디에서든지 일어나고 있다."[32] 많은 은사 운동 측 기독교인들은 "권위를 가진, 기록된 원천인 성경이라는 것이 권위를 가지고 있는, 살아 움직이는 원천인 성령, 다시 말해 기독교인 단합의 원천인 성령에게 반드시 종속되어야 한다고 생각하는 것 같다."[33] 파노라마 시(Panorama city) 소재 은혜공동체교회(Grace Community Church)의 목사인 존 맥아더(John F. MacArthur)는 "은사운동 측의 사람들은 하나님께서 자기들에게 방언, 예언, 및 환상을 통하여 말씀하신다고 수없이 주장하고 있다"고 말한다.[34] 맥아더는 또 "은사운동 측으로부터 '성경에 무엇을 더하기, 즉 예언적인 발언, 하나님으로부터의 새로운 계시'라는 외

---

[32] John F. MacArthur, Jr., *The Charismatics* (Grand Rapids: Zondervan Publishing House, 1978), 13.
[33] David L. Smith, 128.
[34] John F. MacArthur, Jr., 20.

침이 나오고 있다"고 주장한다.[35]

심지어 한국 교회의 보수주의 지도자들 사이에도 복음을 전할 때나 혹은 성도들을 돌볼 때 하나님의 말씀을 가볍게 취급하는 경향이 더해가고 있다. 학자들이나 목사들은 점점 여러 가지 이유로 하나님 말씀의 연구를 소홀히 하고 있다. 그런고로 그들은 하나님의 말씀으로부터 오는 영적인 능력을 잃어가고 있고 하나님의 말씀의 능력을 별로 인지하지 않고 있다. 시간이 가면 갈수록 한국교인들은 대체적으로 철학적이고 인문주의적이며 과학적인 설교 듣기를 선호하고 있다. 결국 그들은 앞으로 힘 빠진 복음에 실망할 것이며 나아가 교회를 떠나게 될 것이다. 이 시점에서 하나님 말씀이 연합에 미치는 역할을 연구하는 것은 절대적으로 필요하며 또한 하나님의 말씀의 능력을 강조하는 것은 절대적으로 필요하다.

C. 각종 용어에 대한 정의

이 연구의 목적이 하나님의 말씀이 연합에 미치는 역할을 설명하는 것이므로 혼선을 최소화하기 위하여 그리고 왜곡된 전개

---

35   *Ibid.*, 38.

를 피하기 위하여 관련된 용어에 대한 성경적 용법을 정의하는 것이 꼭 필요하다.

1) 성령세례: "성령 세례는 하나님의 감지할 수 없는 역사로서"[36] 죄인이 그리스도에 의하여 성령으로 세례를 받는 것이며 "회심하는 바로 그 순간에 그리스도의 몸 안으로 들여지는 것이다."[37]

2) 그리스도와의 연합: 그리스도와의 연합이란 그리스도께서 믿는 자의 영혼 속으로 들어가시는 것을 의미한다. "그리스도와의 연합은 교리 체계와의 연합도 아니고 종교의 외부적인 감화력(influences)과의 연합도 아니고 혹은 조직된 교회와의 연합도 혹은 어떤 이상적인 사람과의 연합도 아니다. 부활하셔서 지금도 살아계신 편재의 주님과 연합하는 것이다."[38]

3) 중생: 왈보르드(John F. Walvoord)는 중생이란 "영생의 분여(impartation of eternal life)"로 정의하고 있다.[39] 달라스(Dallas) 신학

---

[36] David Jeremiah, *God in You* (Orange, Calif.: Multnomah Publishers, 1998), 64.
[37] *Ibid.*, 64–65.
[38] Augustus Hopkins Strong, *Systematic Theology*, vol. 3, *The Doctrine of Salvation* (Philadelphia: Griffith & Rowland Press, 1909), 795.
[39] John F. Walvoord, *The Holy Spirit* (Grand Rapids: Zondervan Publishing House,

교 조직신학교수이며 전 교장이었던 루이스 쉐이퍼(Lewis Sperry Chafer)도 중생에 대해 정의하기를 "하나님에 의해서 발생한 창조, 즉 믿는 자를 하나님의 본질적이고도 합법적인 자녀로 만드는 것이다"라고 정의하고 있다.[40]

4) 깨끗하였으니(To be clean): 요한복음 15:3의 "깨끗하였으니"라는 말은 구원의 서정을 의미한다. 다시 말해 이 말은 구원의 서정 전체를 의미한다. 구원의 서정에 관해서는 교파마다 약간의 차이를 두고 있으나 대체로 중생 회심 칭의 양자 성화 인내 그리고 영화 등으로 보는 것이다. 이유는 무엇보다도 예수님의 제자들이 예수님께서 참 포도나무와 가지 비유를 말씀하실 때 그들은 벌써 깨끗하여졌기 때문이다. 다시 말해 그들이 이미 깨끗하게 된 것은 그들이 의식하던 혹은 의식하지 못하던 벌써 과거에 속한 일이었다. 둘째로, 제자들이 깨끗해졌다고 말한 요한복음 13:10이 온전한 구원을 말하고 있다. 예수님은 그들을 향하여 그들의 몸 전체를 씻으라고 하시지 않고 그들의 발만 닦으라고 요구하셨다. 예수님은 말씀하시기를 베드로 사도가 그의 발만 아니라 그의 손과 머리도 깨끗하게 해주십사고 소원하였을

1991), 128.
40 Lewis Sperry Chafer, *Systematic Theology* (Grand Rapids: Kregel Publications, 1976), 6:104.

지라도 그들의 몸을 다시는 씻을 필요가 없다고 말씀하셨다. 예수님은 "이미 목욕한 자는 발밖에 씻을 필요가 없느니라. 온 몸이 깨끗하니라. 너희가 깨끗하나 다는 아니니라"고 하셨다(요 13:10). 예수님은 그를 배반할 자가 누구인지 아셨다. 그런 이유로 "너희가 깨끗하나 다는 아니니라"고 하셨다(요 13:10f). 목욕은 제자들을 깨끗하게 했다. 그들 모두는 유다를 제외하고는 모두 깨끗하게 되었다. 그럼으로 확실히 유다는 목욕을 하지 않았다. 그는 구원에 들지 못했다."[41] 그런고로 제자들의 깨끗하게 됨은 구원 자체로 보아야 한다고 정의해야 한다.

5) 성화: 성화란 사람들을 하나님을 위하여 구별해 놓으시는 하나님의 행위를 의미한다. 성화는 하나님의 은혜의 역사로서 사람이 하나님의 이 행위로서 하나님의 형상을 따라 갱생(更生)되며 죄에 대해 죽고 의(義)에 대해 살 수 있게 된다. 헨리 디이슨(Henry Thiessen)은 "넓은 의미로 말하면 성화라는 것은 하나님을 위한 분리요, 우리의 거룩으로서의 그리스도의 전가(imputation)요, 도덕적 악으로부터의 정결이며, 그리스도의 형상에 일치하는 것이다"라고 말하고 있다.[42] 『의인과 성화』의 저자 피터

---

41 H. C. Thiessen, *Lectures in Systematic Theology*(Grand Rapids: Wm. B. Eerdmans Publishing Co., 1992), 298.
42 *Ibid.*, 287.

툰(Peter Toon)은 성화에 대해 정의하기를 "효과적으로 부름을 받고 새 마음과 새 영이 그들 안에 창조되어 중생한 사람들은 그리스도의 죽음과 부활을 통하여 실제적으로 그리고 개인적으로 더욱 성화되고 또 그리스도의 말씀과 그들 안에 거하시는 성령으로 말미암아 성화된다…이 성화는 전인(whole man)에 미친다. 아직도 이 세상에서는 불완전하여 모든 부분에 부패성의 잔재가 남아있어서 계속적으로 그리고 화해할 수 없는 싸움이 일어난다…이 싸움 중에 잔존하는 부패성이 잠시 동안 우세하다고 해도 그리스도의 성화시키는 영으로부터 힘을 공급받아서 중생된 부분들이 이기게 된다. 그래서 성도는 은혜 속에서 성장하고 하나님을 두려워하는 가운데 성화를 이루어간다"고 말한다.[43]

6) 믿음: 믿음이란 진리에 고착하는 것을 뜻한다. 프린스턴 신학교의 이전 조직신학교수였던 찰스 핫지(Charles Hodge)는 믿음에 대해 설명하기를 "믿음이란 넓은 의미로는 진리에 대한 동의(assent)이거나 혹은 어떤 것이 진실하다고 믿는 마음의 확신이다. 보통 돌아가는 말로 우리는 우리가 진실하다고 여기는 것을 믿도록 권유를 받는다"고 말한다.[44] 믿음이란 하나님의 주도(主

---

[43] Peter Toon, *Justification and Sanctification* (Westchester, Ill.: Crossway Books, 1983), 86.
[44] Charles Hodge, *Systematic Theology: Soteriology*, (Grand Rapids: Wm. B. Eerdmans

導)에 대한 인간의 반응이다. 믿음이란 다른 말로 해서 성령께서 그리스도의 진리를 마음속에 넣어주실 때 성령께 반응하는 적극적인 우리의 반응이다.

D. 몇 가지 가정들(Assumptions)

이 책을 쓰는데 있어서 몇 가지의 중요한 가정들이 필요하다. 첫째로, 성경은 하나님의 무오하고 영감 된 계시라는 점이다. 마이클 버리(Michael C. Bere)는 "하나님은 그의 말씀을 1,500년 넘게 대략 40명의 특별히 선택하시고 준비하신 사람들에게 불어넣으셨다. 그들은 우리에게 성경, 즉 하나님의 말씀을 주기 위하여 성경을 썼다. 음악가가 트럼펫에다가 입김을 불어넣어서 그가 원하는 소리를 내듯이 하나님은 40명의 선택하신 성경 저자들에게 하나님께서 모든 인류를 위하여 보존되기를 원하시는 정확한 말씀을 불어넣으셨다"고 주장하고 있다.[45] 존 머리(John Murray)는 "비록 하나님의 말씀이 사람을 통하여 왔다고 해도 이것은 사람의 말이 아니라 하나님의 말씀이다…사람의 사역이라고 해서

Publishing Co., 1981), 3:42.
[45] Michael C. Bere, *Bible Doctrines for Today*, (Pensacola, Fl: A Beka Book, 1987), 1:9.

결코 그들의 메시지, 즉 하나님의 말씀을 받는 일을 방해하지 못한다"고 말한다.[46]

둘째로, 성경은 축자적(逐字的)으로 영감 된 고로 믿음과 행위를 위하여 최고의 권위를 가지고 있다. 구약성경에서 하나님은 **행동하시는** 하나님일 뿐 아니라 또한 최고의 권위를 가지고 **말씀하시는** 하나님이시다. 하나님께서 말씀하시는 하나님이라는 것을 보여주는 표현들 중에 첫째는 여호와의 **말씀**(utterance) 혹은 **선언**(declaration)이라는 표현이다. "여호와의 말씀"이라는 기본적인 관용표현에는 여러 가지 변이(變異)들이 있다. 예를 들면 (1)"만군의 여호와의 말씀," "주 여호와의 말씀," (2)"주 만군의 여호와의 말씀," 그리고 (3)"그 이름이 만군의 여호와이신 왕의 말씀." 이 예(例)들 중에는 권위의 고리(ring)가 보인다. 우리는 하나님께서 말씀하셔야 하는 것을 듣도록 부름을 받았다. 하나님의 말씀은 마땅히 들려져야 한다.

하나님의 권위를 주장하는 두 번째의 표현은 동사로서 **말씀하시다**라는 표현이 있다. 기본적인 관용 표현으로서 "여호와께서 이와 같이 말씀하시다"라는 표현이 있다. 이 기본적인 관용 표현에도 역시 여러 가지 변이를 보면 다음과 같다. "이스라엘의

---

[46] John Murray, "The Attestation of Scripture," in *The Infallible Word*, A Symposium by Members of the Faculty of Westminster Theological Seminary (Phillipsburg, N.J.: Presbyterian & Reformed Publishing Co., 1980), 50.

하나님 여호와께서 말씀하시기를", "히브리인의 하나님 여호와께서 말씀하시기를", "만군의 여호와께서 말씀하시기를", "여호와께서 이와 같이 말씀하셨으므로", "주 여호와께서 말씀하시기를", "이스라엘의 거룩하신 자가 말씀하시기를", "하나님, 여호와께서 말씀하시기를", "이스라엘의 왕 여호와, 그의 구속자, 만군의 여호와께서 말씀하시기를", "이스라엘의 구속자요 그의 거룩하신 여호와께서 말씀하시기를", "네 주 여호와시요 네 하나님께서 말씀하시기를", "여호와, 내 하나님께서 말씀하기를." 이러한 예(例)들은 그의 백성에게 들려주시는 하나님 편의 장엄한 말씀이시다.

히브리어 동사 **다발**(dah-var)은 하나님께서 말씀하시며 또 하나님 자신의 말씀의 권위를 증거하고 있는 것을 암시해주는 히브리어 용어이다. 이 동사의 의미는 Qal형에서나 Piel형에서 다 같이 **말씀하시다**는 뜻이다.[47] 이 동사의 주어는 "여호와", "하나님", "주", "여호와의 영" 그리고 "여호와의 입"이다. 여호와께서는 모세에게 말씀하시며, 그의 선지자 중 한 사람에게 말씀하시며, 혹은 그의 백성에게 말씀하신다. 히브리어 동사 **다발**(말씀하시다)은 그의 백성 중에 임하시는 그의 임재를 암시하고 있다.

---

[47] Francis Brown, *The New Brown-Driver-Briggs-Gesenius Hebrew and English Lexicon* (Peabody, Mass: Hendrickson Publishers, 1979), 180–82.

하나님은 그의 백성을 심판하시는 일에나 복을 내리시는 일에 다 함께 그 백성 중에 계신다.

구약 성경이 권위 있음을 보여주는 표현 중에 하나로 명사 **다발**(dah-vahr)이 있는데 이 기본적인 의미는 **말**(speech) 혹은 **말씀**(word)이다.[48] 구약 성경에 394번이나 나타나는[49] **여호와의 말씀**(word of God)이라는 단어의 의미는 아주 중요한 의미를 가진 단어로서 하나님께서 계명을 주실 때 백성들과 교제하시고 또 예언을 하실 때 백성들과 교제하시고 또한 도움과 위로를 주실 때 백성들과 교제하신다는 의미에서 중요하다. **여호와의 말씀**(word of God)이라는 단어들은 여러 형식으로 나타난다. 그 형식들을 살펴보면 "그 때에 여호와의 말씀이…에게 임하여", "여호와의 말씀이…에게 임하여", "여호와의 말씀이…를 통하여 임하시기를", "그 때에 여호와의 말씀이…를 통하여 임하시기를", "…에게 임하신 여호와의 말씀" 그리고 "…에게 임하신 여호와의 말씀"등이 있다.

신약성경도 구약 성경과 똑같은 권위를 가지고 있다. 신약 성경의 권위는 예수님의 인격에서 발견되며 또한 그의 제자들의 전도에서 발견된다. 예수님의 제자들은 사람들에게 부활하신 주

---

48 *Ibid.*, 182-84.
49 *Ibid.*, 182.

님을 전하여 믿도록 해주었고 또 주님과의 산 교제 안으로 들어가게 만들어주었다. 제자들은 사람들에게 하나님께서 무엇을 행하셨는가를 줄 곳 선전했다.

구약 성경과 신약 성경은 똑같이 살아 계시고, 신실하신 하나님의 말씀이며 하나님의 살아있는 신탁(oracles)이다. 구약 성경과 신약 성경은 창조주 하나님에 대해서 말하고 또한 그의 능력의 말씀으로 만물을 생성케 하신 전능자 하나님에 대해서 말하고 있다. 성경은 인간 창조에 대해서 말하고 있고 인류의 범죄에 대해서 말하고 있다. 그리고 하나님의 말씀은 구원자를 통한 하나님의 구원의 약속에 대해서 말하고 있다.

경건한 기독교인들은 주저할 것 없이 담대하게 구약 성경과 신약 성경이 영감된 하나님의 말씀이라고 공언한다. 경건한 기독교인들은 결코 두려움 없이 성경의 권위는 바로 하나님께서 성경의 저자라고 믿는다. 『성령의 인격과 사역』(*The Person and Ministry of the Holy Spirit*)의 저자, 에드윈 팔머(Edwin H Palmer)는 "성경은 중생한 사람에 의해서 기록되었다. 성경의 각 책 하나하나는…완전히 영감 되었고 따라서 무오하기 때문에 절대적인 권위를 가지고 있다"고 극명하게 주장한다.[50] 성경은 거룩한 저

50　Edwin H. Palmer, *The Person and Ministry of the Holy Spirit* (Grand Rapids: Baker Book House, 1974), 48.

자들이 성령에 의해 영감 되어 기록했다는 실증, 다시 말해 하나님께서 저자들에게 그의 말씀을 불러주었다는 실증으로 풍부하다(민 22:38; 신 4:10; 사 51:16; 59:21; 렘 36:4; 호 1:1; 암 1:1). 그러나 거룩한 저자들이 하나님에 의해서 사용된 방법은 소위 기계적 구술(口述)과는 사뭇 다르다. 이 점에 대해 마이클 버리(Michael C. Bere)는 "하나님께서 성경의 단어들을 불러주었다고 믿는 많은 학자들(Francis Pieper, R. Laird Harris, Edward J. Young, Gresham Machen, Theodore Engelder, et al.)은 하나님께서 성경을 구술해 주셨다는 데는 기계적인 점은 없다고 공언하고 있으며 소위 **기계적인 구술**(Mechanical dictation)은 사람들에게 혼란을 주고 있다고 매우 분명하게 지적했다. **기계적인 구술**은 자유주의자들에 의해서 만들어진 구절인데 이것은 성경의 축자영감을 믿는 사람들을 비꼬기 위해서 만들어낸 신조어(新造語)이고 자유주의자들에 의해서 영향을 받은 사람들은 그 구절을 자주 사용함으로 많은 폐해를 끼치게 되었다"고 주장한다.[51]

성경 저자들은 그들이 성경을 기록할 때 그들이 기록하고 있는 것을 충분하게 이해할 수는 없었지만 성령에 의해 사용된 것만은 틀림없다. 이에 대하여 버리(Bere)는 "창세기 1장에 보면 하나님께서 세상을 창조하신 것을 하나님께서 기술하시고 있다.

---

51 Bere, 15.

하나님은 그 정보를 모세를 통하여 인류에게 주셨다. 모세나 다른 사람들은 아무도 하나님의 창조를 본 사람이 없었다. 하나님은 모세가 알지 못하는 것을 모세에게 불어넣으셨다. 다니엘도 가끔 그가 기록하고 있는 것을 이해하지 못한다고 인정했다(단 12:8-9)."[52]

쉐이퍼(Lewis Sperry Chafer)도 그의 저서『조직 신학』에서 영감의 방법으로서의 구술(Dictation)을 지지한 바 있다. 쉐이퍼는 "성경의 인간저자들은 자기들의 기록의 요지를 다 깨닫지는 못했다는 것은 사실이다. 모세도 아담, 에녹, 아브라함, 이삭, 요셉의 역사에 잠재해있는 특유의 중요성을 거의 깨달을 수 없었고 또한 그가 산에서 지시하심을 받아서 기록한 장막 묘사에 숨겨있는 그리스도의 예표에 대해서도 거의 알 수가 없었다. 모세는 멜기세덱에 대해서 조상들에게 말씀이 주어진 이유를 알 수가 없었다(히 7:1-3)"고 주장한다.[53]

성경은 하나님의 말씀이 축자적으로 영감 되었다는 사실을 증거하고 있다(출 4:10-12; 34:27; 민 22:38; 23:26; 신 4:2; 삼하 23:2; 사 1:10; 렘 1:6-9; 겔 3:10-11; 단 10:9; 호 1:1; 욜 1:1; 암 3:1; 옵 1:1; 욘 1:1; 미 1:1; 나 1:12; 합 2:2; 습 1:1; 학 1:1; 슥 1:1;

---

52   Bere, 21.
53   Lewis Sperry Chafer, 1:68.

말 1:1; 막 13:11; 요 12:49, 50; 고전 2:13; 살전 2:13). 성경은 일률적으로 축자 영감의 교리를 말하고 있다.

E. 이 연구의 한계성

이 책을 쓰는 데는 다음과 같은 여러 가지 한계가 있음을 말해둔다.

1) 이 책은 요한복음 15:1-17을 중심하여 예수님의 말씀이 예수님과 제자들의 연합에 미친 역할에 대해서 기술하고 있는 고로 성경의 절대적인 권위에 근거를 두었으며 결코 철학, 과학, 혹은 계시문학 같은 것에 권위를 두지 않았다. 이 책을 저술함에 있어서는 무오하고 권위 있는 영감된 성경의 계시를 전제로 하고 썼음을 알린다.

2) 이 연구는 결코 하나님 삼위의 연합에 대해서도 말하지 않았고 또한 인류의 연합이나 그리스도의 두 성품의 연합에 대해서도 언급하지 않는다. 이유는 이 연구는 예수님과 신자들과의 연합을 다루기 때문이다.

3) 이 책을 쓰면서 **중생**을 언급할 때 조직 신학에서처럼 넓은 의미의 중생과 좁은 의미의 중생의 구별을 하지 않았다.

4) 필자는 성경해석에 있어서 문자적이며 해석적이고 문법적

인 해석을 따랐다.

5) 이 책을 저술하면서 혹시 자유주의자의 글을 인용할 필요가 있을 때는 보수주의 입장을 옹호하기 위해서만 인용했다.

6) 이 책을 쓰는 중에 고등 비평자들의 말을 인용할 때는 철저히 비판하고 섰다.

제2장

다른 문헌들 연구조사

제 2장은 다른 학자들이나 다른 문헌들의 학설을 소개하는 것으로 충당된다. 다른 학자들이나 다른 문헌들의 학설을 소개함으로 이 연구에 도움을 받고자 한다. 필자의 연구는 3-4장에서 진행된다.

제 2장은 세 부분으로 구성되어 있다. A. 참 포도나무와 그에 관련된 문제들의 개관. B. 예수님의 말씀에 대한 개관. C. 연합에 대한 개관으로 구성된다.

A. 참 포도나무와 그에 관련된 문제들에 관한 개관

이 논문은 예수님의 말씀이 연합에 미치는 영향을 이해하기 위하여 포도나무 비유에 관련된 문제들에 대하여 개관한다. 이 부분에서는 포도나무 비유에 나타난 예수님 자신의 은닉문제

(concealment problem)를 다루고, 다음으로 포도나무 비유와 제 4 복음서와의 관계를 다루며, 포도나무 비유와 성령 약속과의 관계를 다루고, 마지막으로 포도나무 비유의 배경을 취급하려고 한다.

1) 예수님은 포도나무 비유에서 그의 메시아성(Messiahship)을 은닉하셨는가?

포도나무 비유(요 15:1-17)는 예수님의 메시아성(Messiahship, 구주 성)을 은익하고 있는가 아니면 그의 메시아성(Messiahship)을 공개적으로 밝히고 있는가? 포도나무 비유는 얼핏 보면 예수님의 메시아성을 은닉하고 있는 듯이 보이지만 결코 그렇지 않다. 은닉하고 있는 인상을 주는 이유는 "나는 참 포도나무라"(15:1), "내 아버지는 그 농부요"(15:1a), 그리고 "나는 참 포도나무요 내 아버지는 농부라"(15:1b)라는 말씀, 또 "무릇 내게 붙어 있어 열매를 맺지 아니하는 가지는 아버지께서 그것을 제거해 버리시고 무릇 열매를 맺는 가지는 더 열매를 맺게 하려 하여 그것을 깨끗하게 하시느니라"(15:1)는 말씀들 때문에 얼핏 보면 예수님의 구주 성(Messiahship)을 숨기고 있는 인상을 준다.

예수님께서 공관복음에서 병자들을 고치시고 나서 종종 아무에게도 말하지 말라고 함구령을 내리셨기에 예수님의 메시아성을 은닉한 것을 연구할 필요가 있을 것이다. 그런고로 요한복음에서도 예수님은 그의 메시아성을 은닉하셨는지 아니면 공개하셨는지를 연구할 필요가 있다.

마 8:1-4에 보면 예수님께서 팔복(八福)을 말씀하신 산에서 내려오신 후 한 사람의 나병환자를 고치신 사건이 기록되어 있다. 예수님은 그 나병환자에게 "삼가 아무에게도 이르지 말고 다만 가서 제사장에게 네 몸을 보이고 모세가 명한 예물을 드려 그들에게 입증하라"고 하신다(8:4). 예수님의 이 명령을 두고 앨버트 반스(Albert Barnes)는 주장하기를 예수님께서 이 나병환자에게 아무에게도 말하지 말라고 함구령을 내리신 목적은 그 나병환자가 제사장에게 가서 보고하기 위해 많은 시간이 소모될 것이기 때문이라고 말한다. 그는 "나병환자는 즉시 제사장에게 가야 했다(레 14:2). 자기가 병 나은 사실을 공포하기 보다는, 모세의 법을 순종하여 제물을 드려 감사하기 위해 제사장에게 즉시 가야 했다. 그 나병이 치유된 곳은 갈릴리였는데 갈릴리로부터 40내지 50마일이나 되는 예루살렘까지 빨리 가야했다. 제사장이 있는 곳까지 빨리 가서 병이 다 나았음을 제사장으로부터 인정을 받는 것이 그의 의무였다"고 말한다.[54] 펜티코스트(J Dwight Pentecost)는 예수님께서 이 나병환자에게 내리신 명령에 대하여

---

[54] Albert Barnes, *Matthew and Mark*, in Notes on the New Testament (Grand Rapids: Baker Book House, 1983), 84.

이렇게 말한다. "그 사람은 갈릴리에서 그리스도에 대하여 더 증언하기 위해 지체할 필요가 없다. 그가 더 증언할 필요가 없었던 이유는 예수님의 이름이 갈릴리 근방에 많이 퍼져 있었기 때문이었다. 예수님의 인품에 대하여 더 이상 증언을 더하는 것은 거의 필요 없이 되었다. 그러므로 예수님은 명령하시기를 '아무에게도 이르지 말고 가서 제사장에게 네 몸을 보이고 또 네가 깨끗하게 됨으로 인하여 모세가 명한 대로 예물을 드려 그들에게 입증하라'고 하셨다(눅 5:14). 모세의 법은 나병환자나 나병을 가지고 있다고 의심받은 사람들은 그 사회에서 인정을 받기 위하여 정결 예식을 거쳐야 한다. 만약에 나병환자가 정결 예식을 거치지 않고 그리스도를 증언하기 위하여 갈릴리에서 시간을 지체한다면 그는 계속해서 부정한 자로 여겨질 것이며 그의 증언은 무효가 될 것이다."[55] 아무튼 예수님은 자신을 이적이나 행하는 사람으로 알려지기를 원하지 않으셨고(Matthew Henry, Stonehouse, Carson), 2) 공연히 소문이 나면 유대 종교지도자들의 시기를 받게 되고 복음 전도에 방해가 될 것이므로 입을 다물라고 하신 것으로 보아야 할 것이다(Clarke, Plummer, 박윤선, 이상근).

마 9:27-31에서 마태는 예수님께서 두 사람의 맹인을 고치신

---

[55] J. Dwight Pentecost, *The Words and Works of Jesus Christ* (Grand Rapids: Zondervan Publishing House, 1981), 150-51.

것을 말씀하고 또 예수님께서 그 맹인들에게 "엄히 경고하시되 삼가 아무에게도 알리지 말라"고 경고하신 것을 기록하고 있다. 예수님의 함구령에 대하여 알포드(Henry Alford)는 "우리 주님께서 함구령을 내리신 목적은 두 가지인 것 같다. 첫째는 예수님께서 복음을 전하시기 위하여 필요한 시간이나 힘을 못가지실만큼 분주하시거나 또는 압박을 받으시지 않도록 하기 위한 것이었다. 그리고 둘째는 이미 흥분하고 있는 군중들이 공공연하게 예수님을 알아보지 못하게 해서 바리새인들의 시기 질투를 일으키지 않도록 하기 위해서였다."[56] 예수님의 함구령에 대해서 바비에리(Louis A. Barbieri)는 "예수님의 경고는 아마도 군중이 병 치유에만 전념하여 달려드는 것을 방지하기 위함이었을 것이다… 예수님은 병 치유를 위해서 오신 것이 아니라 영혼을 치료하기 위해서 오셨다"고 주장한다.[57]

마 12:10-21에 보면 예수님께서 한편 손 마른 사람을 고치셨을 때 많은 사람들이 예수님을 따랐는데 예수님께서 그들을 모두 고쳐주신 기사가 나타난다. 그런데 예수님은 그들에게 "아무에게도 말하지 말라"고 경고하신다. 예수님의 이 경고에 대

---

56 Henry Alford, *Matthew-John*, vol. 1 of Alford's Greek Testament (Grand Rapids: Baker Book House, 1980), 97.
57 Louis A. Barbieri, Jr., "Matthew," in *The Bible Knowledge Commentary*, vol. 2, New Testament, ed. John Walvoord and Roy B. Zuck (Wheaton, Ill.: Victor Books, 1983), 40.

하여 칼슨(D. A. Carson)은 "예수님은 종종 반대가 심하면 후퇴하셨다(마 4:12; 14:13; 15:21; 16:5 참조). 그가 그렇게 피하신 것은 하나님께서 정하신 때가 오기까지 습관적으로 되풀이 되었다 (마 26:45; 요 7:8 참조)…이렇게 하여 그의 사역은 연장되었다"(마 4:23; 8:16; 9:35 참조)고 주장한다.[58] 맥아더(John F. MacArthur)는 예수님께서 아무에게도 말하지 말라고 명령하신 이유에 대하여 말하기를 "지금은 그가 높아지시는 때가 아니고 낮아지시는 때였기 때문이다"고 주장한다.[59]

마 16:13-20에 보면 예수님은 베드로가 "주는 그리스도시요 살아계신 하나님의 아들이시니이다"(16절)라고 신앙을 고백했을 때 베드로를 포함한 그의 제자들에게 "자기가 그리스도인 것을 아무에게도 이르지 말라 하시니라"(20절)고 말씀하신다. 세상에 사람을 구원하러 오신 그리스도께서 자신이 세상에 알려지시기를 원하지 않으신 이유가 무엇이었는가? 예수님의 경고에 대하여 므기(J. Vernon McGee)는 "주님께서 이런 명령을 하신 이유는 그가 누구이신가를 아는 단순한 지식만으로는 사람이 구원을 받지 못하고, 사람이 구원을 받기 위해서는 예수님이 누구이

---

[58] D. A. Carson, *The Expositor's Bible Commentary* (Grand Rapids: Zondervan Publishing House, 1984), 8:285.

[59] John F. MacArthur, *Matthew 8-15,* The MacArthur New Testament Commentary, vol. 2, (Chicago: Moody Press, 1987), 296.

신가와 그가 무엇을 하셨는가를 알아야 하며 그리고 그를 믿음으로 영접해야 하기 때문이다"(막 8:27-30; 눅 9:18-21)라고 주장한다.[60] 예수님의 이런 부탁을 두고 딕슨(David Dickson)은 "예수님께서 다른 명령을 주실 때까지 제자들 자신들만 이런 명령을 간직하실 것을 명령하신다. 그런고로 예수님은 그 자신의 신비한 일들을 계시하실 자신 나름의 때를 가지고 계심을 배우라. 그래서 그는 제자들에게 아무에게도 자기가 그리스도이심을 말하지 말라고 명령하신다. 만약에 그들이 예수님이 그리스도이심을 알았더라면 그들은 영광의 주님을 십자가에 못 박지 못했을 것이다. 예수님은 그의 진리가 너무 빠른 시기에 알려지심으로 그의 죽음이 방해받는 것을 원하시지 않았다"고 말한다.[61] 예수님의 명령에 대해서 힐(David Hill)은 "예수님이 구주이심에 대하여 침묵하고 있어야 하는 것이 요구되었다. 이유는 예수님께서 메시아(Messiahship)라고 아는 지식은 오직 예수님의 수난에 동참해야 할 사람들에게만 주어졌기 때문이다. 예수님이 누구라고 하는 참되고 충분한 이해는 빨리 성취되는 것이 아니고 혹은 예수님을 얼핏 보아서 성취되는 것도 아니다"라고 말한다.[62]

---

60 McGee, *Matthew through Romans*, 93.
61 David Dickson, *Matthew*, The Geneva Series Commentaries (Carlisle, Pa: Banner of Truth Trust, 1981), 226.
62 David Hill, *The Gospel of Matthew*, The New Century Bible Commentary, ed. Matthew Black (Grand Rapids: Wm. B. Eerdmanss Publishing Co., 1972), 262.

막 3:7-12에 보면 예수님은 갈릴리에서 더러운 귀신들에게 자신을 사람들에게 알게 하지 말라고 경고하신다. 막 3:11-12은 말하기를 "더러운 귀신들도 어느 때든지 예수를 보면 그 앞에 엎드려 부르짖어 이르되 당신은 하나님의 아들이니이다 하니 예수께서 자기를 나타내지 말라고 많이 경고하시니라"고 말씀하고 있다. 예수님의 이 명령과 관련하여 웨슬(Walter W. Wessel)은 주장하기를 "귀신들의 부르짖음을 잠잠하게 하셨다(12절). 이유는 예수님에 대한 분명한 계시의 때가 아직 오지 않았으며 또한 귀신들은 예수님을 전하는 합당한 사신들이 아니기 때문이다"라고 말한다.[63] 예수님께서 귀신들을 잠잠케 하신 명령에 대하여 그래스믹(John D. Grassmick)은 기록하기를 "예수님께서 귀신들이 때도 되지 않아서 너무 일찍이 소리 지르는 것을 잠잠케 하셔서 예수님은 하나님의 계획, 곧 예수님의 정체성과 사역을 점진적으로 드러내시는 하나님의 계획에 전적으로 순종하신다는 것을 확인하셨다"고 말한다(막 1:29-34; 눅 4:38-41).[64]

막 5:35-43에 보면 예수님은 죽은 소녀를 고치시고 주위 사람들에게 "이 일을 아무도 알지 못하게 하라"고 부탁하신다(43

---

[63] Walter W. Wessel, *Mark,* The Expositor's Bible Commentary, vol. 8, ed. Frank E. Gaebelein (Grand Rapids: Zondervan Publishing House, 1984), 641.
[64] John D. Grassmick, "Mark," in *The Bible Knowledge Commentary*, New Testament ed., ed. John F. Walvoord and Roy B. Zuck (Wheaton, Ill.: Victor Books, 1983), 116.

절). 예수님의 이 명령에 관하여 레인(William L. Lane)은 주석하기를 "이들 다섯 사람(소녀의 부모와 세 제자-역자 주)은 그들이 다른 사람들과 나누어서는 안 되는 특별계시를 받는 특권을 받았다. 따라서 그 비밀은 '증언된 비밀'(a witnessed secret)이었다. 이 증언된 비밀은 예수님께서 금지하신 다른 사람들과는 나우어서는 안 되었다…말하지 말라고 명령하신 특별한 동기는 조롱 섞인 웃음으로 예수님을 비웃은 사람들의 순전한 불신앙 때문이었다. 마가복음 전체를 통하여 관찰해보면 예수님은 그의 메시야성(Messiahship)을 조건부로만 보이신 것이 확실하다. 예수님께서 자신을 야이로의 집밖에 모였던 불신앙적인 사람들에게 보여주시기를 원치 않으신 것은 예수님의 일관된 행위로 보아서 아주 타당하다…예수님은 예수님의 구원의 행위가 집 밖에 있었던 사람들에게는 모르는 채 있기를 원하셨다"고 말한다.[65]

막 9:30-31은 예수님께서 그의 열두 제자에게 그의 앞으로의 사역을 교훈하실 때 자신을 은닉하신 이유를 말하고 있다. 즉 "그 곳을 떠나 갈릴리 가운데로 지날 새 예수께서 아무에게도 알리고자 아니하시니 이는 제자들을 가르치시며 또 인자가 사람들의 손에 넘겨져 죽임을 당하고 죽은 지 삼 일만에 살아나리라는

---

65 William L. Lane, *The Gospel of Mark*, The New International Commentary on the New Testament (Grand Rapids: Wm. B. Eerdmans Publishing Co., 1974), 198-99.

것을 말씀하셨기 때문이더라"(막 9:30-31). 예수님의 제자들은 예수님께서 변화산에서 변화하신 후 그 산을 떠나서 갈릴리를 통과하고 있을 때 예수님은 아무에게도 자신이 갈릴리를 통과하고 있음을 알기를 원하지 않으셨다. 왜냐하면 그가 그의 제자들에게 그의 미래의 십자가 죽음에 대해 교훈하고 계셨기 때문이었다.

예수님의 은닉에 대하여 죤스(J. D. Jones)는 주장하기를 "대체로 예수님은 마을이나 복잡한 거리나 또는 사람이 많은 회당에 자주 찾아가셨다. 왜냐하면 그가 모든 사람들에게 복음을 전하셔야 했기 때문이었다. 그러나 이번의 특별한 여행에서는 아주 은밀히 하기를 원하셨다. 마가가 말하는 대로…'예수님께서 그의 제자들을 교훈하고 계셨기' 때문이었다…이것이 바로 그의 교훈의 주제였다. '인자가 사람들의 손에 넘겨져 죽임을 당하고 죽은 지 삼 일만에 살아나리라'(31절). 구원자 예수님께서 갈릴리를 통과하신 것은 그가 승리했기에 왕좌로 나가시는 것이 아니라 사람들의 배척으로 십자가에 죽으시러 가는 길이었기 때문이었다…그것이 바로 예수님의 교훈의 주제였다"고 말한다.[66]

예수님의 은닉(막 9:30-31)에 대하여 윌리엄 헨드릭슨(William

---

[66] J. D. Jones, *Commentary on Mark* (Grand Rapids: Kregel Publications, 1992), 313.

Hendriksen)은 "예수님의 은둔사역은 끝나가고 있기는 했었지만 아직도 분명히 계속되고 있다. 이때는 예수님께서 특별한 방법으로 열두 제자를 훈련시키는 일에 헌신하고 있는 때였다. 그래서 그는 일반 대중들로 하여금 자신이 지금 어디에 있는지를 알리기 원치 않으셨다. 그는 열두 제자들을 교육하시기 위해서 시간과 기회를 가지시려면 잠시 조용한 때가 필요하셨다. 그래야 예수님께서 부활하신 뒤에 제자들이 예수님과 그의 왕국에 대한 진리를 다른 사람들에게 잘 전달할 수가 있었다"고 말한다.[67]

공관복음에서는 예수님께서 왜 자신의 메시야성(Messiahship)을 은닉하셨는지를 판단하기란 어려운 문제이다. 모든 점을 고려해보면 아마도 예수님은 두 가지 이유로 그의 메시야성을 은닉하셨던 것으로 보인다. 하나는 그가 십자가에서 죽으신다는 것을 확실하게 교육하시기를 원하셨다는 것이다. 마태가 그의 복음 17:9에 기록하기를 베드로 야고보 그리고 요한이 변화산에서 내려왔을 때 예수님은 그들에게 말씀하시기를 인자(the Son of Man)가 죽은 자 가운데서 살아나기 전에는 아무에게도 본 것을 말하지 말라고 하셨다. 예수님은 그의 십자가 죽음에 대한 교훈이 단지 치유나 이적만을 추구하는 군중들에 의해서 왜곡되기를

---

[67] William Hendriksen, *The Gospel of Mark*, New Testament Commentary (Grand Rapids: Baker Book House, 1984), 352-53.

원하시지 않으셨다. 그러므로 예수님은 수난주간 이전에 그의 메시야성을 자주 은닉한 것으로 보인다(마 8:4; 9:30; 12:15-16; 16:20; 막 1:34, 44; 3:12; 5:43; 7:36; 8:26, 30; 9:30; 눅 4:41; 5:14; 8:56; 9:21). 공관복음에서 예수님은 여리고를 통과하신 이후에는 결코 그의 메시야성을 숨기시지 않으셨다(마 20:29-28:20; 막 10:46-16:20; 눅 19:1-24:53), 왜냐하면 그는 그의 제자들에게 그의 죽음에 대하여 더 이상 교훈할 시간이 필요하지 않았기 때문이었다.

다음 예수님께서 메시야성을 은닉한 또 하나의 이유는 예수님께서 어떤 사람에게는 그의 메시야성을 드러내시고 혹은 어떤 사람들에게는 은닉하셨다는 사실이다. 다시 말해 예수님은 그의 메시야성을 두고 사람을 구별하셨다는 점이다. 예수님은 그의 주변의 사람들을 "너희"(you)와 "그들"(them)로 구분하셔서 하나님 나라의 비밀을 교훈하셨다. 마 13:11에 보면 예수님은 "천국의 비밀을 아는 것이 너희에게는 허락되었으나 그들에게는 아니 되었다"고 말씀하신다. 예수님은 "너희" 그룹에게는 그의 메시야성을 드러내셨고 "그들" 그룹에게는 그의 메시야성을 은닉하셨다. 막 5:1-20에 예수님은 가다라 지방에서 더러운 귀신들린 한 사람을 고치신 다음 "집으로 돌아가 주께서 네게 어떻게 큰일을 행하사 너를 불쌍히 여기신 것을 네 가족에게 알리라"고 하신다(5:19; 눅 8:26-39 참조). 아마도 이 사람의 친구들은 "너희" 그

롭에 속한 것으로 보이며 따라서 그들에게는 자비가 주어졌다.

한편 어떤 서기관들과 바리새인들이 예수님에게 표적을 구하였을 때 예수님은 그들에게 "악하고 음란한 세대가 표적을 구하나 선지자 요나의 표적 밖에는 보일 표적이 없느니라"고 말씀하신다(마 12:39; 눅 11:29). 바리새인들이 다시 예수님에게 표적을 구하였을 때 하나의 표적도 보여주시지 않으셨다. 이유는 그들이 악하고 음란한 세대에 속해 있기 때문이라고 하신다(마 16:1-4; 막 8:11-12). 다시 말해 그들은 그리스도를 통하여 주시는 하나님의 은혜를 거절한 사람들이기 때문이었다. 그러므로 공관복음에서, 예수님은 어떤 개인이나 단체를 향하여 그의 메시야성을 은닉하셨다.

그러나 요한복음에서는 예수님은 처음부터 자신을 메시야라고 분명히 드러내신다. 예수님은 자신의 메시야성을 은닉하시지 않고 나다나엘이 예수님에게 "랍비여 당신은 하나님의 아들이시요 당신은 이스라엘의 임금이로소이다"라고 고백했을 때 예수님은 나다나엘의 고백을 받으셨다(1:49). 예수님은 그에게 "내가 너를 무화과나무 아래서 보았다 하므로 믿느냐 이 보다 더 큰 일을 보리라"라고 대답하신다(1:50). 나다나엘의 고백을 두고 블럼(Edwin A. Blum)은 "예수님의 초자연적 지식이 나다나엘로 하여금 예수님을 하나님의 아들로, 그리고 이스라엘의 왕으로 고백하게 만들었다. 나다나엘이 이렇게 고백했다고 해서 나다나엘이 일찍이 삼위일체를 충분히 이해했다거나 혹은 그리스도의 화육(化育)의 진리를 충분하게 이해했다는 것을 의미하지는 않는다. 차라리 그는 예수님께서 하나님의 아들이시기에 우리의 구주가 되시는 것으로 이해했다"고 말한다.[68]

이와 관련하여 므기(J Vernon McGee)는 "주 예수는 그가 뽑은 사도들 중에 두 사람의 의심쟁이들이 있었다. 하나는 초창기의 나다나엘이었다. 그리고 또 하나는 사역의 마지막에 도마가 의심쟁이였다. 도마는 회의론자였는데 선한 것이 나사렛으로부터 나올 수 있느냐고 의심했다. 그는 예수님과의 대담이 끝나기 전에 예수님은 하나님의 아들이시요 이스라엘의 왕이시라고 고백했다. 나다나엘이 예수님을 하나님의 아들이시고 이스라엘의 왕이시라고 고백한 것은 참으로 중요한 것이 나사렛으로부터 나오게 된 것을 보여주고 있다"고 천명한다.[69]

산헤드린 공의회의 회원인 니고데모와 예수님께서 대화하실 때 예수님은 "모세가 광야에서 뱀을 든 것 같이 인자도 들려야 하리니 이는 그를 믿는 자마다 영생을 얻게 하려 하심이니라"고 말씀하심으로써 자신의 메시야성을 분명하게 선언하신다(3:14-15). 예수님께서 들리신다고 말씀하신 것에 대해 허치슨(George

---

[68] Blum, "John," 276.
[69] McGee, *Matthew through Romans*, 376.

Hutcheson)은 주장하기를 "예수님은 여기서 자신을 죄인들의 구주로 드러내신다. 예수님은 죄인들의 죄성(罪性)과 비참함을 치료하실 수 있는 충분한 능력을 가지셨기에 죄인들로 하여금 믿음으로 그에게 피하게 하시고 그들을 멸망하지 않게 지켜주시며 그들을 구원하신다. 예수님은 불 뱀에 물린 이스라엘 사람들의 치료를 위해서 하나님의 명령에 따라 광야에서 들려진 구리 뱀의 모형 아래에서 이 구원사역을 하신다"고 말한다.[70]

예수님은 사마리아의 수가 성 여인과 대화하시는 중에 그들로 하여금 자신을 믿을 수 있도록 자신이 세상의 구주라고 소개하신다(요 4:3-26). 예수님은 특별히 26절에서 그가 구주되심을 확언하신다. 그는 "네게 말하는 내가 그(He)라"고 하신다(26절). 이 구절들을 해석하면서 모리스(Leon Morris)는 "예수님은 아주 단순한 권위 있는 말씀으로 그 자신이 누구이심을 드러내신다(9:37 참조). 이 말씀은 그가 고난을 받으시기 전에 그의 메시야성을 인정하신 한가지의 경우이다. 그는 그 자신이 구주이심을 아셨다. 그러나 유대인 사회에서 자신이 구주이심을 공개적으로 확언하는 것은 많은 사람들이 기대한 대로 정치적인 메시아로 오인(誤認) 받을 수 있었다. 그러나 사마리아의 이런 시골지역 같은

---

[70] George Hutcheson, *John*, The Geneva Series of Commentaries (Carlisle, Pa.: Banner of Truth Trust, 1985), 46.

데서는 구주라는 말을 안전하게 사용할 수 있었다"고 밝힌다.[71] 똑같은 구절(4:26)을 주해하면서 핑크(Arthur W. Pink)는 "사마리아 여인이 구주를 갈망하자 예수님은 '네게 말하는 내가 그라'고 하신다. 죄악이 백일하에 드러난 죄인과 백일하에 드러난 구주가 얼굴과 얼굴을 대하게 되어 만사는 단번에 그리고 영원히 해결되고 말았다. 사마리아 여자는 자기에게 물 좀 달라고 하시던 분이 바로 자기에 대하여 모든 것을 아신다는 놀라운 사실을 알았다. 바로 그 분이 자기가 과거에 행한 모든 것을 말할 수 있었는데 그러나 그 구주는 그 여자에게 구원에 대하여 말씀하셨다. 그 여자는 무엇을 더 원하겠는가? 아무것도 더 원하는 것이 없게 되었다"고 해석한다.[72]

더욱이 예수님께서 38년 된 병자를 치유하신 다음 예수님은 자신을 하나님과 동등 되신 분으로 말씀하신다. "내 아버지께서 이제까지 일하시니 나도 일한다"고 하신다(요 5:17). 5:18절을 주해하면서 태스커(R. V. G. Tasker)는 "예수님은 참 의미에 있어서 하나님과 동등이시다(18절). 그러나 그가 하나님과 독립되어 있다는 뜻에서가 아니다. 반대로 그는 그 혼자는 아무 것도 하실 수 없으시다. 그가 듣는 대로 그는 심판하신다. 예수님은 더욱이

---

[71] Morris, *The Gospel according to John*, 273.
[72] Arthur W. Pink, *Exposition of the Gospel of John* (Grand Rapids: Zondervan Publishing House, 1975), 210.

그 자신을 위하여 자랑하거나 혹은 거만한 주장을 결코 하지 않으신다"고 말한다.[73]

더욱이 예수님은 그가 "하늘로서 내려온 떡이라"고 주장하시고(요 6:41) 공개적으로 바리새인들에게 "내가 심판하러 이 세상에 왔으니 보지 못하는 자들은 보게 하고 보는 자들은 맹인 되게 하려 함이라"고 주장하신다(요 9:39). 이 모든 말씀들은 예수님께서 자신이 메시야라고 공개적으로 선언하셨음을 말씀하고 있다.

요한은 자신의 복음서에서 공관복음에 기록된 표적들을 많이 생략했다(마 8:1-4; 9:27-31; 12:15; 16:20; 17:9; 막 1:32-34; 3:10-12; 5:43; 7:36; 8:11-13, 22-26, 30; 눅 4:35, 41; 11:29). 아마도 성령님은 요한 사도로 하여금 공관복음에 기록된바 예수님께서 은닉하려고 하신 표적들이나 사건들을 포함하기를 원치 않으셨던 것으로 보인다. 이유는 요한 사도가 예루살렘 멸망 후 그의 복음서를 기록할 때 예수님의 메시야성을 은닉할 필요가 더 이상 없었기 때문이었을 것이다.[74]

예수님은 요한복음에서 두서너 차례 자신을 유대인들로부터 숨기셨다. 이유는 십자가 죽음에 대한 그의 교훈이 죽음의 시간이 오기 전에 자신을 핍박하는 군중들에 의하여 왜곡되기를 원

---

73 R. V. G. Tasker, *The Gospel according to St. John* (Grand Rapids: Wm. B. Eerdmans Publishing Co., 1978), 88.
74 요한복음 저술 날짜는 A. D. 90-95년으로 잡아야 할 것이다.

치 않았기 때문이었다(요 8:59; 12:36b). 요 8:59에 보면 "그들이 돌을 들어 치려하거늘 예수께서 숨어 성전에서 나가셨다"고 묘사하고 있다. 예수님께서 숨어 성전에서 나가신 이유는 예수님께서 "아브라함이 나기 전부터 내가 있느니라"(요 8:58)고 하신 말씀에 대하여 유대인들이 이 말씀은 예수님께서 하나님이라고 선언한 것이나 다름이 없는 것으로 취급하고 심히 노하여 "돌을 들어 치려하였기" 때문이었다(10:31, 39; 11:8). 예수님은 아직 잡혀죽을 때가 되지 않았다. 반년의 세월을 더 기다려 다음 번 유월절에 죽으셔야 했다. 그래서 예수님은 "숨어 성전에서 나가셨다"(눅 4:30). 예수님은 필요할 때 숨기도 하시고 또 피하기도 하셨다(요 10:31-33). 예수님은 죽으실 때를 택하여 죽으시기 위하여 그 이전에는 숨고 피하신 것이다.

요 12:36도 역시 예수님께서 유대인을 피하여 숨으신 사실을 말하고 있다. 즉, "예수께서 이 말씀을 하시고 그들을 떠나가서 숨으시니라"고 말씀한다. 모리스(Leon Morris)는 이 구절을 해석하면서 "그가 방금 말씀하신('아직 잠시 동안 빛이 너희 중에 있으니 빛이 있을 동안에 다녀 어둠에 붙잡히지 않게 하라. 어둠에 다니는 자는 그 가는 곳을 알지 못하느니라. 너희에게 아직 빛이 있을 동안에 빛을 믿으라'-35절) 말씀을 끝내시고 그들에게서 멀리 가서 숨으셨다. 방금 예수님께서 말씀하신 말씀은 분명히 그가 죽으실 것이라는 말씀이었다. 그러나 그는 그가 원하시는 때가 되어 죽으실 것이다. 그는 그 때 이전에는 결코 잡히시지 않으실 것이다"라고 주장한다.[75] 이 구절을 해석하면서 펜티코스트(J. Dwight Pentecost)는 "그리스도는 군중들로부터 물러가셨다. 그가 그렇게 군중들로부터 물러가신 이유는 그들이 계속해서 불신앙했기 때문이었다. 요한은 언급하기를 '예수님께서 그들이 보는 앞에서 놀라운 표적을 행하신 후에도 그들은 여전히 예수님을 믿으려고 하지 않았다'(37절)"고 말한다.[76] 여기 예수님께서 "숨으셨다"(ejkruvbh)는 말씀은 부정(단순)과거 수동태(재귀동사)로 '자신을 아주 확실하게 숨겼다'는 뜻으로 이에 대해서는 여러 해석들이 가해졌다. 1)여러 가지 말씀을 마치시고 그 자리를 떠나 베다니로 가셨다. 2)단지 자기를 둘러선 청중들을 떠나서 성전으로 가셔서 거기서 좀 더 잘 믿는 류(類)의 또 다른 청중들을 만나신 것이다. 3)단지 잠깐의 물러섬이다. 4)이제는 공중사역을 모두 끝내시고 유대인들을 떠나 베다니로 물러가신 것이다(윌렴 헨드릭슨). 숨으셨다는 동사를 관찰할 때 마지막 설이 가장 합당한 듯이 보인다. 그리고 37("이렇게 많은 표적을 저희 앞에서 행하셨으나 그를 믿지 아니하니")절의 말씀을 보아도 역시 이제는 공중 사역을 끝내시고 유대인들 앞에서 떠나 베다니로 가신 것으로 보인다. 그는 베다니로 가

---

[75] Morris, *The Gospel according to John*, 603.
[76] J. Dwight Pentecost, 380-381.

시면서 제자들을 가르치셨고 또 거기에 가셔서 제자들을 훈련시키시고 십자가를 지실 준비를 하신 것이다.

예수님은 그의 메시야성 혹은 신성을 그들로부터 은닉하지 않으셨다. 요 7:1에서 요한은 말하기를 "그 후에 예수께서 갈릴리에서 다니시고 유대에서 다니려 아니하심은 유대인들이 죽이려 함이러라"고 말한다. 예수님께서 유대에서 다니려고 하지 않으신 이유는 유대인의 명절, 곧 장막절이 왔을 때 그 형제들이 조롱하듯 예수님을 향하여 도전하는 말에 암시되어 있다. 그 형제들은 예수님께 이르되 "당신이 행하는 일을 제자들도 보게 여기를 떠나 유대로 가소서 스스로 나타나기를 구하면서 묻혀서 일하는 사람이 없나니 이 일을 행하려 하거든 자신을 세상에 나타내소서"라고 말했다(요 7:3-4). 유대인의 초막절이 가까웠을 때 예수님을 메시아로 믿지 못하는 예수님의 형제들(야고보, 요셉, 유다, 시몬-막 6:3)은 예수님께 "당신이 행하는 일을 제자들도 보게 여기를 떠나 유대로 가소서"라고 주문한다(마 12:40; 막 3:31; 행 1:14). 곧 '당신이 행하시는 기적들을 제자들도 보게 유대로 가시지요'라는 부탁이다. 여기 "제자들"은 예수님의 12제자들을 제외한 '일반적인 제자들'을 지칭할 것이다. 그들은 예수님의 제자들을 통하여 세례를 받은 사람들(4:1)과 또 예수님의 기적을 보고 예수님을 사모하고 따라다니는 사람들일 것이다(2:23). 예수님의 형제들은 예수님을 향하여 시골에서 묻혀서 이름 없이 썩지 말고 한번 출세해 보라는 부탁을 한 것이다. 예수님은 형제들의 부탁이 아무리 선의의 부탁이라고 양해하실지라도 예수님으로서는 참으로 황당함을 느끼셨을 것이다. 예수님의 형제들은 아직도 예수님을 믿지 못했기에 이렇게 세상 중심한 말을 한 것이다(막 3:21).

요한복음에서 예수님은 결코 그의 메시야성 혹은 그의 신성을 숨기지 않으셨다. 그의 죽음의 때가 오기까지 그 자신을 숨겼을 뿐이다. 그가 요 8:58에서 그 자신이 하나님이심을 선포하신 후에 그는 자신을 은닉하셨다. 이유는 유대인들이 돌을 들어 치려하였기 때문이었다(요 8:59). 그는 이 이상 더 유대인들 가운데 계속해서 공공연히 다니지 않으셨다. 이유는 베다니의 나사로를 죽은 자 가운데서 살리신 후로는 대제사장들과 바리새인들이 그를 죽이려 하였기 때문이었다(요 11:53-54).

이와 같이 요한복음에서는 예수님께서 자신을 숨기신 것은 자신의 메시야적 역할을 숨기려는 것이 아니라 때가 오기 전에 일찍이 죽으시지 않기 위하여 피하신 것뿐이었다. 그는 자신을 유대인들로부터 숨기셨으나 결코 메시야성을 숨겼거나 혹은 그가 하나님 되심을 숨기신 것은 아니었다. 요한복음에서는 예수님께서 자신을 메시아로 아주 당당히 드러내신다.

2) 포도나무 비유와 요한복음과의 관계

포도나무 비유(요 15:1-17)는 요한이 요한복음을 쓴 목적과 잘 부합하는 것인가? 먼저 요한이 요한복음을 쓴 목적을 살펴보는 것이 필요할 것이다. 그리고 다음으로 포도나무 비유의 목적이 무엇인지를 살펴보는 것이 좋을 것이다.

요한복음만큼 책 제목을 분명히 밝히는 책도 없을 것이다. 요 20:31에 보면 요한은 "오직 이것을 기록함은 너희로 예수께서 하나님의 아들 그리스도이심을 믿게 하려 함이요 또 너희로 믿고 그 이름을 힘입어 생명을 얻게 하려 함이라"라고 기록한다. 여기 "믿는다"는 낱말이 요한복음에 여러 가지 형태로 99번이나 나타난다.[77] 그리고 "생명"이란 낱말과 "살다"는 낱말이 요한복음에 54번 나타난다.[78] 요한은 그의 서신에서 "믿는다"는 말과 "영생"이란 말을 여러 차례 사용하고 있다(3:14-16, 36; 5:24; 6:40; 11:25-26; 17:3).

요 20:31을 해석하면서 렌스키(R. C. H. Lenski)는 "요한은 자신이 요한복음을 쓰면서 재료를 선별했음을 독자들에게 말하고 있다. 요한의 의도는 '하나의 복음'을 쓰는 것이었다. 다시 말해 예수님에 관한 사실들을 배열시켜서 독자들로 하여금 신자가 아닌 사람들 속에 믿음을 일으키는 것이며 또 믿는 사람들 속에 믿

---

[77] J. B. Smith, *Greek English Concordance*, 162, 164, 291.
[78] *Ibid.*, 162, 164.

음을 공고히 하는 것이라"고 말한다.[79]

모리스(Leon Morris)는 요한복음의 목적을 말해주는 여러 견해를 인용하고 있다. 곧 "요한이 공관복음을 보충하기 위해 썼다"는 견해, "그가 영지주의와 싸우기 위해 시도했다"는 견해, "요한의 목적중의 하나는 가현설적(假現說的)인 거짓 가르침과 싸우기 위해 썼다"는 견해, "요한은 불신앙적인 유대인들을 대항하는 논쟁에 관심이 있었다"는 견해, "요한은 너무 지나치게 관심을 두거나 아니면 너무 적게 관심을 두는 기독교인 교사들을 반대하는 일에 관심이 있었다"는 견해, "요한의 중요한 목적은 세상에 일종의 헬라화 되어버린 기독교(Hellenized christianity)를 제시하는 것이었다"는 견해를 포함하고 있다.[80] 모리스는 요한복음의 목적으로 20:31을 가장 온당한 것으로 삼고 있다. 모리스는 "요한은 분명히 예수님을 하나님의 아들이시며 그리스도라고 보여주기를 목적한다. 요한은 그의 독자들에게 어떤 흥미 있는 정보를 주기 위해서가 아니라 독자들로 하여금 믿음의 자리에 두고, 따라서 그리스도의 이름을 힘입어 새 생명을 얻게 하려고 그리스도를 보여준다"고 말한다.[81] 배렛(C. K. Barrett)은 제 4

---

[79]   R. C. H. Lenski, *The Interpretation of St. John's Gospel* (Minneapolis: Augsburg Publishing House, 1961), 1395-96.
[80]   Leon Morris, *The Gospel according to John*, 35-38. "헬라화한(Hellenized)"이란 말은 헬라의 방식이나 언어를 채택하는 것을 뜻한다.
[81]   *Ibid.*, 39-40.

복음서의 목적에 관하여 말하는 중에 "그 복음의 목적이나 저자 (요한)의 신학은 바로 이 구절 속에 요약되어 있다…이 구절은 원래 계획된 대로 그 복음의 결론이고 절정이다"라고 말한다.[82] 제 4복음서의 목적과 관련하여 블럼(Edwin A. Blum)은 그의 요한복음 서론에서 "20:31에 언급된 요한복음의 목적은 예수님의 표적을 기록하여 독자들로 하여금 예수님을 믿게 하는 것이다. 의심 없이 요한은 다른 목적들을 말한다. 어떤 사람들은 요한이 회당 유대주의나 혹은 영지주의나 혹은 세례 요한의 추종자들을 대항하기 위해서 복음을 썼다고 주장한다. 또 어떤 사람은 요한이 다른 복음서들을 보충하기 위해서 썼다고 생각한다. 그러나 요한복음은 분명히 전도적인 목적으로 썼다. 그래서 요한복음이 그 목적을 위해서 교회 역사상에서 위대하게 사용되었다고 하는 것은 우연이 아니다"라고 말한다.[83] 제 4복음서는 20:31에서 분명한 목적을 나타내고 있다. 곧 "예수께서 하나님의 아들 그리스도이심"(20:31)을 믿음으로 영생을 가지게 하려 한다는 분명한 목적을 진술하고 있다.

요한복음이 믿지 않는 사람들을 위해서 기록되었는가 아니면 이미 믿는 사람들의 믿음을 공고히 하려는 의도로 기록되었는

---

[82] C. K. Barrett, *The Gospel according to St. John* (Philadelphia: Westminster Press, 1978), 575.
[83] Blum, 268.

가? 요한복음은 이방인을 위해 기록했는가 아니면 유대인 신자들을 위해 기록했는가? 이 문제를 풀기 위해서는 다음의 사항들을 살피는 것이 유익할 것이다.

첫째, 요한복음이 믿지 않는 사람들을 위해 기록하였는가 아니면 이미 믿는 사람들을 위해 기록하였는가에 대해서 헨드릭슨(William Hendriksen)은 "이 문제에 관하여 가장 잘 증명된 읽기(reading-이 낱말은 쉽게 말해서 사본을 뜻한다)는 '너희로 하여금 믿게 하기 위해서'(pisteuvhte)란 문장을 가지고 있다…요한 사도는 성령의 인도를 받아서 그의 복음을 쓰되 교회로 하여금 그리스도를 믿는 믿음 안에서 살게 하기 위해서 기록했다"고 말한다.[84] 그린(Oliver B. Greene)은 "예수님께서 누구에게 말씀하셨느냐 하는 것을 아는 것은 어렵지 않다. 요한은 여기서 믿는 자와 믿지 않는 자가 섞여있는 사람들에게 말씀하고 있는 것이 아니다. 그는 불신자들에게 말하고 있는 것도 아니다. 그는 신자들만을 위해서 말씀하고 있다. 그 메시지는 열 한 제자에게 주어진 것이었다"고 주장한다.[85]

분명한 것은 요한이 예수님을 영접하고 하나님의 자녀가 된 사람들(1:12), 곧 "혈통으로나 육정으로나 사람의 뜻으로 나지

---

[84] William Hendriksen, *The Gospel of John*, 34.
[85] Oliver B. Greene, *The Gospel according to John* (Greenvile, S.C.: Gospel Hour, 1966), 3:11.

아니하고 오직 하나님께로부터 난 자들"(1:13)에게 복음을 전했다는 사실이다. 요한은 예수님을 믿는 사람들이 믿음으로 이미 영생을 얻었다는 사실과 또 "예수께서 하나님의 아들 그리스도이심"(20:31)을 믿음으로 하나님의 아들이 되었다는 사실을 알기를 원해서 복음서를 썼다는 사실이다.

둘째, 요한이 복음을 쓸 때 이방인을 위해서 썼는가 아니면 유대인 신자들을 위해서 썼는가 하는 문제에 대해서 요한 사도는 "참 빛 곧 세상에 와서 각 사람에게 비추는 빛이 있었나니 그가 세상에 계셨으며 세상은 그로 말미암아 지은 바 되었으되 세상이 그를 알지 못하였다"고 말한다(요 1:9-10). 그리고 세례 요한은 1:29에서 "보라 세상 죄를 지고 가는 하나님의 어린 양이로다"라고 말하고, 또 요한 사도는 3:17에서 "하나님이 그 아들을 세상에 보내신 것은 세상을 심판하려 하심이 아니요 그로 말미암아 세상이 구원을 받게 하려 하심이라"고 말한다. 위에 언급한 세 구절을 살펴보면 "세상"이란 낱말이 쓰여 있음을 볼 수 있다. 다시 말해 요한복음은 유대인만을 위해 기록한 것이 아니라 세상 전체를 위해 기록되었다는 것을 알 수 있다.

로마 군인들이 예수님을 십자가에 못 박을 때 빌라도는 예수님이 누구인지를 알리는 죄 패를 기록하여 십자가에 붙였는데 당시 세상나라 사람들이 다 읽을 수 있는 세 나라말로 기록했다. 곧 "빌라도가 패를 써서 십자가 위에 붙이니 나사렛 예수 유대인의 왕이라 기록되었더라. 예수께서 못 박히신 곳이 성에서 가까운 고로 많은 유대인이 이 패를 읽는데 히브리와 로마와 헬라 말로 기록되었더라"(19:19-20)고 전한다. 이 모든 구절들은 예수님의 복음은 세상의 많은 사람을 위한 것임을 보여주고 있다.

브라운(Raymond E. Brown)은 "아마도 우리는 복음이 대체적으로 유대인이나 이방인을 구별하지 않고 기독교인들을 겨냥하고 있다고 말해야 할 것이다"라고 말한다.[86] 요한이 예수님을 "하나님의 아들, 그리스도이심"(20:31)이라고 두 가지로 표현한 것을 보면 요한복음이 유대인들과 이방인들을 위해 기록되었다고 보아야 할 것이다. 이유는 "그리스도"란 이름은 유대인을 위한 것이고, "하나님의 아들"이란 이름은 이방인들을 위한 이름이기 때문이다(마 8:29과 병행구절; 27:54 참조). 요한복음이 누구를 위해 기록되었느냐 하는 것을 두고 대체적으로 학자들은 헨드릭슨(William Hendriksen)과 동의한다. 헨드릭슨은 "요한복음이 지향한 독자는 (비록 요한복음이 궁극적으로는 모든 시대의 교회들을 위해 저작되었다고 보더라도, 17:20-21 참조) 당시 에베소와 주위에 살고 있는 사람들이었다. 그들은 주로 이방으로부터 온 기독교인들이었다. 요한이 이방으로부터 온 기독교인들에게 복음을 전하기 위하여 유대인의 관습과 형편들을 언급할 때 자세한 설명을

---

[86] Raymond E. Brown, *The Gospel according to John 1-12*, lxxvii.

붙였다(2:6; 4:9; 7:2; 10:22; 18:28; 19:31, 41-42)"고 말한다.

지금까지 논의한바와 같이 요한복음의 저작 목적은 유대인이나 이방인이나 간에 누구든지 믿음으로 영생을 얻게 하려는 것이다. 그러면 요한복음 전체의 기록목적은 15장의 포도나무와 가지 비유에 잘 어울리는가? 다시 말해 15장의 비유는 요한복음 전체의 기록 목적과 잘 어울리는가 하는 것이다. 분명히 비유에서 포도나무는 그리스도 자신이시고 가지들은 제자들이다. 그리고 또 분명한 것은 "요한은 그리스도와 제자들과의 연합에 대해서 말하고 있고 그리스도를 떠나서는 제자들이 아무 것도 할 수 없다고 말하고 있다. 이 연합은 그리스도께서 이루신 것이고 그리스도께서 그들을 대신하여 죽으심으로 확증되었는데 신자들 측의 사랑과 순종에 의하여 완성되는 것이다."[87] 이와 관련하여 허치슨(George Hutcheson)은 "요한복음 15장에서 그리스도께서는 제자들에게 송별 설교를 계속하시면서 믿음으로 그리스도와 교제하는 것을 배우도록 간절히 소원하시고 그 교제로 말미암아 영적으로 예수님의 임재를 향유할 뿐 아니라 열매 맺기를 소원하신다. 예수님은 그들이 열매 맺을 때 기뻐하시고 또 특별히 그들이 서로 사랑하시기를 역설하신다"고 말한다.[88]

---

[87] Barrett, 470.
[88] Hutcheson, 313.

참 포도나무의 비유의 목적에 관하여 헨드릭슨(William Hendriksen)도 역시 "포도나무 가지가 포도나무에 거할 때만 열매를 맺을 수 있음같이 신자들도 역시 그리스도 안에 있을 때만 열매를 맺는다. 그러므로 포도나무 비유에 깔려있는 교훈은 '너희가 열매를 맺기 위하여 내 안에 거하라'는 내용이다"라고 주장한다.[89]

고데이(Frederic Louis Godet)도 요한복음 15:1-17의 개요를 쓰면서 "예수님과 포도나무를 비교해보면 그 요점이 드러나는데 유기적 연합이라고 할 수 있다. 그 유기적 연합에 의하여 포도나무의 생명은 가지의 생명이 된다"고 주장한다. 요 15:1-17에서 말하는바 예수님과 제자들의 연합은 산(living) 연합이라고 말할 수 있는데(요 15:26; 요일 5:7), 이 연합은 의심할 여지없이 그리스도인 상호 연합을 통하여 많은 열매를 가져온다(13절). 그러므로 요 15:1-17의 이 연합은 "요 15장 전체의 근거가 되고 또 주제가 되고 있는데"[90] 요한복음의 목적과 밀접하게 상응하고 있다.

3) 포도나무 비유와 성령의 약속(14:14-16:33)과의 관계

---

[89] Hendriksen, *The Gospel of John*, 294.
[90] Barrett, 473.

성경 해석가들은 예수님께서 그의 마지막 다락방 강화(14장-16장)에서 제자들에게 성령을 약속하셨다는 데 동의한다 (14:16-16, 26; 15:26; 16:7-8, 13). 그러나 14-16장을 얼핏 살펴볼 때 포도나무 비유는 이곳에 잘 못 끼어든 내용으로 여길 수도 있다. 이유는 15:1-17안에 '성령'이란 낱말이나 혹은 '성령'을 암시하는 낱말이 없기 때문이다. 사실 15:1-17을 제외하고는 14:16-16:33에는 성령에 관한 언급이 많이 있음을 볼 수 있다.

a. 14:16-21에서, 예수님은 하나님께 성령을 구할 것이라고 말씀하신다.

b. 14:22-24에서, 예수님은 제자들이 성령에 의하여 새로운 계명을 수행할 수 있을 것이라고 말씀하신다.[91]

c. 14:25-31에서, 예수님은 성령의 역사에 대해서 언급하신다.

d. 15:18-16:4에서, 예수님은 제자들이 박해를 받는 세상에서 성령의 도우심으로 그리스도를 증언할 수 있을 것이라고 말씀하신다.

e. 16:5-15에서, 예수님은 그가 떠나신 이후에 성령이 오실 것이라고 말씀하고 성령님은 예수님을 대신하실 것이라고

---

[91] 성경은 성령을 통하여서만 예수님을 경험하게 된다고 말하고(요 15:26; 마 16:17; 고전 12:3), 또 성령을 통해서 그리스도의 말씀을 지킬 수 있다고 말씀한다(롬 8:4; 갈 5:16-18; 5:25).

말씀하신다.

    f. 16:16-24에서, 예수님은 그의 제자들이 조금 있으면 성령을 받을 것이라고 말씀하시고[92] 그의 제자들은 그날에 성령의 도우심으로 무엇이든지 아버지께 구할 수 있을 것이라고 말씀하신다.

    g. 16:25-33에서, 예수님은 성령님께서 오순절 이후에 아버지를 계시하실 것이라고 말씀하시고, 제자들은 예수님의 이름으로 기도할 수 있을 것이라고 말씀하신다(14:13-14; 15:16; 16:23-24, 26).

그러나 15:1-17에 '성령'이란 낱말이나 혹은 '성령'을 암시하는 낱말이 없다고 해서 예수님께서 포도나무 비유 중에서 성령님이나 또는 성령님의 역사를 제외하셨다고 증언할 수는 없다. 15:1-17이 예수님과 제자들의 연합을 말하고 또 많은 열매를 맺는 문제를 언급한다는 사실은 이 부분의 말씀이 성령님의 역사를 전제하는 말씀이고 또 성령님의 역사를 제외시키지 않고 있다는 것을 교훈하고 있다.

---

[92] 혹자는 16:16-24에 기록되어 있는 예수님의 말씀을 두고 제자들이 조금 후에 부활하신 예수님을 볼 것을 지칭하는 것이라고 주장하고 또 혹자는 제자들이 예수님의 재림 이후에 예수님을 뵈옵는 것을 지칭하는 것이라고 주장하나, 제자들이 예수님과 똑같은 보혜사, 곧 성령을 볼 것을 지칭하는 것으로 보아야 할 것이다. 이유는 오순절 이후에 제자들은 응답받는 기도를 할 수 있었기 때문이다(16:23-24; 행 2:1-4).

이런 분명한 사실에도 불구하고 혹자는 포도나무 비유를 다른 문맥 속으로 옮겨놓아야 한다고 주장한다. 브라운(Raymond E. Brown)은 주장하기를 "요 15:1-6의 포도나무와 가지의 비유는 원래 다른 문맥에 속한 것이라고 생각한다"고 했다.[93] 브라운(Brown)이 그렇게 주장하는 이유는 "1-6절에는 마지막 강화와 병행하는 절이 없고, 7-17절에는 마지막 강화와 병행하는 절이 있다는 근거에 의해 두 부분이 구분되어졌다는 전제는 다른 논증들을 보아도 지지를 받고 있다. 1-6절은 2인칭을 몇 개 정도 사용하고 있을 뿐 주로 3인칭이 사용되어 있는 반면, 7-17절은 2인칭이 주종을 이루고 있기" 때문이라고 주장한다.[94]

그러나 위에 언급한 두 가지 이유를 들어 1-6절과 7-17절을 구분하는 것은 논리가 약하다. 이유는 1-6절은 세상에 있는 모든 사람들에게 진리를 선포하기 때문인 반면, 7-17절은 제자들에게 진리를 적용하는 내용이기 때문에 1-6절은 주로 3인칭이 사용된 것이고 7-17절은 2인칭이 사용되었다고 보아야 한다. 예수님은 종종 글의 흐름을 깨시고 일반적인 진리를 선포하실 때는 문법적인 인칭을 변경하시는 것을 볼 수 있다(6:35; 8:12; 10:9-18; 11:25; 14:6).

---

[93] Raymond E. Brown, *The Gospel according to John 13-21*, 666.
[94] *Ibid.*, 667.

그런고로 1-6절이나 혹은 7-17절을 다른 문맥 속에 옮길 필요가 없고 성령의 약속을 주로 다루고 있는 예수님의 마지막 강화로부터 포도나무 비유를 제거할 이유가 없다. 포도나무 비유는 바로 제 자리에 정확하게 자리를 잡고 있는 것으로 보아야 한다. 이유는 포도나무 비유가 성령의 역사에 의하여 성도와 예수님의 밀접한 연합을 강조하기 때문이다.

4) 포도나무 비유의 배경은 무엇인가?

포도나무 비유의 배경이 무엇이냐 하는 데는 몇 가지 학설이 있다.

a) 이스라엘이나 그 주민들이 배경이라는 학설

어떤 학자들은 이스라엘이나 이스라엘 주민들이 포도나무 비유의 배경이라고 주장한다(시 80:8; 사 5:1-7; 렘 2:21; 겔 15:1-8; 17:1-4). 예를 들면 헌터(A. M. Hunter)는 예레미야 2:21("내가 너를 순전한 참 종자 곧 귀한 포도나무로 심었거늘 내게 대하여 이방 포도나무의 악한 가지가 됨은 어찌 됨이냐")을 포도나무 비유의 배경이라고 주장한다. 그는 "'참 포도나무'란 말은 예레미야 2:21을 분명히 반영한다. 수세기 동안 포도나무는 이스라엘, 곧 하나님의 백성을 위한 상징이었다. 그리고 예수님은 좋은 포도나무가 나쁜 포도나무로 변했다는 것을 언급하는 사 5:1-7(막 12:1-9)에 근거를 둔 비유를 가지고 이스라엘 사람들에게 하나님의 임박한 심판을 경고하셨고, 하나님께서 그 포도원을 다른 사람들에게 주실 것이라고 예언하셨다"고 말한다.[95] 래니(J. Carl Laney)는 "예수님께서 사용하신 비유는 히브리 성경 안에서 발견되는 비유로부터 인용되었다고 볼 수 있을 것이다. 포도나무는 예언서들이나 시편들 안에서 이스라엘을 위한 상징들이다"라고 주장한다 (시 80:8-16; 사 5:1-7; 렘 2:21; 5:10; 12:10; 겔 15:1-8; 17:1-4; 호 10:1).[96] 이와 관련하여 몽고메리(James Montgomery)는 "포도나무는 이스라엘을 현저하게 상징하고 있다. 이와 같이 반복해서 구약에서 이스라엘은 하나님께서 좋아하시는 포도나무나 혹은 하나님의 포도원으로 묘사되었다…그러므로 포도나무는 이스라엘의 상징으로 잘 알려져 있다. 참으로 포도나무에서 꺾은 한 뭉치의 포도송이는 오늘도 이스라엘을 보여주는 상징이다. 그러나 구약 성경에서 포도나무 비유를 사용하는 특이점은 이 포도나무 비유가 항상 열매를 많이 맺는다는 상징이라기보다는 이스라엘의 타락을 보여주는 상징으로 인용되고 있다는 것이다"라고 주

---

[95] A. M. Hunter, *According to St. John* (London: SCM Press, 1968), 86-87; cf. T. Ernest Wilson, *John 13-17; The Farewell Ministry of Christ* (Neptune, NJ.: Loizeaux Brothers, 1981), 48.

[96] J. Carl Laney, *John*, Moody Press Commentary (Chicago: Moody Press, 1992), 269-70.

장한다.[97]

펜티코스트(J. Dwight Pentecost)는 요 15:1-17을 주해하면서 이스라엘 민족을 참 포도나무의 배경으로 잡고 있다. 그는 "예수 님께서 이 사람들(열 한 제자)에게 열매 맺는 사역의 비밀을 교육하기 위하여 포도나무의 예화를 사용하셨다. 그리스도께서는 자기 자신을 '참 포도나무'라고 하셨다(15:1). 포도나무 비유는 사 5:1-7에서 이스라엘 민족을 위한 하나님의 목적을 보여주기 위해서 사용되었다. 하나님은 이스라엘을 그의 포도원으로 선택하셨다. 하나님은 잘 준비된 비옥한 땅에 포도원을 심으셨다…그 포도원의 포도나무들은 그들의 역할을 감당하지 못했다. 그 포도나무들과는 달리 예수님은 '내가 참 포도나무라'"고 하셨다.[98]

버지(Gary M. Burge)는 요 15:1-17에 관하여 주장하기를 참 포도나무의 배경은 "이스라엘"이라고 말하고 참 포도나무에 특별한 의미를 부여한다. 그는 "포도원 비유는 구약에서 종종 사용되고 있다. 이스라엘은 종종 애굽으로부터 옮겨다가(시 80:8-11) 비옥한 땅에 심은 포도나무로 묘사된다(겔 17:1-6). 원수들이 그 포도원을 짓밟을 수도 있으나(렘 12:10-11) 하나님께서 조심스

---

[97] James Montgomery, *John 13:1-17:26,* An Expositional Commentary, vol. 4 (Grand Rapids: Zondervan Publishing House, 1981), 226.
[98] J. Dwight Pentecost, *The Words and Works of Jesus Christ* (Grand Rapids: Zondervan Publishing House, 1981), 440-41.

럽게 돌보시며 열매를 기대하신다(사 5:1-7)…예수님께서 포도나무 비유를 사용하신 것은 놀라운 일이다. 예수님은 자신이 포도원 재배인이라고도 하지 않고 또 하나님의 특권들을 가졌다고 주장하시지도 않고, 자신이 포도나무(옛날에 이스라엘을 대표했던 포도나무)라고 하신다. 예수님과의 연합은 새 이스라엘 곧 하나님의 국민들과의 연합을 의미한다"고 강변한다.[99]

분명한 것은 예수님께서 공관복음에서 이스라엘을 포도원이라고 하시는 말씀을 보면 참 포도나무의 배경이 이스라엘이라는 것이다(마 21:33-41; 막 12:1-9; 눅 20:9-16). 써머스(Ray Summers)는 "예수님은 이스라엘이 열매를 맺지 못한 것을 많이 생각하셨다. 눅 13:6-9를 보면 열매 없는 무화과의 비유가 있다. 마 21:18-19와 막 11:12-14에는 열매 없는 무화과를 예수님께서 저주하시는 이적의 기사가 있다. 막 12:1-9; 마 21:33-41; 눅 20:9-16은 모두 포도나무 비유와 악한 농부가 등장한다. 이 비유들은 심판을 강조하고 끝난다"고 말한다.[100]

---

[99] Gary M. Burge, *John,* Baker Commentary on the Bible, ed. Walter A. Elwell (Grand Rapids: Baker Book House, 1989), 869-70.

[100] Ray Summers, *Behold the Lamb* (Nashville, Tenn.: Broadman Press, 1979), 190.

b) 예수님께서 자신의 목적을 위해서 포도나무를 전용(專用)하셨다는 학설

예수님께서 자신의 목적을 위하여 포도나무를 개인적으로 사용하신 것이 참 포도나무의 배경이라는 것이다. 예수님은 구약 성경의 여러 가지 상징에다가 새로운 의미를 부여하셨고 그것들을 자기에게 적용하셨다. 렌스키(R. C. H. Lenski)는 주장하기를 "예수님은 자신을 '참 포도나무'라고 묘사하심으로써 다른 포도나무들과 대조하신다. 이유는 다른 자연적인 포도나무들도 역시 분명히 참 포도나무들인 고로, 예수님은 자신을 그 다른 포도나무와 대조하실 수 있으셨으나 그는 자신을 자연적인 포도나무들과 대조하시지 않으셨다"고 말한다.[101] 예수님은 자연 포도나무가 아니라 '참' 포도나무시라는 것이다.

예수님은 광야의 만나에 새롭고 깊은 의미를 부여하셨고 그 만나를 자신에게 적용하셔서 자신이 참 만나, 하늘에서 내려온 떡이라고 하셨다(요 6:48-51). 예수님은 또 구약 성전(말 3:1)을 자기의 목적을 위하여 전용(專用)하셔서 자신이 성전이라고 하셨다(요 2:19-22). 예수님은 유대인들을 향하여 "너희가 이 성전(예수님의 육체)을 헐라 내가 사흘 동안에 일으키리라"고 하셨는데 예수님은 유대인들에게 유대인 성전을 헐라고 하신 것이 아니

---

101 Lenski, *The Interpretation of St. John's Gospel*, 1026.

라 자기의 육체를 헐라(죽이라)고 하셨다(요 2:19-21). 똑같이 예수님은 다윗이 한 말을 자기의 목적을 위해서 전용(사용)하셨다. 다윗은 말하기를 "여호와는 나의 목자시니"(시 23:1)라고 했는데 예수님은 자신이 선한 목자라고 주장하셨다. 예수님은 "나는 선한 목자라 선한 목자는 양들을 위하여 목숨을 버린다"고 하셨다(요 10:11). 이와 관련하여 칼슨(D. A. Carson)은 "예수님의 육체가 참 성전이고(요 2장), 하늘로부터 내려온 참 떡이며(요 6장), 목마름을 해결해주는 물이시고(요 4장), 참 목자시며(요 10장), 사람을 죽음으로부터 부활시키는 생명이신 것처럼(요 11장), 그는 참 포도나무이시다. 구약 성경의 모든 그림자들은 그가 실제로 나타난 현장에서 사라진다"고 확언한다.[102]

그러나 어떤 학자들은 예수님께서 "나는 참 포도나무요"라고 말씀하신 이유는 포도나무였던 이스라엘이 이방에 대한 하나님의 증인으로서 실패했기 때문이라고 주장한다. 윌슨(T. Ernest Wilson)은 "이스라엘이, 만국을 위한 하나님의 증인으로서, 실패했기에 예수님은 하나님을 위한 새로운 증거의 시대가 열렸다고 선언하셨다. 예수님과 또 포도나무 가지로서 예수님과 연합된 사람들은 버림받은 이스라엘을 대신하는 자리를 취했다"고 주

---

[102] D. A. Carson, *The Farewell Discourse and Final Prayer of Jesus* (Grand Rapids: Baker Book House, 1980), 91.

장한다.[103] 그리고 게블린(A. C. Gaebelein)은 "이스라엘이 실패했기에 예수님은 자신을 참 포도나무라고 선언하시고 또 예수님을 믿는 신자들을 가지들이라고 선언하셨다"고 말한다.[104]

그러나 예수님께서 자신이 "나는 참 포도나무요"라고 말씀하신 참 이유는 이스라엘이 이방을 위한 증인의 역할을 잘 못했기 때문이 아니라 예수님께서 구약에 나오는 "포도나무"를 자기의 목적을 위하여 전용(專用)하셨기 때문이라고 말하는 것이 옳을 것이다. 다시 말해 예수님은 구약의 모든 그림자들은 이제 다 사라졌다고 보셨기에 그 자신의 목적을 위하여 구약의 모든 그림자에 새롭고 깊은 의미를 부과하였다고 보아야 한다.

광야의 만나는 광야에서 회중을 위해서 실패하지 않았다. 마찬가지로 야곱의 우물도 수가성 여인에게 물을 공급하는데 실패하지 않았다. 또 다윗의 "여호와"(시 23:1)는 다윗을 위한 목자로서 실패하지 않으셨다. 차라리 만나는 광야에서 오랫동안 이스라엘 회중을 위한 양식의 역할을 잘 감당하였고, 야곱의 우물은 사마리아 여인의 조상들에게 물을 공급했으며, 다윗의 "여호와"는 다윗의 목자가 되어 주셨다. 예수님은 구약의 모든 그림자들이 이제는 사라졌기에 그는 만나와 야곱의 우물과 다윗이 불렀

---

[103] T. Ernest Wilson, *Farewell Ministry of Christ*, 49.
[104] A. C. Gaebelein, *The Gospel of John* (New York: Publication Office "Our Hope," 1925) 294.

던 여호와를 자기의 목적을 위해 자기가 바로 그런 분이라고 말씀하셨다. 똑같이 예수님은 구약의 포도나무를 자기의 목적을 위하여 전용(專用)하셨다. 이점에 관하여 블랭크(Joseph Blank)는 적절하게 주장하기를 "기독교 공동체가 자동적으로 새로운 이스라엘이 된다든지 구약의 이스라엘을 대신하는 것이 아니라, 차라리 이스라엘을 대신하는 것은 하나님의 아들이시며 계시자로의 예수님 자신이시라"고 말한다.[105]

"참"이라는 형용사는 예수님께서 구약 성경의 포도나무였던 이스라엘을 자기의 목적을 위하여 사용하셨다는 것을 더욱 분명하게 설명하는 것같이 보인다. 예수님께서 "참"이라는 말을 사용하신 의도는 구약의 포도나무가 거짓이기 때문이 아니라 차라리 그가 완전하시고 본질적인 포도나무이시기 때문이다. 홉스(Herschel H. Hobbs)는 "예수님께서 이스라엘이 거짓 포도나무로 증명되었다는 것을 말씀하시는 것 같다. 그는 '참 포도나무'요 '순수한 구주다우신 포도나무이시다"라고 주장했으나, 핑크(Arthur W. Pink)는 "'참'이란 낱말은 주 예수에 대한 다른 여러 이름들이나 묘사에서 나타난다. 예를 들면 그는 '참 빛'이시고(요 1:9), '참 떡'이시며(6:32) '성소와 참 장막에서 섬기는 이'시다(히

---

[105] Joseph Blank, *The Gospel according to St. John* (New York: Crossroad Publishing Co., 1981), 2:107.

8:2). 이 형용사를 사용하신 이유는 그 낱말을 강조하기 위한 것이다. '참'이란 낱말은 결코 거짓에 반대되는 의미에서의 '참'이란 말이 아니라 그리스도는 온전하시고 본질적인 분이시며 영원하신 실재이시다. 그런 반면에 다른 빛들은 희미한 반사광들이고 또 다른 떡이나 다른 성전들은 단지 모형들이고 그림자들일뿐이다"라고 주장한다.[106]

c) 예수님과 그의 제자들의 내적인 연합이 배경이라는 학설

알포드(Henry Alford)는 15:1-11을 주해하면서 예수님과 제자들의 내적인 공고한 연합이 참 포도나무의 배경이 되었다고 주장한다. 그는 "내가 믿기로는…주님께서 밖에서 비유를 끌어오신 것이 아니라 위대한 주제를 설명하시기 위한 수단으로서 예수님 자신과 그의 제자들의 내적인 일치를 취했다고 믿는다"고 주장한다.[107] 이 학설의 주장자는 더 발견하기 어렵다.

---

[106] Arthur W. Pink, *Exposition of the Gospel of John* (Grand Rapids: Zondervan, 1956), 2:395.
[107] Henry Alford, *Matthew-John,* 857.

B. 예수님의 말씀(Jesus' Words)에 대한 개관

여러 문헌들은 예수님의 말씀의 성격에 대하여 세 가지로 정의하고 있다. 이 세 가지 정의를 기술한 다음 예수님의 말씀과 성령과의 관계를 밝히려고 한다.

1) 예수님의 말씀의 성격(The nature of Jesus' Words)

예수님과 제자들과의 연합을 이룬 말씀은 어떤 말씀인가. 요한복음에서 "말씀"(lovgo")이 어떻게 번역되었는지 살펴보면 영어 번역판 성경에서는 세 가지로 번역된 것을 볼 수 있다. 때로는 "말씀"(1:1, 14, the Word-대문자)으로 번역되었고[108] 또 때로는 소문자 "말씀"(2:22; 4:41, 50; 5:24, 38; 8:31, 37, 43; 10:35; 12:48; 14:23-24; 15:3, 20, 25; 17:6, 14, 20-the word)[109]으로 번역되어 있으며 또 때로는 "말씀"(the saying)으로 번역되었다(4:37, 39; 6:60; 7:36, 40; 8:51-52, 55; 10:19; 12:38; 14:24a; 15:20b; 18:9, 32; 19:8, 13; 21:23).

예수님은 요 15:3에서 열한 제자들이 "그가 일러준 말로 이미 깨끗해졌다"고 말씀하신다. 예수님께서 제자들에게 일러 주신

---

[108] 요 1:1, 14의 대문자 "말씀"(the Word)은 예수님 자신을 지칭한다.
[109] 소문자 "말씀"(the word)은 예수님께서 입으로 내신 말씀을 지칭한다.

말씀에 대하여 몇몇 학자들은 그 말씀(the word)은 예수님께서 성찬 예식 후에 제자들에게 말씀하신 교리 혹은 말씀을 지칭한다고 말한다. 그러나 다른 여러 학자들의 주장을 살펴보면 예수님의 말씀이 무엇이냐에 대해 세 가지 설명이 있음을 알 수 있다.

a) 제자들을 도덕적으로 교훈하신 말씀이라고 주장하는 학설

고데이(Frederic F. Godet)는 15:3의 "말씀"을 주해하면서 "열한 제자들이 예수님으로부터 받은 도덕적인 교훈으로 말미암아 온전한 순결의 원리(the principle of perfect purity)가 그들 속에 숨겨졌다. 왜냐하면 예수님의 말씀은 하나님께서 그에게 가까이 하는 영혼에게 역사하시는 매일의 심판의 도구이며 동시에 항상 계속되는 엄격한 훈련의 도구이기 때문이다"라고 말한다.[110]

그러나 15:3의 예수님께서 열한 제자에게 "일러 준 말"을 제자들이 예수님으로부터 받은 도덕적 교훈을 위한 말씀으로 제한하는 것은 합당해보이지 않는다. 그들을 단번에 깨끗하게 만든 말씀은 예수님께서 말씀하신 말씀 중에 다른 말씀으로도 얼마든지 가능하기 때문이다. 예를 들면 그 말씀은 교리일 수도 있다. 캘빈(John Calvin)은 주장하기를 "그(예수님)는 그들에게 그들이 이미 예수님께서 말씀하신 것을 경험했다는 것을 상기시킨다.

---

[110] Godet, *Commentary on John's Gospel*, 855.

곧 그들이 이미 예수님 안에 뿌리를 박았고 또 깨끗해졌음을 상기시킨다. 예수님은 깨끗하게 하시는 방법, 곧 교리를 지적하신다. 그리고 그는 의심 없이 설교에 관하여 말씀하신다"고 주장한다.[111]

b) 두 가지 이상의 것이 섞여있다는 학설

다른 학자들은 15:3의 "말씀"이 두 가지 이상의 것이 섞여 있다는 학설을 주장한다. 래니(J. Carl Laney)는 예수님께서 제자들에게 말씀하셨다는 "말씀"이 예수님의 인격(Jesus' person)이나 혹은 그의 행동(His action)이라고 말한다. 그는 "그들(예수님의 제자들)은 그리스도의 인격과 메시지에 응답함으로써 이미 깨끗하여졌다"고 말한다.[112] 이와 관련하여 칼슨(D. A. Carson)은 "말씀"을 다음과 같이 묘사한다. 곧 "예수님의 말씀에 마술적인 능력이 있었던 것은 아니다. 차라리 예수님의 가르침("말씀"이 요 14:23에서 해석되는 것과 같이)은 전적으로 예수님의 인격과 예수님의 행동을 포함하고 있어서 그의 추종자들의 생활 속에 이미 묻어있다"고 말한다.[113] 터너(George Allen Turner)와 맨테이(Julius R. Mantey)

---

[111] John Calvin, *Commentary on the Gospel according to John,* Calvin's Commentaries, vol. 18, trans. William Pringle (Grand Rapids: Baker Book House, 1979), 108.
[112] Laney, *John,* 273.
[113] D. A. Carson, *The Gospel according to John* (Grand Rapids: William B. Eerdmans Publishing Co., 1991), 515-16.

는 15:3을 주해하면서 "말씀"에 대해 다른 학설을 내세우면서 예수님께서 제자들을 깨끗하게 만든 말씀은 예수님의 말씀에 의하여 효과가 나타난(effectuated) 하나님의 은혜라고 주장한다. 즉 "예수님의 제자들은 예수님의 말씀을 통해서 중재된(mediated) 하나님의 은혜에 의해서 깨끗해진 것이다"라고 말한다.[114] 그리고 또 렌스키(R. C. H. Lenski)는 예수님께서 제자들에게 말씀하셔서 제자들을 깨끗하도록 만든 말씀은 "전체의 복음"(the entire Gospel)과 "성찬 예식에서 말씀되는 말씀"(the word in the Sacrament)이라고 주장한다. 이상의 학자들이 주장하는 학설은 대체적으로 예수님께서 제자들에게 주신 말씀이 여러 가지 효력을 가지고 있다고 보는 고로 복합설(mixed theory)로 보아야 할 것이다.

c) 전체 메시지로 보아야 한다는 학설

많은 학자들은 예수님께서 제자들에게 가르쳐주신 "말씀"이 예수님의 전체 메시지 혹은 전체 계시라고 주장한다. 펜톤(J. C. Fenton)은 "제자들이 깨끗해진 것은 예수님께서 그들에게 말씀하신 말씀에 기인한다. 즉 예수님께서 세상에 오셔서 제자들과 교

---

[114] George Allen Turner and Julius R. Mantey, *The Gospel according to John*. The Evangelical Commentary (Grand Rapids: Wm. B. Eerdmans Publishing Co., n.d.), 298.

제하신 때문이다"라고 말한다.[115] 태스커(R. V. G. Tasker)는 "열한 제자는 이미 열매를 맺도록 준비된 정결한 가지가 되었다. 말씀, 곧 예수님의 교훈 안에서 그들에게 알려진 하나님의 뜻의 전체 계시가 그들을 정결하게 하는 효과를 이루었다"고 말한다.[116] 왓킨스(H. W. Watkins)는 15:3을 주해하면서 "말씀은 하나님께서 그들에게 주신 계시였다. 말씀의 도덕적 힘에 의해서 그들은 깨끗해졌다. 우리는 요 13장의 성경말씀에 국한시켜서는 안 되고 오히려 주님께서 말씀하신 전체 계시로 이해해야 한다"고 말한다.[117] 와이틀러(Thomas Whitelaw)도 역시 "우리 주님은 단순히 지금 저녁 식사자리에서 그가 제자들과 대화하고 있으신 것이나, 혹은 그가 13:10에서 말씀하신 특별한 말씀만 아니라 예수님께서 제자들에게 주신 전체의 교리를 언급하고 계신다"고 주장한다.[118] 맥그레골(G. H. C. MacGregor)은 "말씀"(the word)을 예수님의 전체의 메시지로 보고 있다. 그는 "그리스도의 말씀이 계속해서 깨끗하게 하는 기구 역할을 감당해왔다―그리스도의 말씀은 곧 그의 전체의 메시지와 계시인데―그리스도의 말씀은 그

---

115 J. C. Fenton, *The Gospel according to John* (Oxford: Clarendon Press, 1970), 159.
116 Tasker, *The Gospel according to St. John*, 176.
117 H. W. Watkins, *The Gospel according to St. John*, Ellicott's Commentary on the Whole Bible, ed. Charles John Ellicott, no. 3 (Grand Rapids: Zondervan Publishing House, 1981), 510.
118 Thomas Whitelaw, *Commentary on John* (Grant Rapids: Kregel Publications, 1993), 325.

들의 잘 못을 보여 왔고 또 그들로 하여금 열매를 맺지 못하게 하는 결점들을 그들로부터 제거했다"고 말한다.[119] 새들러(M. F. Sadler)는 요 15:3을 논하면서 "그 말씀은 무엇인가? 어떤 특별한 말씀, 예를 들면 '너희가 깨끗하나 다는 아니니라'와 같은 말씀이 아니라 차라리 그리스도께서 처음부터 말씀해 오신 전체의 말씀이다. 예수님의 전체의 말씀이 그들에게 받아졌고 그들로 하여금 현재의 그들이 되도록 만드는데 공헌했다"고 말한다.[120] 애버트(Lyman Abbott)는 "그 말씀"(15:3)이 무엇인가를 넓은 영역에서 진술하고 있다. 그는 "그 말씀은 그리스도께서 말씀하신 특별하신 말씀이 아니라, 그의 언약과 교훈을 포함한 그의 전체의 사역이다. 그리고 그 사역은 그의 용서와 평화의 은사를 포함하며, 기독교인의 활동으로 불러준 것을 포함한다"고 했다.[121] 위에서 말한 모든 주장들은 그리스도의 전체의 메시지 혹은 전(全) 계시가 그의 윤리를 포함하며 전체의 교리를 포함하기에 받을만한 학설이다. 그리스도의 전체의 메시지는 그의 십자가의 희생도 포함하는 고로 받을만한 학설이다. 다시 말해 요 15:3의 "그 말

---

[119] G. H. C. MacGregor, *The Gospel of John*, The Moffat New Testament Commentary (New York: Harper & Brothers Publishers, n.d.), 287.
[120] M. F. Sadler, *Commentary on St. John with Notes Critical and Practical* (London: George Bell & Sons, 1899), 371.
[121] Lyman Abbott, *Illustrated Commentary on the Gospel according to St. John* (New York: A. S. Barnes & Co., 1879), 187.

씀"은 예수님께서 그들과 함께 계시는 동안 예수님께서 말씀하신 말씀을 지칭하는 것임에는 틀림없다.

그런데 흥미 있는 것은 몇몇 학자들이 15:3의 "그 말씀"은 예수님의 전체의 메시지일 뿐 아니라 예수님의 구원의 행위를 계시하는 '활동하는 말씀'(active word)이거나 혹은 예수님의 말씀이 가지고 있는 '유효한 능력'(effectual power)이라고 주장한다는 점이다. 배렛(C. K. Barrett)은 "예수님의 '말씀'은 예수님이 이루시는 구원의 메시지이고, 예수님 안에 있는 구원의 메시지이다… 요한의 관점으로 보면 사람이 도덕적으로나 영적으로 어떤 형식(a formula)에 의하여 깨끗해진다고 상상하는 것은 소위 세례라고 불리는(called) 물속에 잠김으로써 깨끗해진다고 상상하는 만큼이나 잘 못된 것이다. 깨끗하게 만드는 것은 말씀하시고 행동하시는 그리스도 자신이시다. 그러나 그의 행동의 의미는 그의 행동하는(active) 말씀에 의해 계시된다"고 주장한다.[122]

요 15:3의 "말씀"에 대해 설명하면서 필립스(John Philips)는 예수님의 말씀은 깨끗하게 하는 능력을 소유하고 있다고 말한다. 그는 "교회와 그 회원들을 다루시는 위대하신 농부(예수님 지칭)는 언제나 전정하는 칼에만 의존하시지 않는다. 보다 더 온유한 방법이 있는데 그것은 그리스도의 말씀이 소유하고 있는 깨끗하

---

[122] Barrett, 474.

게 만드는 능력이다. 제자들과 또 예수님의 말씀을 지키는 지방 교회는 말씀의 효력 있는 능력(effective power)에 의하여 깨끗함을 유지한다. 말씀은 영혼을 계속해서 깨끗하게 하는 원천이다. 이 말씀은 우리를 악으로부터 보호한다. 또 사기꾼들을 몰아낸다. 그리스도의 말씀을 듣고 믿고 순종하는 것은 포도나무 안에서 영적인 생명의 원천이다"라고 주장한다.[123] 제자들과 교회는 그 능력 있고 깨끗하게 하는 말씀을 복음을 듣는 자들에게 적용해야 한다. 성경은 예수님의 말씀이 참으로 효력 있는 말씀이라고 선언한다. 히 4:12에 보면 "하나님의 말씀은 살아 있고 활력이 있어 좌우에 날선 어떤 검보다도 예리하여 혼과 영과 및 관절과 골수를 찔러 쪼개기까지 하며 또 마음의 생각과 뜻을 판단한다"고 말한다.

2) 예수님의 말씀과 성령과의 관계

예수님은 요 3:1-5에서 중생하게 만드는 말씀의 역할에 대해서는 언급하지 않고 성령님의 역할에 대해서만 언급하신다. 예수님은 3:1-5에서 사람이 천국에 가기 위해서 성령으로 거듭날 필요가 있다고 역설하신다. 예수님은 니고데모에게 "진실로

---

[123] John Philips, *Exploring the Gospel: John* (Neptune, N.J.: Loizeaux Brothers, 1988), 286.

진실로 네게 이르노니 사람이 물과 성령으로 나지 아니하면 하나님의 나라에 들어갈 수 없다"고 말씀하신다(3:5). 예수님은 사람이 물[124]과 성령으로 거듭나야 한다고 말씀하신다.

그런가하면 야고보는 약 1:18에서 그리고 베드로는 벧전 1:23에서 중생은 말씀에 의해서 일어난다고 말하고 있다. 그렇다면 말씀과 성령과의 관계는 어떠한가. 다른 점도 있고 같은 점도 있다.

a) 말씀과 성령의 차이점

예수님의 말씀과 성령님은 존재론적으로 다르다. 예수님의 말씀은 예수님의 뜻과 행위를 계시하신 반면 성령님은 삼위 중

---

[124] 여기 "물"의 역할이 무엇인가를 설명해야 하는데, 존 머리(John Murray)는 "이 문맥에서 '물'이란 말이 세례의식을 언급하는 것으로 볼 필요는 없고 다른 의미를 가지고 있다고 생각할만한 좋은 이유들이 있다. 우리는 예수님께서 이 말씀들을 하신 그 상황을 고려해야 한다. 예수님은 니고데모와 순전히 종교적인 대화에 열중하고 계셨다. 이 대화에서 예수님은 관심의 주제에 딱 적합한 종교적인 의미에 대한 생각을 니고데모에게 전달하시기를 원하셨다고 상상하는 것이 가장 합리적이고 자연스럽다. '물'이라고 하는 낱말을 사용함으로써 우리는 니고데모의 마음에 무슨 종교적인 생각이 전달되기를 기대하는가. 물론 그 생각이 니고데모의 삶과 직업을 형성한 바로 그 상황을 제공한 그 당시의 종교적인 전통과 풍습에서 물을 종교적으로 사용한 것과 제휴되었다. 그리고 그것은 구약 성경과 유대주의 의식들과 당대의 풍습에서 물에 대한 종교적인 의미를 뜻하고 있는 것이다. 우리가 이렇게 말할 때 한 개의 대답이 있다. 물을 종교적으로 사용했다는 것, 다시 말해 물을 종교적인, 상징적인 의미로, 다 한 방면만 강조한 의미로 사용했다는 것이다. 그 방면은 바로 정결이라는 것이다. 모든 것을 적당하게 고려해볼 때 니고데모에게 바로 그 메시지를 전달하려고 꾸며진 것이다. 그 메시지는 니고데모의 마음속에 단 하나의 중심적인 생각, 곧 하나님의 나라에 들어가기 위한 정결이 절대적으로 필요했다는 생각에 집중되었다"고 주장한다(*Redemption Accompanied and Applied*, 97.)

제 3위(位)이시다. 다시 말해 예수님의 말씀은 그의 의지를 사람들에게 알리시는 수단이시고, 성령님은 예수님의 말씀을 성도들의 삶에 적용하시는 분이시다(고후 13:13). 사 59:21에 보면 하나님의 말씀과 성령은 서로 다르다고 말씀한다. "여호와께서 또 이르시되 내가 그들과 세운 나의 언약이 이러하니 곧 네 위에 있는 나의 영과 네 입에 둔 나의 말이 이제부터 영원하도록 네 입에서와 네 후손의 입에서와 네 후손의 후손의 입에서 떠나지 아니하리라"(사 59:21). 방금 기록한 장절을 보면 여호와께서는 성령님을 성도들에게 주시고 또 그의 말씀을 성도들의 입에 영원히 두신다고 약속하신다. 다시 말해 여호와께서는 성도들에게 주실 성령과 또 성도들의 입에 두실 그의 말씀을 구별하고 계신다.

이점에 관하여, 캘빈은 사 59:21을 해설하면서 성령과 말씀을 구분하고 있다. 그는 주장하기를 "그(하나님)는 교회로 하여금 '말씀'과 '성령'으로 만족하도록 분부하신다. 이는 마치 하나님의 약속에만 매달리는 것이 큰 행복인 것처럼 말이다"라고 주장한다.[125] 그리고 달라스 신학교 교수인 말틴(John A. Martin)도 역시 성령과 말씀을 구분한다. 그는 "메시아께서 심판하러 오실 때 그는 그의 영을 믿는 이스라엘 사람들에게 부으실 것이고, 그의 말

---

[125] John Calvin, *Commentary on the Prophet Isaiah, Isaiah 33-36*, Calvin's Commentaries, vol. 8, trans. William Pringle (Grand Rapids: Baker Book House, 1979), 270.

씀을 그들 속에 스며들게 하실 것이다"라고 주장한다.[126] 이 주장에 동조하여 그로간(Geoffrey W. Grogan)은 "성령과 말씀은 하나님에 의해서 교회에 주어진 '두 언약들'이고, 교회에 서약하신 두 가지의 '은사들'이다"라고 말한다.[127] 벌코프(Hendrikus Berkhof)도 역시 성령과 말씀을 구분한다. 그는 "성령은 말씀 밖에서도 역사하실 수 있으나 전파된 말씀은 성령의 역사 없이는 효과가 없다. 전파된 말씀이 효과가 있다면 그것은 성령님의 추가적인 역사 때문이다"라고 말한다.[128] 말씀은 성령님이 쓰시는 도구이다. 벌코프는 "말씀은 성령의 도구이다. 그러나 말씀에 매인 분은 아니시다. 그리고 말씀은 자동적으로 역사하시지 않는다. 말씀은 성령을 사람들의 마음에 가져다주고, 성령은 말씀을 마음속으로 가져간다"라고 주장한다.[129]

에드워드 영(Edward J Young)도 역시 성령과 말씀은 서로 다른 것이라고 말한다. 그는 "언약의 내용이 위로부터 내리신 성령님과 이스라엘의 입에 둔 말씀이 영원히 그들로부터 떠나지 않을

---

[126] John A. Martin, "Isaiah," in *The Bible Knowledge Commentary*, Old Testament ed., ed. John F. Walvoord and Roy B. Zuck (Wheaton, Ill.: Victor Books, 1985), 1114.
[127] Geoffrey W. Grogan, *Isaiah*, The Expositor's Bible Commentary, vol. 6, ed Frank E. Gaebelein (Grand Rapids: Zondervan Publishing House, 1986), 327.
[128] Hendrikus Berkhof, *The Doctrine of the Holy Spirit* (Richmond, Va.: John Knox Press, 1964), 37.
[129] *Ibid.*, 38.

것이라는 데서 발견된다"고 말한다.[130] 이와 동의하여 리델보스 (J. Ridderbos)는 말하기를 성령님은 말씀과 다르다고 말한다. 그는 "언약의 내용은 성령과 여호와의 말씀의 언약이라"고 주장한다.[131] 이 점에 있어서 영국 브리스톨 트리니티 대학 전 교장 모티어(J. Alec Motyer)는 "내 성령(My Spirit)과 내 말씀(my words)은 각각 주님의 생명과 주님의 진리이시다"고 말한다.

투쎄인트(Stanley D. Toussaint)는 주장하기를 사마리아 사람들이 하나님의 말씀을 받고 성령을 받기 전에 사도들을 기다렸다(행 8:14-17). 그는 "아마도 사도들이 예루살렘 교회로부터 올 때까지 하나님께서 성령을 내리시는 일을 억지하신(withholding) 일의 가장 중요한 면은 분쟁을 막으시려는 것이었다. 유대인과 사마리아 사람들의 분쟁에 대한 자연적인 경향 때문에 베드로와 요한은 사마리아 신자들을 공식적으로 교회 안으로 환영하는 것이 중요했다"고 설명한다.[132] 렌스키(R. C. H. Lenski)는 빌립의 사역을 통하여 하나님의 말씀을 받은 사마리아 사람들이 두 사도(베드로와 요한)의 사역으로 말미암아 성령을 받을 필요가 있었

---

[130] Edward J Young, *The Book of Isaiah* (Grand Rapids: William B. Eerdmans Publishing Co., 1977), 3:441.
[131] J. Ridderbos, *Isaiah,* Bible Student Commentary, trans. John Vriend (Grand Rapids: Zondervan Publishing House, 1985), 535.
[132] Stanley D. Toussaint, "Acts," in *The Bible knowledge Commentary*, New Testament ed., ed. John F. Walvoord and Roy B. Zuck (Wheaton, Ill.: Victor Books, 1983), 373.

다고 설명한다. 렌스키는 주장하기를 "누가가 사마리아가 말씀을 받았다고 쓴 것은 과장이 아니다. 이 말은 '모든 사마리아'를 뜻하는 것이 아니라, 유대인과 구별되는 사마리아 사람들을 의미하는 것이다. 말씀은 유대인들로부터 사마리아 지역으로 간 것이다. 이것이야 말로 아주 의미 있는 발전이었다. 바벨론으로부터 귀환한 후 이 두 민족 사이에는 하나의 큰 간격이 있었다. 그런데 이제는 그리스도의 말씀으로 다리가 놓이고 있었다. 그것은 사도에 의해서가 아니라 집사들 중 하나에 의해 이루어졌다. 이것은 확실히 사도들의 관심을 끌게 되었다. 그들은 가장 중요한 두 사도를 빌립에게 보냈다. 그들이 전달해야 하는 생각은 모든 신자들은 그들이 유대인 신자이든 사마리아 신자이든 한 몸을 이루어야 한다는 것이었다. 하나를 이루어야 하는 것은 베드로와 요한의 사명에 의하여 이룩된다…그런데 교회를 하나 되게 하는 것은 성령이시다. 성령께서 말씀과 믿음을 통하여 모든 신자들 안에 거하실 때 그들은 머리이신 그리스도와 영적으로 한 몸이 되고 또 말씀의 중요한 사역자들인 사도들과 영적으로 한 몸이 되는 것이다"라고 주장한다.[133]

이와 관련하여 파우웰(Ivor Powell)은 사마리아 사람들이 지체

---

[133] R. C. H. Lenski, *The Interpretation of the Acts of the Apostles* (Minneapolis, Minn.: Ausburg Publishing House, 1961), 323-24.

하여 성령을 받은 이유를 설명한다. 그는 "교회의 일치가 유지되어야 했다. 사마리아 사람들 사이에서 일어나고 있는 현상은 예루살렘에서 있었던 일의 연장에 불과했다. 예수 그리스도의 교회는 한 기관이었다. 사람들의 노력이나 제안은 그 사실에 도전하는 것이 허락되어서는 안 되었다. 아무리 은사를 크게 받은 사람이라 할지라도 아무도 사마리아에서 '하나의 새로운 교단'으로 시작해서는 안 된다. 새로운 교단은 결국은 똑 같은 복음을 전파하는 경쟁자가 될 것이다. 하나님의 의도는 사마리아 신자들이 베드로와 요한의 도움이 필요했다고 가르치는 것이었다"고 말한다.[134]

그러므로 사마리아가 성령을 받기 전에 그리스도의 말씀을 받은 것은 예수님의 말씀과 성령님이 존재론적으로 다르다는 것을 뜻한다. 이 둘의 차이를 설명하는데 있어서는 성령님께서 예수님을 대신하여 오셨다고 말하는 것에 주의를 집중하는 것이 가장 좋다. 이 점에 있어서 스미스(J. Ritchie Smith)는 "그(성령)는 감화력이나 속성이나 영향력이나 의인화가 아니라 한 인격이시다 …인격적인 행위들과 속성들이 그에게 돌려진다. 그는 말씀하시고(요 16:13), 가르치시며(요 14:26), 증언하시고(요 15:26), 죄를

---

[134] Ivor Powell, *The amazing Acts,* Ivor Powell Commentary Series (Grand Rapids: Kregel Publications, 1987), 124.

깨닫게 하시며(요 16:8), 중생시키신다(요 3:5, 8). 그는 또 한분의 보혜사이시며 예수님 대신 오신 분이시다. 그러므로 예수님의 말씀과 성령님은 서로 다르시고 또 다른 기능을 가지고 계시다.

b) 예수님의 말씀과 성령님의 관계

비록 예수님의 말씀과 성령은 서로 다르지만 또 말씀과 성령 사이에는 서로 뗄 수 없는 관계가 있다. 모울(H. C. G. Moule)은 "우리는 성령님은 기록된 말씀의 참 저자이실 뿐 아니라 또한 최고 권위의 해설자이시며 참된 해설자이시다"고 말한다. [135]

첫째, 성령은 말씀의 저자이다. 성령님은 말씀의 저자라는 점에서 말씀과 떼려야 뗄 수 없는 관련을 가진다. 위얼스비(Warren W. Wiersbe)는 "성령님은 말씀을 기록하셨고 성령님은 말씀을 믿음으로 취하고 사용할 때 말씀을 사용하신다"고 말한다.[136] 브루몰(Wick Broomall)은 "성경에서 모든 교훈, 약속, 예언들의 저자는 성령이시다…사람들이 축자 영감으로부터 벗어나기 위해 고안한 어려운 이론들이 무수히 많다. 그러나 이 이론들 중의 어느 하나도 만족스럽지 못하다. 만약에 성경이 축자적으로 영감 되지 않았다면 그것은 하나님의 말씀이 아니다. 그것은 잘못을 저

---

[135] H. C. G. Moule, *Veni Creator: Thoughts on the Person and Work of the Holy Spirit on Promise* (London: Hodder & Stoughton, n.d.), 63.

[136] Warren W. Wiersbe, *Be Rich: Ephesians* (Wheaton, Ill.: Victor Books 1984), 170.

지르고 과오를 면하기 어려운 사람들의 말일 뿐이고 따라서 역사와 과학과 도덕 문제에 있어서 실수를 포함하고 있다"고 말한다.[137] 왈볼드(John F. Walvoord)는 그의 책 『성령님은 오늘도 역사하신다』에서 성령님은 구약 성경의 저자라는 사실을 입증하였다. 그는 "성경의 영감을 위한 증거들은 내적이며 외적증거들을 가지고 있다. 구약 성경의 저자들이 영감에 의해 성경을 쓰고 있다는 신념에 대한 충분한 증거가 많이 있다(삼하 23:2-3; 사 59:21; 렘 1:9). 선지자들이 사용했던 어휘들과 많은 경우에서 발견되는바와 같이 '여호와께서 이와 같이 말씀하시되'라는 표현들은 성경 저작에 있어서 하나님의 손길을 증거하는 것이다"라고 주장한다.[138] 워필드(B. B. Warfield)는 "교회는 처음부터 성경은 하나님의 말씀이라고 주장해왔다. 그 말씀이 비록 사람들에 의해서 기록되었고 또 사람들에게 지워질 수 없는 정도로 성경이 사람들에 의해서 기록되었다고 하는 특징들이 새겨졌지만 그럼에도 불구하고 성령님의 영향 아래에서 기록되어 하나님의 말씀이 되었고 하나님의 마음과 뜻을 적절하게 표현했다"고 말한다.[139]

---

[137] Wick Broomall, *The Holy Spirit: A Scriptural Study of His Person and Work* (Grand Rapids: Baker Book House, 1963), 102.
[138] John F. Walvoord, *The Holy Spirit at Work* (Chicago: Moody Press, 1973), 9.
[139] B. B. Warfield, *Revelation and Inspiration,* The Works of Benjamin B. Warfield (Grand Rapids: Baker Book House, 1981), 173.

패취(Rene Pache)는 "축자 영감, 완전 영감의 정의는 원본을 쓸 때에 거룩한 저자들이 하나님께서 사람들에게 말씀하시고자 하신 정확한 메시지를 온전하게 실수 없이 전하도록 인도를 받았다는 것을 의미한다"고 주장한다.[140]

무디 성경학원 학장 그레이(James M. Gray)는 "성경을 저작하기 위해서 성령님께서 사람들에게 내려오신다는 것을 우리가 말씀할 때 사람이 영감된 것이 아니라 책이 영감되었다고-다시 말해 저자가 아니라 글이 영감되었다고 이해해야 한다"고 말한다.[141]

성경은 성령님이 성경의 저자라는 것을 보여준다. 모세는 "발람이 눈을 들어 이스라엘이 그 지파대로 천막 친 것을 보는데 그때에 하나님의 영이 그 위에 임하신지라 그가 예언을 전하여 말하되 브올의 아들 발람이 말하며 눈을 감았던 자가 말한다"고 말한다(민 24:2-3). "하나님의 영이 발람 위에 임했고 또 그가 예언을 전하여 말했다"는 말씀은 하나님의 영이 예언의 저자라는 것을 보여주는 말이다. 다윗은 죽음에 임박하여 다음과 같이 그의 마지막 말을 하고 있다. 곧 "여호와의 영이 나를 통하여 말씀하

---

[140] Rene Pache, *The Inspiration and Authority of Scripture* (Chicago: Moody Press, 1969), 120.
[141] James M. Gray, "The Inspiration of the Bible—Definition, Extent and Proof," in *The Fundamentals*, ed. by R. A. Torrey (Grand Rapids: Baker Book House, 1998), 2:11.

심이여 그의 말씀이 내 혀에 있도다"라고 말했다(삼하 23:2). 성령님은 종종 에스겔을 인도하여 그가 예언을 할 수 있도록 특별한 장소로 데려갔다. 예를 들면 겔 11:5에 "여호와의 영이 내게 임하여 이르시되 너는 말하기를 여호와의 말씀에 이스라엘 족속아 너희가 이렇게 말하였도다"라고 했다(겔 37:1-10 참조).

  신약성경도 역시 성령님께서 하나님의 말씀의 저자라는 것을 보여준다. 요 3:34에서 예수님은 "하나님이 보내신 이는 하나님의 말씀을 하나니 이는 하나님이 성령을 한량없이 주심이니라"라고 말씀하신다. 이 구절에서 볼 수 있는 것은 성령을 한량없이 받으신 예수님은 하나님의 말씀을 하신다는 것이다. 다시 말해 성령님은 예수님으로 하여금 하나님의 말씀을 하게 하신다는 것이다. 행 4:6-8에 보면 "대제사장 안나스와 가야바와 요한과 알렉산더와 및 대제사장의 문중이 다 참여하여 사도들을 가운데 세우고 묻되 너희가 무슨 권세와 누구의 이름으로 이 일을 행하였느냐 이에 베드로가 성령이 충만하여 이르되 백성의 관리들과 장로들아"라고 말씀한다. 베드로는 성령이 충만하여 백성의 장로들에게 말씀했다(행 5:17-20, 23-31 참조). 행 6:8-7:53에 보면 빌립 집사도 역시 성령이 충만하여 그를 박해하는 사람들에게 말했다. 행 9:1-22에서 바울 사도 역시 아나니아가 그에게 안수한 후 성령이 충만하여 다메섹 회당에서 예수님을 전파하기 시작했다. 그리고 바울은 바보에서 성령이 충만하여 유대인 거짓선지자 바예수 곧 바울을 대적하는 사람을 주시하며 말했다(행 13:4-11).

둘째, 성령님은 말씀을 신자들에게 해설하신다. 이 점에 관하여 브루몰(Broomall)은 "성경은 성령에 의하여 기록되었다. 이 말은 논리적으로 다음과 같은 결론에 도달한다. 곧 성령님은 성경을 이해하게 하는데 있어 우리의 최선의 안내자"가 되신다는 것이다.[142] 윌리엄(John William)은 성령에 대해 "성경에 대한 우리의 현재의 이해를 돕기 위하여 책임을 지시는 신적인 해설자"라고 묘사한다.[143] 커밍(James Elder Cumming)도 역시 신자들로 하여금 말씀을 이해하게 만드는 성령님의 역할에 대해 언급하고 있다. 그는 "영감하신 성령님은 반드시 말씀을 해석해주신다. 성령님께서 영감 하셨다는, 거역할 수 없는 증거는 성령님께서 우리 안에서 거하시면서 우리가 전에는 전혀 깨달을 수 없었던 것을 우리로 하여금 깨닫게 만들어주실 때 확실히 증명된다. 참으로 이 둘-말씀과 성령-이 공동으로 역사하실 때 우리는 배우게 된다"고 말한다.[144]

셋째, 성령님은 하나님의 말씀을 전파하는 분이시다. 블로쉬

---

[142] Broomall, 107.
[143] Williams, 72.
[144] James Elder Cumming, *Through the Eternal Spirit: A Biblical Study on the Holy Ghost* (Chicago: Fleming H. Revell Co., 1896), 61.

(Donald G. Bloesch)는 "그(성령)는…말씀을 전파하는 분이시다. 그리고 그는 역시 말씀의 봉사자이시다. 성령님은 자신을 영화롭게 하시지 않고 예수 그리스도와 복음을 영화롭게 하신다"고 주장한다.[145] 이 의견과 동조하여 브루몰(Broomall)은 "성령의 역사를 떠나서는 복음전파에 성공은 있을 수 없다고 말해 두겠다. 성령은 결정적인 결과를 이루기 위해서 말씀을 통하여 역사하신다"고 말한다.[146] 『교리와 생활에서 역사하시는 성령』의 저자 그레이(James M Gray)는 "성령님은 하나님 말씀의 설교자이다"라고 주장하고[147] 또 예수님의 복음을 전파하시는 분은 성령이라고 했다. 그레이(Gray)는 "초자연적인 복음은 철두철미 성령님에 의하여 기록되었고 계시되었으며 전파되고 있다. 복음이 기인한 것이나 설명이나, 그리고 전파하는 것은 한결같이 하나님께 속한 것이다. 베드로는 복음을 전파했다. 그리고 다른 사도들도 복음을 전파했고 제자들도 복음을 전파했다. 복음을 전파하신 분은 전적으로 성령님이시다. 그렇지 않았다면 그것은 전파되지 못했다"고 주장한다.[148] 결론적으로 "성령님은 말씀 안에서 역사하시

---

[145] Donald G. Bloesch, *The Holy Spirit: Works and Gifts* (Downers Grove, Ill.: Inter-Varsity Press, 2000), 277.
[146] Broomall, 103.
[147] James M. Gray, *The Holy Spirit in Doctrine and Life* (New York: Fleming H. Revell Co., n.d), 32.
[148] *IBid.*, 33.

고 말씀을 통하여 역사하시며 말씀은 성령에 의하여 더욱 견고하게 된다. 말씀을 견고하게 하는 것은 성령님이시지 교회가 아니다. 성령의 역사는 말씀과 함께 해야 한다. 그래야 말씀이 버려지지 않고 성도들이 성령에 의하여 인도를 받게 된다"고 말한다.[149]

그런고로 예수님께서 요 3:1-15에서 신자들의 중생에 대해서 말씀하실 때 예수님의 말씀의 역사를 언급하시지 않으신 것을 이상하게 여기는 것은 합당하지 않다. 만약에 니고데모가 성령에 의해서 새 생명을 받았다고 하면(요 19:39 참조) 예수님의 말씀이 니고데모의 중생의 도구로서 역할을 한 것이다. 요 15:1-7의 경우는 요 3:1-5의 경우와 서로 보완적이다. 요 15:1-7에서 예수님은 말씀의 역사만 말씀하시고(3절) 신자의 중생을 위하여 역사하신 성령에 대해서는 언급하지 않으신 것뿐이다. 그런고로 예수님께서 요 3:1-15에서 성도의 중생에 대해 말씀하실 때 말씀의 역할을 말씀하시지 않았다고 해도 결코 말씀의 역할을 무시해서는 안 된다. 반대로 예수님께서 요 15:3에서 제자들의 중생을 말씀하실 때 성령의 역할을 말씀하시지 않았다고 해도 결코 성령의 역할을 무시해서는 안 된다. 더욱이 야고보가 약 1:18

---

[149] Richard C. Gamble, "Word and Spirit in Calvin," in *Calvin and Holy Spirit*, ed. Peter de Klerk (Grand Rapids: Calvin Studies Society, 1989), 85.

에서 성도의 중생을 위한 성령의 역할을 언급하지 않고, 또 베드로가 벧전 1:23에서 성령의 역할을 말씀하지 않았다고 해도 결코 성령의 역할을 고려하지 않아서는 안 된다.

C. 연합에 대한 개관

성경에서 그리스도와의 연합에 대해 개관하는 것은 참으로 중요하다. 그리고 연합의 성격과, 연합을 시키는 매체, 연합의 범주, 연합의 시간 그리고 연합의 열매들을 개관하는 것은 대단히 중요하다.

1) 연합에 대한 진술
성경 이외의 다른 여러 문헌들을 살펴보면 성경 안에 연합에 대해 크게 두 가지 진술을 담고 있다고 말한다. 하나는 비유적 진술과 다른 하나는 직접적인 진술이다.

a) 비유적인 진술(Figurative teaching)

남편과 아내의 연합
엡 5:23-32을 주해하면서 왈보르드(J. F. Walvoord)는 말하기를 그리스도와 교회의 혼인관계 비유는 아내와 남편의 연합에 비유된다고 말하고 있다. 왈보르드(Walvoord)는 "그리스도와 교회의 결혼관계의 비유가 엡 5:23-32에 제시되고 있다. 여기서 그 관계가 아내와 남편의 연합과 비유되고 있는데 그들이 '한 몸'이라고 하는데서 언급되고 있다"고 말한다.[150] 뉴올리언스 침례교 신학교 교수, 윌리엄 아저 뮬러(W. A. Mueller)는 주장하기를 "신부와 신랑의 관계, 남편과 아내사이의 관계보다 더 부드럽고 친한 무엇이 있을 수 있는가?"라고 말한다.[151] 『하나님의 몸』의 저자, 존 길(John Gill)도 역시 결혼 제정을 그리스도와의 연합의 그림자로 취하였다. 그는 "그리스도와 택함 받은 사람들 사이에는 부부 연합이 있다…결혼 제정에 의해서 서로 계약을 맺은 사람들은 아담과 하와처럼 한 몸이 되는데 이 이상 더 가까운 연합을 상상할 수는 없다"고 주장한다.[152] 윌리엄 헨드릭슨(William Hendriksen)은 "남편과 아내의 연합은 다른 어떤 인간관계보다 더 강한 관계가 되었다. 심지어 부모와 아이들 관계 보다 더 강한 관계가 되었으므로 남자는 그의 부모를 떠나서 그 아내와 합하여 하나가 되어야 한다…그럼으로 사실상 둘은 둘이 아

---

[150] J. F. Walvoord, *Evangelical Dictionary of Theology*, 542.
[151] W.A. Mueller, "The Mystical Union," in *Christianity Today* 6 (30 March 1962), 23.
[152] John Gill, *Body of Divinity* (Atlanta, Ga.: Turner Lassetter, 1965), 200.

니라 하나이다. 우리가 이런 가까운 부부 법령이 여기 깊고도 자기희생적이며 부드러운 사랑의 문맥관계 안에 놓여서 교회를 향한 그리스도의 사랑을 모방하게 된 것을 고려할 때 분명히 남편과 아내의 관계보다 더 고상한 묘사가 제출된 적이 없으며 또 불가능하기까지 하다"고 주장하고 있다.[153] 『기독교 신학』의 저자 밀라드 에릭슨(Millard J. Erickson)도 주장하기를 "두 사람은 육체적으로 하나일 뿐 아니라 이상적으로도 하나이다. 그들은 또한 영적으로 너무 가깝기 때문에 그들은 서로가 서로를 이해하기 위하여 동정심을 가지며 또한 서로가 서로를 이해한다"고 말한다."[154]

몸의 지체와 머리의 연합

믿는 사람들과 예수님의 연합은 예수님 자신이 바로 머리가 되신 교회와 얼마나 가깝게 연합 되었다는 데서 설명되고 있다. 고전 12:12에 바울은 "몸은 하나인데 많은 지체가 있고 몸의 지체가 많으나 한 몸임과 같이 그리스도도 그러하니라"고 말하고 있다. 청교도 신학자이며 유명한 설교자인 토마스 제이콤(Thom-

---

[153] William Hendriksen, *Exposition of Ephesians,* New Testament Commentary (Grand Rapids: Baker Book House, 1985), 256.
[154] Millard J. Erickson, *Christian Theology* (Grand Rapids: Baker Book House, 1990), 953.

as Jacomb)은 본 절을 설명하면서 "자연적인 몸에 있어서 이 둘 사이에는 참으로 가까운 연합이 있다. 이 둘은 서로가 붙어있고 연합되어 있다. 그 둘은 똑같은 한 몸을 형성하고 있다. 그와 같이 그리스도와 믿는 자들도 신비한 몸 안에서 똑같이 연합되어 있다"고 말한다.[155] 존 맥아더(John MacArthur)는 고전 12:12을 해설하면서 그리스도와의 연합을 유기적인 인간의 몸과 비교하고 있다. 그는 "우리가 그리스도를 그의 교회에서 불리할 수 없는 것은 몸을 머리에서부터 분리할 수 없는 것과 같다"고 주장한다.[156] 이와 연관해서 댑니(R. L. Dabney)는 그리스도와의 연합은 몸에 있어서 머리와 지체가 연합되어 있는 것과 같다고 말한다.[157]

아담과 그의 후손과의 연합

고전 15:22에서 바울은 선언하기를 "아담 안에서 모든 사람이 죽은 것같이 그리스도 안에서 모든 사람이 삶을 얻으리라"고 한다. 이 구절의 첫 부분("아담 안에서 모든 사람이 죽었다")에서는 첫 사람 아담은 그의 후손과 연합되어 있음을 보여주고 있다. 이에

---

[155] Thomas Jacomb, *Sermons on the Eighth Chapter of the Epistle to the Romans* (Carlisle, Pa.: Banner of Truth Trust, 1868), 41.
[156] John F. MacArthur, *1 Corinthians,* The MacArthur New Testament (Chicago: Moody Press, 1984), 310.
[157] R. L. Dabney, 613.

대해 스미스(H. B. Smith)는 "인류는 아담 안에서 하나이다. 그럼으로 죄를 지을 수 있다. 그리고 그와 함께 타락할 수 있었다. 우리의 인간성은 아담 안에서 오염되었다. 그럼으로 우리는 정죄되었다. 아담과의 자연적인 연합은 이 타락의 근거가 되고 있다. 마찬가지로 그리스도와의 신령한 연합은 우리가 그리스도 안에서 받아지고 또 의롭다함을 받는 근거이다"라고 주장한다.[158] 찰스 핫지(Charles Hodge)는 그리스도와의 연합과 아담과의 연합을 이렇게 비교하고 있다. "우리는 아담 때문에 죽는다. 왜냐하면 우리는 아담 안에 있기 때문이다. 우리는 그리스도 때문에 산다. 왜냐하면 우리는 그리스도 안에 있기 때문이다. 아담과의 연합은 죽음의 원인이 되고 그리스도와의 연합은 삶의 원인이 된다."[159] 모든 인류가 아담과 밀접하게 연합된 것은 믿는 자가 예수 그리스도와 연합된 것에서 비추어졌고 또 충분히 실감되었다.

b) 직접적인 진술(Direct statements)

신자가 그리스도 안에 있다는 진술

성경은 신자들이 예수 그리스도와 연합되었다는 여러 가지 진

---

[158] H. B. Smith, 534.
[159] Charles Hodge, *Commentary on the First Epistle to the Corinthians* (Grand Rapids: Wm. B. Eerdmans Publishing Co., 1980), 324.

술을 가지고 있다. 요 6:56에는 "내 살을 먹고 내 피를 마시는 자는 **내 안에** 거하고 나도 그 안에 거하나니"라고 말씀하고 있다. 예수님은 주장하시기를 누구든지 예수님을 믿는 사람은 예수님 안에 거하고 예수님도 그 신자 안에 거하신다고 말씀한다. 아더 핑크(Arthur W. Pink)는 진술하기를 예수님은 그의 살을 먹는(믿는) 사람의 복된 결과에 대해 몇 가지를 진술하고 계신다. 핑크는 "최초의 복은 구원받은 죄인이 그리스도와의 생명적인 연합에 들어가는 것이고 또 그리스도와 가장 가까운 교제를 즐기는 것이라"고 말한다.[160]

연합의 직접적인 진술은 요 14:20에서도 보인다. "그 날에는 내가 아버지 안에, 너희가 **내 안에**, 내가 너희 안에 있는 것을 너희가 알리라." 본 절을 해설하면서 에드윈 블럼(Edwin A. Blum)은 말하기를 "'그 날에는'이라는 말은 오순절 날을 지칭한다…성령은 믿는 자들에게 오실 것이며(17절), 또 그들에게 그들이 예수님과 연합되었다는 것을 가르쳐 주실 것이다"라고 한다.[161] 또 헨드릭슨(Hendriksen)은 "하나님의 아들과 신자들 사이에는 윤리적이며 영적인 연합이 있다. 우리는 예수님이 우리를 사랑하셨기 때문에 그를 사랑한다. 이 연합은 성장할 수 있다. 예수님께

---

160   Arthur W. Pink, *Exposition of the Gospel of John*, 348.
161   Edwin A. Blum, *The Bible Knowledge Commentary* (Wheaton, ILL: Victor Books, 1983), 324.

서 성령에 의하여 신자들의 마음속에 실제로 살아계신다는 사실을 고려할 때에 그렇다는 말이다"라고 말한다.[162]

롬 8:1에 보면 "그러므로 이제 그리스도 예수 안에 있는 자에게는 결코 정죄함이 없다"고 말한다. "그리스도 안에 있는 자에게는 결코 정죄함이 없다"는 구절은 신자들의 계속되는 영적인 의로움의 상태가 그리스도와의 연합에 달려 있는 것이라고 말한다. 바울 사도는 이 구절에서 신자들의 그리스도와의 연합이 곧 하나님에 의한 구원을 의미한다고 말한다.

밀라드 에릭슨(Millard J. Erickson)은 신자들의 그리스도와의 연합에 대한 무수한 구절들을 성경에서 끌어내어 인용하고 있다. 그 중 일부만 들면 에릭슨은 "엡 1:3-4에 보면 두 개의 관련구절이 있다: '찬송하리로다. 하나님 곧 우리 주 예수 그리스도의 아버지께서 **그리스도 안에서** 하늘에 속한 모든 신령한 복으로 우리에게 복 주시되 곧 창세전에 **그리스도 안에서** 우리를 택하사 우리로 사랑 안에서 그 앞에 거룩하고 흠이 없게 하시려고'(이 한절 속에 연합을 말하는 두 구절이 있다-역자주)…바울 사도는 또 우리가 그리스도 안에서 새롭게 만들어졌다고 말한다: '우리는 그의 만드신 바라. **그리스도 예수 안에서** 선한 일을 위하여 지으심을 받은 자니 이 일은 하나님이 전에 예비하사 우리로 그

---

[162] William Hendriksen, *The Gospel of John*, 280-81.

가운데서 행하게 하려 하심이니라'고 말한다(엡 2:10). 하나님의 은혜는 그리스도 안에서 우리에게 주어진다: '**그리스도 예수 안에서** 너희에게 주신 하나님의 은혜를 인하여 내가 너희를 위하여 항상 하나님께 감사하노니 이는 너희가 **그의 안에서** 모든 일 곧 모든 구변과 모든 지식에 풍족하므로 그리스도의 증거가 너희 중에 견고케 되어'라고 말씀한다(고전 1:4-6). '아담 안에서 모든 사람이 죽은 것같이 **그리스도 안에서** 모든 사람이 삶을 얻으리라'(고전15:22)"고 말한다.[163]

고전 1:30은 말하기를 "너희는 하나님께로부터 나서 **그리스도 예수 안에 있고**"라고 선언한다. 그리고 고후 5:17은 주장하기를 "그런즉 누구든지 **그리스도 안에** 있으면 새로운 피조물이라. 이전 것은 지나갔으니 보라 새 것이 되었도다"고 말씀한다. 앨버트 반스(Albert Barnes)는 말하기를 "**그리스도 안에 있다**는 구절은 분명히 믿음에 의해서 예수님과 연합되었다는 것을 의미하거나 혹은 가지가 포도나무에 붙어있는 것처럼 **예수님 안에 있는 것**, 다시 말해서 포도나무와 연합되어 있다는 것을 의미한다"고 말한다.[164]

엡 2:13은 "이제는 전에 멀리 있던 너희가 **그리스도 예수 안**

---

[163] Millard J. Erickson, *Christian Theology*, 948.
[164] Albert Barnes, *2 Corinthians and Galatians,* Notes on the New Testament (Grand Rapids: Baker Book House, 1983), 269.

에서 그리스도의 피로 가까워졌느니라"고 말씀한다. 촬스 핫지(Charles Hodge)는 **그리스도 예수 안에서**를 해석할 때 "그리스도와의 연합의 덕택으로"라고 해석한다.[165] 순종이나 믿음에 대한 확신은 요일 2:5-6이 언급하는 바와 같이 그리스도 안에 있을 때 발견 된다. "누구든지 그의 말씀을 지키는 자는 하나님의 사랑이 참으로 그 속에서 온전케 되었나니 이로써 우리가 **저 안에** 있는 줄을 아노라. **저 안에** 거한다 하는 자는 그의 행하시는 대로 자기도 행할지니라." 요일 5:20은 "또 아는 것은 하나님의 아들이 이르러 우리에게 지각을 주사 우리로 참된 자를 알게 하신 것과 또한 우리가 **참된 자** 곧 **그의 아들 예수 그리스도 안에** 있는 것이니 그는 참 하나님이시요 영생이시라"고 말씀하고 있다.

그리스도께서 신자 안에 거하신다는 진술

스트롱(Strong)은 "그리스도께서 신자들 속에 계시다는 사실이 주님의 성찬에서 상징적으로 나타나고 있다"고 주장한다.[166] 그리스도는 성찬을 베푸셔서 그의 살과 피를 주시므로 신자들로 하여금 먹고 마시게 하셨다. 그리스도는 이 예식을 제정하셔

---

165 Charles Hodge, *A Commentary on Ephesians*, The Geneva Series of Commentaries (Carlisle, Pa.: Banner of Truth Trust, 1964), 85.
166 A. H. Strong, *Systematic Theology*, vol. 3, *The Doctrine of Salvation* (Philadelphia: The Griffith & Rowland Press, 1909), 797.

서 성도들로 하여금 그의 살과 피를 기념하게 하셨다. 그리스도는 그를 믿는 신자들 안에 거하시고 계신다. 『신약 신학』의 저자 도널드 거트리(Donald Guthrie)는 내재하시는 그리스도를 설명하면서 "바울 사도는 갈2:20의 말씀 곧 '이제는 내가 산 것이 아니요 오직 **내 안에 그리스도께서** 사신 것이라'는 말씀이 보여주는 대로 내재하시는 그리스도를 자각하고 있다. 내재하시는 그리스도는 이미 십자가에 못 박히신 그리스도를 대신하고 계신다. 그러나 이것은 바울만의 유일한 경험이 아니다. 누구든지 그리스도를 모셔야 한다. 바울은 회심 자들이 똑같은 경험을 가지기를 바라고 있다(엡 3:17). 즉 '믿음으로 말미암아 **그리스도께서 너희 마음에** 계시게 하옵시고'라고 기도하고 있다"고 말한다.[167] 『신약 신학』의 저자 조지 래드(George Eldon Ladd)는 내재하시는 그리스도에 대하여 말하기를 "이것은 단번에 경험하는 사건이 아니다. 왜냐하면 바울이 기도하기를 신자들의 속사람이 강건하기를 기도하고 또 '믿음으로 말미암아 그리스도께서 너희 마음에 계시게 하옵시고'라고 기도하기 때문이다"라고 말한다.[168]

『로마서 8장의 설교들』(Sermons on the Eighth Chapter of the Epistle

---

[167] Donald Guthrie, *New Testament Theology* (Downers Grove, Ill.: Inter-Varsity Press, 1981), 653.
[168] George Eldon Ladd, *A Theology of the New Testament* (Grand Rapids: William B. Eerdmans Publishing Co., 1989), 488.

to the Romans)의 저자 토마스 제이콥은 내재하시는 그리스도와 그리스도 안에 있는 생명은 서로 다른 것이라고 주장한다. 그는 말하기를 "그리스도께서 신자들 안에 계시다고 할 때는 우리의 이해로 이 말은 성화에 대하여 언급하는 것이고, 신자들이 그리스도 안에 계신다고 말할 때는 칭의를 언급하는 것이라"고 주장한다.[169] 그러나 도날드 거트리(Thomas Guthrie)는 말하기를 두 가지는 다 같은 것을 언급하는 것이라고 단언한다. "때때로 바울은 그리스도 혹은 성령 안에 있는 신자에 대해서 언급하고, 때로는 그리스도 혹은 성령께서 신자 안에 내재하고 계시는 것에 대해서 말한다. 이 둘은 서로 모순된 개념이 아니라 서로 보완적인 개념이다"라고 주장한다.[170] 조지 래드(George E. Ladd)도 역시 비슷한 견해를 가지고 있다. 그는 주장하기를 "중생한 사람은 그리스도와 성령 안에 있을 뿐 아니라 그리스도와 성령께서도 신자 안에 거하신다. 이 두 개념이 똑같은 것이라는 것이 롬 8:9-10에서 보이고 있다: '만일 너희 속에 하나님의 영이 거하시면 너희가 육신에 있지 아니하고 영에 있나니…또 그리스도께서 너희 안에 계시면…'이라는 말씀에서 똑 같은 사실의 양면이 있음을 알 수 있다"고 말한다.[171] 윌리엄 헨드릭슨(William Hendriksen)은

---

[169] Thomas Jacomb, 35.
[170] Donald Guthrie, 647.
[171] Ladd, 488.

신자의 생명 속에 그리스도께서 내주하신다는 것에 대해서 주장하기를 "그리스도와 신자들의 관계가 아주 가까움으로 그리스도께서 포도나무이시면 신자들은 포도나무 가지들이다. 그는 목자이시고 신자들은 양들이다. 그들은 그리스도께서 머리이신 몸의 지체들이다"라고 말한다.[172] 필립 휴(Philip Hughes)는 신자의 생명 속에 거하시는 그리스도의 임재를 이렇게 설명한다. "'예수께서 너희 안에 계신 줄을 너희가 알지 못하느냐?'고 하는 질문형식은 약간 풍자적인 면이 있다. 그리고 바울의 이 어조는 그들이 그들의 생명 속에 그리스도의 임재를 그들이 확실히 알고 있다는 바울의 확신을 암시하는 것이다. 이러한 확신을 접어놓고 달리 생각해보는 길은 바로 그들이 버림받은 자라고 말할 수밖에 없다. 다시 말해 그들이 시험을 받아 가짜들로서 물리침 받은 자라고 말할 수밖에 없다"라고 주장한다.[173]

갈 2:20은 말하기를 "내가 그리스도와 함께 십자가에 못 박혔나니 그런즉 이제는 내가 산 것이 아니요 오직 **내 안에 그리스도께서 사신 것이라**. 이제 내가 육체 가운데 사는 것은 나를 사랑하사 나를 위하여 자기 몸을 버리신 하나님의 아들을 믿는 믿음

---

[172] William Hendriksen, *The Gospel of John*, 281.
[173] Philip E. Hughes, *The Second Epistle to the Corinthians*, The New International Commentary on the New Testament (Grand Rapids: Wm. B. Eerdmans Publishing Co., 1982), 481.

안에서 사는 것이라"고 했다. 리온 모리스(Leon Morris)는 주장하기를 "바울의 옛날의 생활 방식에 대하여 죽었다는 것은 새로운 생활방식에로 들어갔다는 것을 의미한다. 다시 말해 바울이 그의 구주와 연합된 새로운 생활의 방식에로 들어갔다는 것을 의미하는 것이다"라고 단언한다.[174] 바울 안에 사시는 그리스도는 바울과 연합된 그리스도를 의미한다.

그리스도께서 신자 안에 거하신다는 진술

골 1:27은 "하나님이 그들로 하여금 이 비밀의 영광이 이방인 가운데 어떻게 풍성한 것을 알게 하려 하심이라. 이 비밀은 **너희 안에 계신 그리스도시니** 곧 영광의 소망이니라"고 말씀한다. 바울은 주장하기를 그리스도께서 골로새 교회의 교인들 안에 계시며 또 그들 안에 계신 그리스도께서 영광의 소망이라고 말한다. 다시 말해 골로새 교회의 교인들과 연합되신 그리스도는 온전한 구원의 근거가 되신다는 것이다. 그리피스 토마스 (W. H. Griffith Thomas)는 골로새서 1:27을 주석하면서 흥미있는 주석을 달았다. "그리스도는 사람들의 회개에 의해서 영혼 깊은 속으로 환영되어야 하고 사람들이 그를 믿음으로 감정 속에서 왕좌

---

[174] Leon Morris, *Galatians: Paul's Charter of Christian Freedom*(Downers Grove, Ill.: InterVarsity, Press, 1996), 89.

에 앉으셔야 하고, 사람들이 굴복하는 중에 마음속에서 환대를 받으셔야 하며, 사람들의 순종에 의하여 생활 가운데서 들어내 져야 한다"고 말한다.[175] 에릭슨(Millard J. Erickson)은 설명하기를 "분명히 기독교인들이 영적으로 가지고 있는 모든 것은 그리스도께서 우리 안에 내재하신데서 오는 것이다. 우리의 영광의 소망은 우리 안에 계신 그리스도이시다. 우리의 영적인 활력은 그리스도의 내재에서 오는 것이다"고 말한다.[176] 에릭슨의 말을 한 마디로 말하자면 기독교인들이 누리는 모든 복들은 그리스도께서 그들과 함께 계신데서 오는 것이라는 뜻이다.

신자가 그리스도와 동참함으로써 생명을 가지게 되었다는 진술

그리스도와의 연합은 그리스도께서 주신 생명 안에 암시되어 있다. 요 6:53-57에 "예수께서 이르시되 내가 진실로진실로 너희에게 이르노니 인자의 살을 먹지 아니하고 인자의 피를 마시지 아니하면 너희 속에 생명이 없느니라. 내 살을 먹고 내 피를 마시는 자는 영생을 가졌고 마지막 날에 내가 그를 다시 살리리니…살아 계신 아버지께서 나를 보내시매 내가 아버지로 인하여 사는 것같이 나를 먹는 **그 사람도 나를 인하여 살리라**"고 말씀하

---

[175] W. H. Griffith Thomas, *Studies in Colossians and Philemon* (Grand Rapids: Kregel Publications, 1986), 65.
[176] Millard J. Erickson, *Christian Thelogy*, 949.

신다. 이 마지막 구절을 언급하면서 스트롱(Augustus H. Strong)은 조심스럽게 말하기를 "믿는 자는 그리스도께서 하나님에게 참여하심으로 생명을 가지신 것처럼 그리스도에 참여함으로 생명을 얻는다"고 말한다.[177] 윌리엄 헨들릭슨은 믿는 자가 그리스도에게 참여함으로 생명을 얻는다는 표현을 사용하지는 않았어도 요 6:53-58을 주석하면서 그는 다른 말로 표현하여 똑같은 사상을 표현하고 있다. 그는 주장하기를 "이 음식[예수님의 찢겨진 몸과 피]을 영적으로 소화하는 사람은 예수님과 아주 가깝고도 아주 활력 넘치는 연합 안에 머무르게 된다"고 했다.[178] 토마스 오덴(Thomas C. Oden)도 언급하기를 "아들이 아버지에게 참여함으로 생명을 가지고 계신 것처럼 역시 신자들도 아들에게 참여함으로 생명을 얻게 된다(요 6:53-57; 고전 10:16-17). 개성을 잃지 않고 신자의 영은 그리스도의 영에 의하여 활력이 넘치게 된다. 그래서 그리스도에게 참여한 사람은 한 영이다"고 말한다.[179]

모든 신자들은 그리스도 안에서 하나라는 진술

그리스도와의 연합은 신자들이 그리스도 안에서 하나라는 진

---

[177] Augustus H. Strong, 798.
[178] William Hendriksen, *The Gospel of John*, 244.
[179] Thomas C. Oden, *Systematic Theology*, vol. 3, *Life in the Spirit* (San Francisco: Harper, 1992), 210.

술 속에 암시되어 있다. 요 17:21-23에 예수님께서 말씀하시기를 "아버지께서 내 안에, 내가 아버지 안에 있는 것같이 **저희도 다 하나가 되어 우리 안에 있게 하사** 세상으로 아버지께서 나를 보내신 것을 믿게 하옵소서. 내게 주신 영광을 내가 저희에게 주었사오니 이는 우리가 하나가 된 것같이 **저희도 하나가 되게 하려 함이니이다.** 곧 내가 저희 안에, 아버지께서 내 안에 계셔 저희로 온전함을 이루어 하나가 되게 하려 함은 아버지께서 나를 보내신 것과 또 나를 사랑하심같이 저희도 사랑하신 것을 세상으로 알게 하려 함이로소이다"라고 하신다. 본문에서 예수 그리스도는 자신께서 하나님과 친한 교제 가운데 계신 것처럼 그들도 예수님과 연합한 가운데서 하나가 되기를 기도하고 계신다. 요 17:21-23을 언급하면서 스트롱(A. H. Strong)은 "모든 신자들은 그리스도 안에서 하나이다. 그리스도께서 하나님과 하나이신 것처럼 신자들은 개별적으로 그리고 집합적으로 그리스도와 연합되어 그리스도 안에서 하나이다"고 주장한다.[180] 이에 동조하여 에드윈 블럼(Edwin Blum)은 "기독교인들의 연합(**저희도 다 하나가 되어**)은 아들이 아버지와 가지게 된 연합(**우리가 하나가 된 것같이**)에 비교된다. 이 연합은 예수님께서 신자들 안에 내재하시

---

180   A. H. Strong, 798.

는 것과 연관되어 있다"고 말한다.[181] 스미스(H. B. Smith)는 "그리스도와 그의 백성들과의 연합은 그리스도와 하나님 사이의 연합과 같다. 만약 그리스도와 그의 추종자들의 연합이 부정된다면 그리스도와 아버지 사이의 연합도 부정되는 것이다"고 언급한다.[182] 앨버트 반스(Albert Barnes)는 요 17:21(그들도 우리 안에서 하나가 되게 하사)을 주석하기를 "하나님 **안에** 있고 그리스도 **안에 있다는 것은 하나님과 연합되어 있는 것이고** 또 그리스도와 **연합되어 있는 것이다.** 이 진술은 신약 성경에 자주 나온다. 여기에 사용된 이 구절은 **하나님과 구주와의 연합에 근거하고 또 거기에서 결과하는 모든 기독교인들 사이에 있는 연합을** 의미한다"고 말한다.[183]

신자가 주님과 한 영(靈)이 되었다는 진술

고전 6:17에서 바울 사도는 "주와 합하는 자는 한 영이라"고 말한다. 본 절을 주석하면서 고데이(Frederic Louis Godet)는 "신자와 그리스도의 연합은 신자들과 그리스도가 한 영이 되고, 또 똑같은 영이 되었다는 데서 극치에 달하고 있고 또 결과적으로 그

---

181 Edwin Blum, 334.
182 H. B. Smith, *System of Christian Theology*, ed. William S. Karr (New York: A. C. Armstrong & Son, 1892), 532.
183 Albert Barnes, *Luke and John*, 358.

리스도께서 신자의 전 인격과 몸을 소유하시고 인도하신다는 데서 극치에 달하고 있다"고 주장하고 있다.[184] 앨버트 반스(Albert Barnes)는 본 절을 주석하면서, "이 연합은 다른 어떤 육체와 육체의 연합보다도 더 영구하고 더 귀중하며 더 내구성이 있고 또 우리의 예수님과의 연합은 순수하고 거룩한 성령과의 연합인고로 창기와 연합함으로써 우리가 그리스도와의 연합을 부수고 깨버려서는 안 된다"고 말한다.[185] 렌스키(R. C.H. Lenski)는 "그리스도와 신자는 '한 영'이 된다. 그는 우리 안에 계신다. 그리고 우리는 놀라운 신비적인 연합으로 그 안에 거한다. 이 연합이야 말로 성령께서 우리를 온전하게 복되고 하늘에 속한 연합 속으로 끌어 올리는 최고의 수준이다"라고 기록하고 있다.[186] 스트롱(A. Strong)은 이 연합에 대하여 "인간 본성은 하나님에 의하여 침투 당하고, 활력이 주어져서 둘(그리스도와 신자)은 하나처럼 움직이고 행동한다"고 진술하고 있다.[187] 신자가 주님과 한 영이 되었다는 이 진술이야 말로 신자들과 그리스도와의 연합을 그 어떤 말씀보다도 분명하게 진술하는 말씀이라고 할 수 있다.

---

[184] Frederic Louis Godet, *Commentary on First Corinthians* (Grand Rapids: Kregel Publications, 1977), 310.
[185] Albert Barnes, *1 Corinthians,* Notes on the New Testament (Grand Rapids: Baker Book House, 1983), 106.
[186] R. C. H. Lenski, *The Interpretation of 1 and 2 Corinthians*, 265.
[187] A. H. Strong, 798.

2) 연합의 성격

그리스도와 신자들 간의 연합에 대해 비유적인 진술과 직접적인 진술을 살펴본 고로 이제는 연합의 성격이 어떤 것인지를 말할 필요가 있다. 어떤 학자들은 연합의 성격에 대하여 비 성경적인 견해를 발표하기도 하고 또 어떤 학자들은 연합의 성격에 대하여 성경적인 견해를 발표하면서도 약간 자유주의 적인 방면으로 기울어지거나 아니면 소위 신비주의적인 방향으로 기울어지기도 한다.

a) 연합의 성격에 대한 비성경적인 견해들

물질적인 연합

대체적으로 캐돌릭 학자들은 신자들이 교회의 여러 의식에 참여함으로써 육체적인 연합을 얻을 수 있다고 주장한다. 스트롱은 이 연합을 "물질적인(material) 연합"이라고 부른다.[188] 리차드 맥브리언(Richard P. McBrien)은 "미사는 찬양할만하고 감사해야 하며 기념할만한 참 **희생**일 뿐 아니라, 십자가의 희생의 가치를 전혀 손상시키지 않은 채 살아있는 자와 죽은 자의 속죄를 위한 참 희생이라는 것이 캐돌릭의 공식적인 가르침이라"고 기록하고

---

[188] *Ibid.*, 800.

있다.[189] 리차드 맥브리언은 빵 속과 술 속에 그리스도의 참된 임재가 나타나는 것은 성체(聖體)용 빵과 술을 만드는 사제에 의하여 이루어진다고 주장한다. 빵과 술을 봉헌하는 사제의 권한은 그의 개인적인 거룩에 의존하지 않는다(Council of Constance).[190] 케네츠 베이커(Kenneth Baker, S. J)도 역시 빵과 술의 실재가 미사가 들여지는 그 때에 그리스도의 실재로 변화한다고 주장한다. 그는 "교회는 빵과 술의 실재가 빵과 술이 남아있는 동안 영화롭게 되신 그리스도의 실재로 변화된다고 믿고 있다"고 주장한다.[191] 이 점에 대하여 존 오브리언(John A. O'Brien)은 "성 요한은 우리들에게 말하기를 갈릴리 가나의 혼인 예식 때 그리스도께서 이적적으로 물을 술로 변화시켰다고 가르쳐주고 있다"고 주장한다.[192]

트렌트 회의(The Council of Trent)는 성찬예식에 대한 로마 캐돌릭의 교리를 다음과 같이 묘사하고 있다. "만일 미사에서 참되고 적절한 희생이 하나님께 드려지지 않는다고 말하고 또 미사의 희생이 단지 찬양할만하고 감사해야할 희생이라고 말하고 혹

---

[189] Richard P. McBrien, *Catholicism* (New York: HarperCollins Publishers, 1994), 826.
[190] *Ibid.*, 827-28.
[191] Kenneth Baker, *Fundamentals of Catholicism* (San Francisco: Ignatius Press, 1985), 3:238.
[192] John A. O'Brien, *The Faith of Millions* (Huntington: Our Sunday Visitor, 1938), 230-31.

은 미사의 희생이 겨우 십자가에서 희생되신 희생의 기념일뿐이라고 말하고…혹은 미사의 희생이라고 하는 것이 죄와 고통과 만족과 다른 필요를 위하여 살아있는 자와 그리고 죽은 자를 위하여 드려지지 않는다고 말하고 또 미사의 희생 때문에 십자가에서 희생하신 그리스도의 최고의 거룩하신 희생에 훼방이 돌아간다고 말하고 혹은 그럼으로써 미사의 희생이 훼손된다고 어떤 사람이라도 말을 한다면 그 사람을 파문해 버려라."[193]

존 캘빈(John Calvin)은 로마 캐돌릭의 교리에 대해서 언급하면서 "캐돌릭의 터무니없는 환상은 바울에 의하여 반박당하고 있다. 바울은 주장하기를 '우리가 떼는 떡은 그리스도의 몸에 참여함이 아니냐?'고 말하고 있다. 그들의 생각은 성례식의 본질과는 사뭇 다르다"고 주장한다.[194] 제임스 화이트(James R. White)는 캐돌릭의 미사 교리를 이렇게 비판하고 있다. "이런 것들을 거절하면 '모 교회'의 파문아래에 놓여야 한다. 그리고 영원히 잃어버린 자가 되어야 한다. 이것은 로마주의의 결정적인 두 결점 중에 최초의 것이다…그러나 여기에 또 하나의 캐돌릭의 결점이 있는데 그것은 면죄부와 연옥에 대한 캐돌릭의 교리에서 발견된다"

---

193 Council of Trent 22. 1, 3-4.
194 John Calvin, *Commentary on a Harmony of the Evangelists,* vol. 27, Calvin's Commentaries (Grand Rapids: Baker Book House, 1979), 208.

라고 진술한다.[195]

말틴 로이드 존스(Martin Lloyd-Jones)는 예수님과의 연합은 캐돌릭의 성례식에 의해서 성립되는 것이 아니라고 말한다. 그는 "연합은 성례식에 의해서 성립되는 것이 아니고 이것은 세례(물세례)에 의해서 성립되는 것도 아니다. 우리는 결코 어떤 형식의 세례에 의한 중생을 믿지 않는다. 연합은 주님의 성찬에 의해서도 이루어지는 것이 아니다"고 주장한다.[196] 로레인 뵈트너(Loraine Boettner)는 빵과 포도주가 예수님의 살과 피로 변한다는 캐돌릭의 학설을 반박하면서 "캐돌릭의 사제는 성찬예식을 거행하면서 사람들 앞에서 마치 예수님을 살려서 먹는 시늉을 한다. 그리고 빵이 훤히 보이는 가운데 사람들로 하여금 먹도록 사람들에게 예수님을 주는 시늉을 한다"고 비평한다.[197] 벌코프도 역시 캐돌릭의 견해를 다른 방식으로 비평한다. "캐돌릭은 성례가 연합을 만들어내지 못한다는 사실을 까마득히 망각하고 있다"고 말한다.[198]

이런 잘 못된 캐돌릭의 학설에 반대하여 뵈트너는 성례에 대

---

[195] James R. White, *The Fatal Flaw* (Southbridge, Mass.: Crowne Publications, 1990), 71.
[196] Lloyd-Jones, 113.
[197] Loraine Boettner, *Roman Catholicism* (Phillipsburg, N.J.: Presbyterian & Reformed Publishing Co., 1985), 176.
[198] Berkhof, 452.

한 성경적인 교리를 말한다. "'이것을 행하여 나를 기념하라'는 예수님의 말씀은 주님의 성찬이…원래 오고 오는 기독교인들에게 못 박히신 놀라운 십자가를 기념하도록 제정된 기념물이고 또한 놀라운 은총과 교훈을 기념하도록 제정된 기념물이다"라고 말한다.[199]

본질의 연합

연합의 성격에 대한 또 하나의 위험한 잘 못된 견해는 신비주의자들이 저지르는 잘못인데 신비주의자들은 그리스도와의 연합을 본질이 연합되는 것으로 이해하고 있다. 한 쪽의 인격이 완전히 다른 쪽의 인격 속으로 몰입된다고 이해하고 있다. 스트롱(A. H. Strong)은 "본질의 연합은…그리스도나 또는 인간의 영혼의 특유한 인격이나 존재를 파괴하는 것이다"라고 했다.[200] Berkhof는 본질의 연합을 정의하기를 "한편의 인격이 다른 편의 인격 속으로 완전히 몰입되어 그리스도와 신자는 별개의 인격으로 남아있지 않게 되는 것이다"라고 말한다.[201] 스트롱(A. H. Strong)은 "많은 신비주의자들은…그리스도와 신자들 사이에 본질의 연합이 있음을 주장한다. 바이겔(Weigel)의 추종자들 중에 어떤 사

---

[199] *Ibid.*, 177.
[200] A. H. Strong, 799.
[201] Berkhof, 451.

람은 다른 추종자에게 '나는 예수 그리스도, 즉 하나님의 영원한 말씀이다. 그런고로 나는 너를 나의 무죄한 희생으로써 구속해냈다'고 말할 수 있었다"고 주장한다.[202]

말틴 로이드-존스(Martin Lloyd-Jones)는 신자와 그리스도 사이의 본질의 연합 개념을 경고하여 "우리의 존재나 혹은 우리의 존재의 본질이 우리 주 예수 그리스도의 존재나 혹은 존재의 본질 속으로 몰입되고 없어진다고 생각해서는 안 된다"고 말한다.[203] 로이드-존스는 불교의 열반을 하나의 예로 든다. 로이드존스는 불교의 열반이 주장하는바 "우리는 없어진다. 우리는 신(神)과 무한자 속으로 흡수됨으로써 존재를 상실하게 된다"는 불교의 열반의 진리를 비판했다.[204] 토마스 제이콤(Thomas Jacomb)도 역시 본질의 연합을 경고하여 "신자는 그리스도에게 연합된다. 그러나 그리스도의 본질이나 존재로 변화하거나 변형되는 것은 아니다"라고 주장한다.[205]

---

[202] Strong, 800.
[203] Martin Lloyd-Jones, *God the Holy Spirit* (Wheaton, Ill.: Crossway Books, 1997), 106-107.
[204] *Ibid.*, 107.
[205] Thomas Jacomb, *Sermons on the Eighth Chapter of the Epistle to the Romans* (Carlisle, Pa.: Banner of Truth Trust, 1868), 36.

퀘이커파(Quakerism)와 정적주의(Quietism)의 극단적인 형태

퀘이커파와 정적주의의 극단적인 형태는 17세기 말(末)에 일어나서 유럽에 만연했었다. 이 두 운동은 연합의 교리를 휘저어 놓았다.

퀘이커파(Quakerism)

도날드 블로에쉬(Donald G. Bloesch)는 퀘이커파의 역사를 언급하고 또 믿음의 최종적인 표준에 대해 언급했다. "퀘이커교도들은 근대에 이르러 주된 성령운동의 하나를 재연하고 있다. 이 운동은 대담했던 영국사람 평신도, 조지 폭스(George Fox, 1624-1691)에 의해서 창립되었는데 그들은 현대 기독교 영성운동에 놀라운 자취를 남겨놓았다…폭스의 가르침을 보면 믿음의 최종적인 표준은 신조도 아니고 심지어 성경도 아니며 내적인 빛이다. 그 내적인 빛이란 하나님의 영이 모든 인간에게 임하시는 내재하는 현존이다"라고 말했다. 헨리 디이슨(Henry C. Thiessen)도 역시 "퀘이커파의 극단적인 측(the extreme forms)은 주장하기를 모든 인간은 내적인 빛을 가지고 있고 이 내적인 빛은 성경을 떠나서 모든 사람들을 경건하고 독실한 생활로 인도할 수 있다"고 그들의 주장을 설명한다.[206] 이에 동의하여 존 펄거슨(John

---

[206] H. Thiessen, 18.

Ferguson)은 "퀘이커파의 특징은 내적인 빛을 주장하는 것이다. 이 내적인 빛은 다른 기독교인들과 연관된 많은 외적인 의식, 예를 들면 형식적인 사역, 형식적인 성찬식, 찬송가, 신조, 그리고 그와 비슷한 것들을 반대하기 위하여 생겨난 것이다. 그래서 그들의 모임은 회원들이 크게 말하라고 부탁을 받기 전에는 주님을 기다리면서 조용한 중에 진행된다. 하나님의 영을 직접적으로 의존하는 일은 퀘이커파에서는 생명과 같다. 그들이 하나님의 영을 의존하다 보면 다른 사람들이 하나님의 영을 기대하는 것을 기다리게도 된다. 다른 많은 신비주의자들과 마찬가지로, 퀘이커파의 하나님과의 연합의 경험도 선행(善行)을 행하는 데로 인도한다"고 말한다.[207] 도날드 블로에쉬(Donald G. Bloesch)도 역시 퀘이커파는 성경의 권위를 받아드리지 않고 하나님의 직접적인 내적 계시를 강조한다고 말하고 "폭스(Fox)와 그의 친구들은 사람들의 시선을 내적 빛에 집중시키게 하기 위해서 기성교회에서 이루어지고 있는 예배를 갑자기 중단시켰다"고 말한다.[208]

정적주의(Quietism)

존 펄거슨(John Ferguson)은 "정적주의는 13세기에 생겨난 운

---

[207] John Ferguson, *Encyclopedia of Mysticism and Mystery Religions* (New York: Crossroad, 1982), 171-72.
[208] Donald G. Bloesch, 147.

동이지만 17세기에 와서 두루 퍼지게 되었다. 17세기에 들어서서 지도급에 속한 사람들은 몰리노스의 미구엘(Miguel de Molinos)과 마담 가이온(Madame Guyon)이었다.

『성경, 신학, 교회 문헌백과사전』(Cyclopedia of Biblical, Theological, and Ecclesiastical Literature)은 "정적주의는 최고의 덕을 다른데 두는 것이 아니라 최상의 탁월을 계속해서 주시하고 사랑하는데 두고 있는 교리이다. 정적주의는 탁월이라고 하는 것이 하나님 안에만 있다고 믿고 있으며 또 하나님과의 완전한 연합이 반드시 이루어져야 한다고 주장하며 또 하나님과의 완전한 연합이 안식 상태나 고요 상태에 의하여 이루어질 수 있다고 주장한다. 정적(靜寂)은 자신을 철저히 부인하는 것으로부터 시작하는데 무사상, 무사고(無思考), 무소망의 정신적인 무(無) 활동의 상태이다. 이 상태에서 우리의 영혼은 완전한 연합에 의해서 하나님의 현존 속으로 들어간다고 상상한다"고 말한다.[209] 도날드 블로에쉬(Donald G. Bloesch)는 "하나님과의 연합의 경험에서, 우리는 '순수한 사랑'이나 혹은 '신비적인 죽음'의 상태로 변화된다. 하나님은 위대해지시고 우리는 아무 것도 아니게 된다. 정적주의자들은 전적으로 무욕(無慾)의 사랑, 무소망의 사랑을 목적한다. 거룩한 무욕의 이 상태에서 기독교인은 죄를 이기며 살고 또

---

[209] John McClintock and James Strong, 845.

외적인 도움, 심지어 성례조차도 필요 없는 상태에 이르게 된다"고 주장한다.[210] 헨리 디슨(Henry D. Thiessen)은 "극단적인 정적주의는 주장하기를 하나님과의 놀라운 교제를 추구하고 또 모든 생각이나 모든 행동이 정지되고, 영혼이 하나님 안에 몰입된 완전한 정적 상태를 추구한다"고 말했다.[211]

이 정적주의는 성경의 가르침에서 멀리 떨어져 있다. 안드류 지노스(Andrew C. Zenos)는 그리스도와의 연합은 결코 영혼의 개체성을 파괴하는 것을 의도하지 않는다고 다음과 같이 주장하고 있다. 그는 "그리스도와의 연합은 결코 몰입이 아니다. 개체성은 파괴되지 않고 연합에 의해서 더욱 활력을 얻는다. 접붙여지는 과정에서처럼 열등한 존재는 더욱 고상해지고 또 더욱 상등의 요소로부터 끌어낸 새로운 가치로 충만해진다. 새로운 생명은 그리스도 안에 있고 그리스도의 생명은 신자 안에 있게 된다. 그러나 동시에 새로운 생명은 자기 나름대로의 독립된 발전을 즐긴다. 이 새로운 생명은 시작이 있고 성장이 있으며 특성이 있고 그리고 목적을 향해 할 일이 있다"고 주장한다.[212]

---

[210] Donald G. Bloesch, 149.
[211] Henry C. Thiessen, 18.
[212] Andrew C. Zenos, *The Plastic Age of the Gospel: A Manual of New Testament Theology* (New York: Macmillan Co., 1927), 185.

동정의 연합 혹은 관심의 연합

에릭슨(Erickson)은 그의 저서 『기독교 신학』에서 "심리적인 연합이라는 것은 똑같은 관심을 나누는데서 결과하고 또 똑같은 이상(理想)에 마음을 두는 데서 일어난다. 이것을 동정에서 울어 나오는 연합이라고 부를 수 있다. 이것은 외적인 연합이다"라고 말한다.²¹³ 마틴 로이드-존스(Martin Lloyd-Jones)는 동정의 연합 혹은 관심의 연합을 경고한다. 그는 "신자와 그리스도와의 연합은 단지 동정의 연합이나 혹은 관심의 연합이 아니다. 그리스도와의 연합은 단지 우연히 똑같은 관심이나 똑같은 열심을 가지는 별개의 사람들의 느슨하고 일반적이고 외적인 연합이 아니다"라고 기록하고 있다.²¹⁴ 이 점에 관하여 벌콥(Berkhof)은 "소시니언들이나 알미니언들의 가르침 속에서 아주 다른 극단적인 것이 발견된다. 그들은 신비적인 연합을 단지 하나의 도덕적인 연합이나 혹은 사랑의 연합으로 보고 있다…그러한 연합은 그리스도의 생명과 신자들의 생명의 상호침투가 없다"고 말한다.²¹⁵ 스미스(H. B. Smith)는 이 연합을 다른 식으로 표현한다. "그리스도는 하나의 모범이고 선생이다. 우리와 다른 모범들 그리고 선

---

213 Millard J. Erickson, *Christian Theology*, 950-51.
214 Lloyd-Jones, *God the Holy Spirit*, 107.
215 Louis Berkhof, *Systematic Theology* (Carlisle, Pa.: Banner of Truth Trust, 1958), 451.

생들 사이에는 그가 최선이시라는 것 외에는 별 다른 관계가 없다. 예수님과 우리 사이에는 어떤 살아있는 연합이나 인연이 없다. (소시너스는 그리스도께서 불멸-Immortality-을 제공한다고 인정한다.) 이 연합은 단지 윤리적이고 자연적인 연합일 뿐이다. 그저 초자연적인 요소들을 전혀 제거해버린 연합일 뿐이다"라고 말한다.[216]

b) 연합의 성격에 대한 성경적 견해들

벌콥(Berkhof)은 "그리스도와 신자의 연합은 성령에 의하여 신비적으로 그리고 초자연적으로 이루어진다. 그 이유로 인하여 이 연합은 신비적인 연합이라고 불려진다"고 주장한다.[217] 그리스도와의 연합이 신비적이라고 하는 견해는 역사상에 우세해 있었다.

캘빈(John Calvin)은 **신비적인 연합**(Mystical union)이라는 술어를 그의 기독교강요 2.12.7과 3.11.10에서 각각 한 번 씩 합계 두 번을 사용했다. 캘빈은 그의 기독교 강요 2.12.7에서 마 19:4-6을 주석하는 중에 "신비적인 연합"이라는 술어를 사용하고 있으며, 또 그의 강요 3.11.10에서 "신비적인 연합"이라는 술

---

[216] H. B. Smith, 536.
[217] Berkhof, *Systematic Theology*, 447.

어를 다시 한 번 사용하고 있다. 캘빈은 신비적인 연합이라는 개념을 그의 칭의와 성화의 이해와 직접적으로 연계시키고 있다. 캘빈은 그의 강요 3.11.10에서 예수님의 '몸 안에 심는다(ingrafting into Jesus' body)'는 술어를 사용하고 있는데 이 술어는 하나님의 구원 사역에 대한 캘빈 나름대로의 개념 중에 내적이고도 불가분리적인 인연을 제공하고 있다. 다시 말해 캘빈은 칭의, 성화, 그리고 믿음을 그리스도 안으로 심는다는 빛 안에서(in the light of ingrafting into Christ) 이해하고 있다.

찰스 핫지(Charles Hodge)는 하나님과 인간의 연합의 신비적인 견해에 대해 기술하고 있다. "인류의 구원이 달려 있는 하나님과 인간의 연합의 신비적인 견해가 역사에서 우세했으며 이 견해에 대한 몇몇 옹호자들에 의해서 이 견해가 배타적으로 존재하게 되었다"고 진술한다.[218] 스미스(H. B. Smith)는 그리스도와의 연합의 신비적인 견해가 역사상에서 우세했다는 말은 하지 않지만 그는 주장하기를 "그리스도와의 연합은 생명적이고 개인적인 연합이고 신비적이다. 이유는 그리스도와의 연합은 사실이라고 하는 것 이상으로 달리는 정의할 수 없고 또 그 결과적인 은총을 보아도 다르게는 정의할 수 없다. 이 연합은 신비적일지라도 사

---

[218] Charles Hodge, *Systematic Theology*, 2:581.

실이다"라고 주장한다.[219] 이에 동조하여, 존 머리(John Murray)는 "그리스도와의 연합은 신비이기 때문에 신비적이다. 이 연합이 신비라고 하는 사실은 이 연합의 귀중성을 뒷받침하고 있으며 또 이 연합으로 생겨나는 관계의 친밀함을 뒷받침하고 있다"고 주장한다.[220] 토마스 오덴(Thomas G. Oden)도 "그리스도와의 연합은 경험적인 개체(identity)를 초월하는 몸의 신비적인 연합이다. 하나로 만드는 신비는 '너희 안에 계신 그리스도시니 곧 영광의 소망이라'(골 1:27; cf. 엡 5:28-32)"고 주장한다.[221]

『복음주의 신학협회지』(Evangelical Theological Society Papers)의 저자 로버트 팀 3세(Robert B. Thieme, 3)는 그리스도와의 연합에는 세 가지 특징이 있다고 말한다. 즉, 객관적인 연합, 그리스도의 죽음과 부활 때문에 이루어지는 그리스도와의 연합, 그리고 주관적인 연합이 있다고 말한다. 그는 "연합이란 우리의 믿음을 발휘하는 순간에 성령의 세례에 의하여 일어난다(고전 12:13). 이 연합은 세 가지 특징적인 면을 포함하고 있는데 이 세 가지 특징적인 면은 바울의 기독론의 특징이라고 할 수 있다. 첫째 특징은 객관적인 연합이라고 할 수 있는데 이 연합 안에서 신자는 그리

---

[219] H. B. Smith, 535.
[220] John Murray, "Union with Christ, 2: The Application of Redemption," *The Presbyterian Guardian*, 23, no. 5 (May 1954): 94-96.
[221] Thomas G. Oden, *Life in Spirit*, 210.

스도의 의를 얻게 되고(고전1:30; 고후5:21), 아버지의 진노와 정당한 요구를 만족시켜드리게 되며 하나님의 심판에서부터 석방 받게 된다. 두 번째는 그리스도의 죽음과 부활 때문에 이루어지는 그리스도와의 연합인데(롬 6; 골 2:10-13), 이 연합은 그리스도의 엄청난 개인적인 역사(history)와 고난을 알게 되는 근거가 된다. 마지막으로 주관적인 연합 혹은 '너희 안에 계신 그리스도'는 내주하시는 그리스도를 닮는 중에 그리고 내주하시는 성령의 능력 주시는 중에 얻어지는 개인적이고도 점진적인 성화를 강조하고 있다(고후 3:14-18; 골 1:27-28)"고 묘사하고 있다.[222]

3) 연합의 특성들

대개의 학자들은 성령의 역사에 의하여 일어나는 주관적인 생명의 연합이라고 하는 것이 가장 중요한 것이라고 생각하고 있다. 그렇게 생각하는 학자들은 다음과 같은 특징들을 나열한다.

a) 유기적 연합

그리스도와의 연합이 유기적인 연합이기 때문에 신자는 그리스도의 지체가 되고 그리스도의 인성에 참여하는 자가 된다. 그

---

[222] Robert B. Thieme III, *Union with Christ* (Portland Ore.: Micropublished by Theological Research Exchange Network, 1987), 1.

리스도의 인성은 벧후 1:3-4이 말씀하는 대로 그의 신성과 잘 조화되고 있다. 베드로는 벧후 1:3-4에서 "그의 신기한 능력으로 생명과 경건에 속한 모든 것을 우리에게 주셨으니 이는 자기의 영광과 덕으로써 우리를 부르신 이를 앎으로 말미암음이라 이로써 그 보배롭고 지극히 큰 약속을 우리에게 주사 이 약속으로 말미암아 너희가 정욕 때문에 세상에서 썩어질 것을 피하여 신성한 성품에 참여하는 자가 되게 하려 하셨느니라"라고 말씀한다(벧후 1:3-4).

달라스 신학교 교수 케네트 갱글(Kenneth O. Gangel)은 벧후 1:4을 강해하면서 "이 약속들은 그리스도인으로 하여금 신의 성품에 참여케 한다…그들은 하나님의 성품에 참여한 자들인 고로 죄를 이기는 하나님의 도덕적인 승리에 참여할 수 있게 되고 또한 죽음을 정복하는 신의 영광스러운 승리에 참여해서 영생을 누리게 된다"고 말한다.[223]

유기적인 연합에 대하여 스트롱(A. H. Strong)은 "그리스도의 몸의 각 지체는 머리되시는 분을 위해 산다. 그리고 그리스도는 머리로서 똑같이 그의 지체들을 위해 사신다. 엡 5:29-30에 '누구든지 언제든지 제 육체를 미워하지 않고 오직 양육하여 보호

---

[223] Kenneth O. Gangel, "2 Peter," in *the Bible Knowledge Commentary*, New Testament ed., ed. John F. Walvoord (Wheaton, Ill.: Victor Books, 1983), 865.

하기를 그리스도께서 교회를 보양함과 같이 하나니 우리는 그 몸의 지체임이니라.' 열차배차원은 힘을 집중시키는 것을 상징하고 그의 명령을 받는 전철수(轉轍手)와 차장은 힘을 국부화시키는 것을 상징한다. 그러나 이것이 유기적인 체계와 같다"고 말한다.

벌콥(Berkhof)은 이 연합에 대하여 다음과 같이 말한다. "이 유기적인 연합 안에서 그리스도는 신자들에게 봉사하시고 신자들은 그리스도에게 봉사한다. 몸의 각 부분은 봉사하고 또 모든 다른 부분에 의하여 봉사를 받는다"고 말한다.[224] 로이드-존스(Lloyd-Jones)도 벌콥과 비슷한 견해를 피력하고 있다. "우리는 단순히 수동적인 것은 아니다. 유기적인 관계를 가지고 있고 유기적인 연합 아래에 있다. 머리나 마찬가지로 모든 부분에는 활동이 있고 활력이 있다"고 말한다.[225] 토마스 오덴(Thomas C. Oden)은 유기적인 유추 아래에서 연합을 상상해보고 있다. 오덴(Oden)은 "그리스도와의 연합이라는 것을 친구들의 연합 같은 것으로 보면 안 되고 혹은 관심이 같은 사업 파트너(business partners)의 연합 같은 것으로 보아도 안 되며 혹은 선생과 학생의 연합 같은 것으로 보아도 안 된다. 그리스도는 부모가 자녀에게 영

---

[224] Berkhof, 450.
[225] Lloyd-Jones, 110.

향을 주는 방식으로 우리 안에 거하시지는 않는다. 그리고 치료사가 환자와 가까운 정도로 가까운 정도로 거하시지 않는다. 차라리 연합이라는 것은 유기적인 유추 아래에서 생각해야 하는데 그것은 살아있고 활동하는 몸에게 세포로 된 지체와 같은 관계이고, 살아있는 포도나무에게 살아있는 가지와 같은 관계라"고 주장한다.[226]

연합의 유기적인 성격은 참 포도나무와 가지의 관계에서 잘 표현되고 있고(요15:5), 몸과 지체의 관계(고전 6:15-16)에서와 머리와 몸(엡 1:22-23; 4:15-16; 5:23)의 관계에서 잘 표현되고 있다. 존 윌리엄스(John Williams)는 고후 12:13이 교회 안에 있는 모든 지체들의 유기적이고도 영적인 연합을 관설하고 있다고 말한다. 그는 "이 구절(고전 12:13)에서 바울은 그리스도의 신비한 몸, 다시 말해 교회 안에 있는 모든 지체들의 '유기적이고도' 영적인 연합을 강조하고 있다"고 주장한다.[227]

b) 생명적 연합(vital union)

이 생명적인 연합으로 인하여 그리스도의 생명은 신자들 안에 지배적인 원리가 된다. 스트롱(A. H. Strong)은 "이 연합은 단

---

[226] Thomas C. Oden, 209-10.
[227] John Williams, *The Holy Spirit, Lord and Life-Giver* (Neptune, N.J.: Loizeaux Brothers, 1980), 178.

순한 병렬(juxtaposition)의 연합이나 혹은 외적인 영향의 연합과는 달라서 온전히 생명적인 연합이다. 그리스도는 마치 우리로부터 멀리 떨어져 계신 것처럼 우리 밖에서 우리에게 역사하시지 않고, 우리의 생명의 피를 흘려내는 심장처럼 안에서부터 역사하신다"고 말한다.[228] 디오돌 엡(Theodore H. Epp)은 성령 세례는 신자들로 하여금 그리스도와 생명적인 연합 속에 둔다고 말한다. 그는 "이 성령 세례는 성령을 우리 안에 가져오지 않고 차라리 신자를 성령의 역사로 말미암아 그리스도와의 생명적인 연합 속으로 밀어 넣는다"고 말한다.[229]

생명적인 연합에 대하여 아더 핑크(Arthur W. Pink)는 고전 6:17("주와 합하는 자는 한 영이니라")을 좋은 본보기 구절로 들고 생명의 연합이라는 것은 주님과 신자 사이에 이루어지는 것인데, 그 이유는 "머리[주님] 안에 거하시는 똑같은 성령께서 신비적인 몸의 지체들 안에도 계시기 때문이라"고 말한다.[230]

생명적 연합과 관련하여 로이드-존스(Lloyd-Jones)는 "생명적 연합이라는 것은 우리의 신령한 생명이 주 예수 그리스도로부터 직접적으로 온다는 것을 뜻한다…이 생명적 연합은 결코 기계적

---

[228] Strong, 801.
[229] Theodore H. Epp, *The Other Comforter: Practical Studies on the Holy Spirit* (Lincoln, Neb., 1966), 70.
[230] Arthur W. Pink, *The Holy Spirit* (Grand Rapids: Baker Books, 1970), 90.

인 것도 혹은 개념적인 것도 아니며 또 이것은 생각도 아니고 혹은 관념도 아니다. 이것은 참의미에 있어서 생명적이고 영적인 연합이다"라고 주장한다.[231] 허쉘 포드(W. Herschel Ford)는 요 15장에 근거한 그의 '열매 맺는 기독교인들'이라는 설교에서 '생명적'이라는 용어는 사용하지 않았더라도 그는 그리스도와의 연합은 생명적인 연합이라고 암시하고 있다. 그는 "그리스도와 신자의 연합은 아주 가깝고 아주 사실적이다. 우리는 그리스도 밖에서는 신령한 힘을 가지지 못한다. 우리의 존재 전체, 우리가 행하는 행동 전체, 그리고 우리가 기독교인으로서 느끼는 전체는 그리스도로부터 온다. 우리 안에 있는 선(善) 전체는 우리에게서부터 오지 않고 예수님으로부터 온다"고 주장한다.[232] 휴 맥밀런(Hugh MacMillan)은 그의 저서 『참 포도나무』라는 책의 제 3장 '가지와 포도나무의 친밀'이라는 글에서 '생명적'이라는 용어는 사용하지 않는다. 그런데 그는 "이 관계(포도나무와 그 가지들에 의해서 예표된 그리스도와 그의 제자들의 관계)는 바로 전에 나온 목자와 양의 비유(요 10:7-18, 역자주)에서 암시되었던 것보다 더 가깝다. 목자는 인도하고 돌보고 양을 먹인다. 그러나 목자는 그들과는 구별된다. 목자는 그 나름대로의 세계를 형성하고 있어서 양

---

231 Lloyd-Jones, 108-109.
232 W. Herschel Ford, *Sermons You Can Preach on John* (Grand Rapids: Zondervan Publishing House, 1958), 310.

들은 그 목자의 세계로 들어갈 수가 없다. 그들의 성품은 정도에 있어서만 아니라 유형에 있어서도 서로 다르다. 그들 사이에는 지적인 동정심이 없다. 한편으로는 섭리하고 다른 한편으로는 의지하는 것 이외에는 서로 간에 연계가 없다. 그러나 포도나무 비유에서는 그리스도와 그의 제자들 사이는 포도나무와 그 가지들 사이의 관계로 비교된다. 이 관계는 종류도 하나이고 서로 동등하며 아주 가깝고 친밀하며 우리가 상상해 볼 수 있는 가장 가까운 사이이다"라고 주장한다.[233]

에릭슨(Erickson)도 역시 우리와 그리스도와의 관계는 생명적이라고 말하고 있다. 그는 "그리스도와 우리의 연합은 생명적이다. 예수님의 생명은 우리에게 실제로 흘러 들어와서 우리의 내적 성품을 새롭게 하고(롬 12:2; 고후 4:16) 영적인 힘을 주신다. 포도나무와 가지에 대한 예수님의 은유(에릭슨은 포도나무 비유를 은유라고 표현한다, 역자주)에는 문자적인 진리가 있다. 가지가 포도나무로부터 생명을 받지 않으면 포도열매를 맺을 수 없음같이 우리도 예수님의 생명이 우리 안에 들어오기 전에는 신령한 열매를 맺을 수 없다"고 주장한다.[234]

---

[233] Hugh Macmillan, *The True Vine or The Analogies of Our Lord's Allegory* (London: Macmillan & Co., 1879), 75.
[234] Millard J. Erickson, *Christian Theology*, 953.

c) 영적 연합(Spiritual union)

에머리 뱅크로푸트(Emery H. Bancroft)는 영적인 연합에 대해서 잘 묘사하고 있다. 그는 "성경은 하나님의 역사에 의해서 그리스도와 우리의 영혼의 연합이 이루어진다고 선언한다. 다시 말해 생명의 연합이 이루어지는데 이 생명의 연합에 의해서 사람의 영혼은 충분히 개성과 특성을 유지하고 있으면서도 그리스도의 영에 의하여 침투 받고(interpenetrated) 활력을 받아 측량할 수없이 되고 그리스도와 나누어질 수 없이 하나가 되어서 결국은 예수님이 머리가 되시는 그 거듭난 사람들, 믿는 사람들, 그리고 의롭다함을 받은 사람들 중의 회원이 되고 참여자가 된다"고 말하고 있다.[235]

이에 동의하여, 스트롱(A. H. Strong)은 "영적인 연합이란 몸의 연합이 아니라 영혼의 연합이다. 이 영적인 연합은 성령께서 시작하시고 유지하시는 연합이다"라고 말한다.[236] 여기서 우리는 영적인 연합은 양편 즉 인간의 영과 성령에 관련되어 있음을 알 수 있다. 로이드-존스(Lloyd-Jones)도 양편 즉 성령과 인간의 영을 연계시키고 있다. 그는 "우리는 그리스도에게 연합되어

---

[235] Emery H. Bancroft, *Christian Theology*, ed. Ronald B. Mayers (Grand Rapids: Zondervan Publishing House, 1976), 242. 여기서 말하는 그리스도의 영은 성령이시다.

[236] Strong, 801.

있는데 우리 안에 계신 성령의 내주에 의해서 그리스도와 연합되어 있다. 이와 같이 우리를 그리스도에게 연합시키는 것은 성령의 기능이요 특별사역이다"라고 주장한다.[237] 위에 진술한 바와 같이, 로이드-존스는 신자 안에 거하시는 성령의 내주에 대해서 언급하고 있다. 그러면서 다른 한편, 로이드-존스는 고전 6:16-17을 예로 들어 "바울은 '창기와 합하는 자는 저와 한 몸이다(16절)'라고 말하고는 다음에 완전히 반대적인 진리를 부연해서 '주와 합하는 자는 주와 한 영이니라.' 그럼으로 이것은 영적인 연합이지 결코 물질적인 연합은 아니다(17절)"라고 진술하고 있다. 싱클레어 펄거슨(Sinclair B. Ferguson)은 그의 저서『기독교의 삶』에서 그리스도와의 연합의 성격에 대해서 설명하면서 그리스도와의 연합의 성격에는 영적인 연합이 있다고 말하고 있다. 그는 "이것은 너무 자명하여 거의 말할만한 가치가 없다. 그러나 이것이 실제로 의미하는 바는 우리 주님과의 연합이 성령의 매체에 의해서 이루어졌다는 것이다. 성령은 우리를 '그리스도 안으로' 운반하신다(carry)"고 진술한다.[238] 토마스 오덴(Thomas C. Oden)도 이 의견에 동의하여 "그리스도와의 연합은 생기를 주는 에너지(energy)가 성령 하나님으로부터 나오는 영적인 연합

---

[237] Lloyd-Jones, 108.
[238] Sinclair B. Ferguson, *The Christian Life* (Carlisle, Pa.: Banner of Truth Trust, 1989), 109.

이다. 우리 안에 계신 그리스도라는 표현과 성령의 내주라는 표현이 바울에 의해서 교대로 사용되고 있다. 아들을 일으키신 아버지는 '너희 안에 거하시는 그의 영으로 말미암아 너희 죽을 몸도 살리시리라'"(롬 8:11)고 진술한다.

뮬러는 영적인 연합에 대해서 이렇게 진술하고 있다. "그리스도와의 연합은 영적인 연합이다. 그 이유는 우리의 존재가 강하게 그리고 영구히 그리스도와 결혼하고 또 연합된 것은 성령의 역사에 의해서 된 것이다"라고 말한다.[239] 토마스 제이콤은 "이 연합의 매체는 영적이다. 다시 말해서 그리스도 안에 거하시는 성령이시고 또 우리 안에 있는 믿음이다. 연합은 그 연합을 이루는 매체에 의해서 판단되어야 한다"고 극명히 주장한다.[240]

에릭슨(Erickson)은 영적인 연합에 대해서 두 가지 의미를 부여하고 있다. 다시 말해 성령에 의해서 이루어지는 연합이라는 점과 영들의 연합이라는 두 가지 면을 생각하고 있다. 그는 "이 영적인 연합은 두 가지 의미를 가지고 있다. 한편으로는 연합은 성령에 의해서 이루어진다. 그리스도와 성령은 가까운 관계를 가지고 있는데 생각했던 것보다 더 가까운 관계이다. 이 사실은 고전 12:13에 보면 분명하다. '우리가 유대인이나 헬라인이나

---

[239] W.A. Mueller, 6, 23.
[240] Jacomb, 43.

종이나 자유자나 다 한 성령으로 세례를 받아 한 몸이 되었고 또 다 한 성령을 마시게 하셨느니라.' 우리의 그리스도와의 연합은 성령에 의해서 이루어질 뿐 아니라 우리의 연합은 영들의 연합이다. 이 연합은 삼위일체가 보여주듯이 한 본질을 가진 사람들의 연합이 아니다. 이 연합은 예수 그리스도의 성육신의 경우에서 보는 바와 같이 한 사람 안에 있는 성품의 연합도 아니다. 이 연합은 또 두 조각의 쇠붙이를 접붙이는 데서 보여주는 바와 같은 물질적인 연합도 아니다. 이 연합은 어떤 점에서 두 영의 연합인데 그 두 영은 서로를 무력하게 하지 않는 연합이다. 이 연합은 신자로 하여금 육체적으로 강하게 하는 것도 아니고 더 지혜롭게 만드는 것도 아니다. 차라리 이 연합이 만들어내는 것은 사람 안에 존재하는 새로운 영적인 활력이다"고 주장한다.[241]

그러나 베이커(J. P. Baker)는 영적인 연합은 때로 '신비적인 연합'이라고 불려진다고 말한다. 그는 "이 연합[영적인 연합]은 때로 '신비적인 연합'이라고 불려진다. 그리고 사람의 영과 예수님의 영의 만남의 신비에 그 뿌리를 두고 있다. 이 연합은 성령의 인격 안에서 이루어지는 중생에서 비롯되고 그 후 기도의 은밀한 생활과 묵상 그리고 명상과 예배에 집중한다"고 말한다.[242]

---

[241] Millard J. Erickson, *Christian Theology*, 952-53.
[242] J. P. Baker, "Union with Christ," in *New Dictionary of Theology*, ed. Sinclair B. Ferguson and David F. Wright (Downers Grove, Ill.: InterVarsity Press, 1988),

d) 개인적 연합(Personal union)

개인적인 연합이란 **개개의** 신자가 그리스도와의 연합 안에 있다는 뜻이다. 로마 캐돌릭은 "우리는 개인으로서 우리 주님과의 직접적인 연합을 하는 것은 아니고 우리는 교회를 통하여 주님께 연결되어 있다"고 주장하는데 대해 로이드-존스(Lloyd-Jones)는 "이 가르침은 개인적인 면을 완전히 배제하고 집합적인 면만 강조한다"고 말한다.[243] 로이드-존스(Lloyd-Jones)는 로마 캐돌릭과 영국 국교회 캐돌릭의 교훈을 비판하면서 "나는 교회에 의해서 낳지 않았다-교회는 나의 영적인 어머니가 아니다. 나는 성령에 의해서 출생했다. 내가 존재하는 순간, 나는 교회, 보이지 않는 교회, 신비적인 교회 안에 있게 되었다. 그럼으로 우리는 개인적인 면을 강조해야 한다"고 강변한다.[244] 이 점에 대하여 벌콥(Berkhof)은 "모든 신자는 개인적으로 그리스도와 직접적으로 연합되어 있다…중생한 개인 신자 모두는 직접적으로 그리스도와 연합되었고 주님으로부터 그의 생명을 받는다"고 진술하고 있다.[245] 성경에 그리스도와의 개인적인 연합에 대한 구절이 많이 있다(요 14:20; 고후 5:17; 갈 2:20; 엡 3:17).

699.
243 Lloyd-Jones, 110.
244 *Ibid.*, 111.
245 Berkhof, 450-451.

e) 불가분리적 연합(Indisoluble union)

그리스도와의 연합의 성격을 설명하면서 학자들은 불가분리적인 면을 관설한다. 로이드-존스(Lloyd-Jones)는 "우리가 성령으로 그리스도와 이렇게 연합되고 나서 그 연합으로부터 떨어져 나갔다가 또 돌아와서 다시 그리스도와의 연합에 들어간다는 것은 상상할 수 없는 일이다…그리고 들어왔다가 나가는 일을 계속한다는 것은 상상할 수 없는 일이다. 이 연합은 한번 이루어지면 영원히 계속되는 연합이다"고 주장한다.[246] 스트롱(A. H. Strong)은 "한번 이루어지면 그 연합은 나눌 수가 없다. 땅위의 많은 인연은 돌연하게 깨진다. 그리스도와의 우리의 연합은 그렇지 않다. 그것은 영원히 계속한다"고 선언하고 있다.[247] 제임스 던(James D. G. Dunn)도 "우리의 그리스도와의 연합은 바울이 말하는 대로 가지가 줄기 속으로 들어감과 같아서 그들은 하나가 되는 것이고 혹은 상처가 치료되어 몸이 건강한 것과 같은 것이다. 더욱 정확하게 말하면 이 연합은 우리가 그리스도의 죽음과 합침이다. 그래서 그 후로는 우리는 개인적으로 그리스도의 죽음과 연합되어 계속해서 성장하고 또 발전해 나간다"고 진술하고 있다.[248] 존 길(John Gill)은 "이 연합의 끈은 사람이나 마귀들

---

[246] Lloyd-Jones, 111.
[247] Strong, 801.
[248] James D. G. Dunn, *Baptism in the Holy Spirit: A Re-examination of the New Testa-*

이 합한 힘에 의해서도 갈라놓을 수가 없다"고 주장한다.[249] 에머리 뱅크로푸트(Emery H. Bancroft)는 "가를 수 없는 연합, 그것은 그리스도의 약속과 은혜와 일치한 연합인데 결코 분해되지 않는 연합이다"라고 말한다(마 28:20; 요 10:28; 롬 8:35; 38-39; 살전 4:14, 17).[250] 뮬러(A. H. Mueller)도 "그리스도와의 연합은 결국 신자가 그의 머리되시는 예수 그리스도를 지지하고 있는 불가분리의 연합이다. 우리는 우리가 끝까지 견디면 결코 망하지 않는다는 약속을 가지고 있다. 아무것도 예수 그리스도 안에 있는 하나님의 사랑으로부터 신자의 영혼을 분리시키는 것은 없다"고 말한다.[251] 토마스 제이콤(Thomas Jacomb)은 연합의 성격을 이렇게 설명하고 있다. "이 연합은 나눌 수 없는 연합이다. 매듭은 아주 단단히 매어져서 이것은 영원히 다시 풀어지거나 느슨해지지 않는다. 그리스도와 신자는 아주 튼튼하게 서로 연합되어 있는 고로 아무도 그 둘을 나눌 수 없다"고 말한다. 이와 일치하게 존 플라벨(John Flavel)은 "신비적인 연합은 불가분리의 연합이다. 그리스도와 신자 사이에는 영원한 인연이 있다. 세상에 있는 다른 모든 인연을 초월한다. 죽음은 남편과 아내의 사랑하는 연합

---

    ment Teaching on the Gift of the Spirit in Relation to Pentecostalism Today (Philadelphia: Westminster Press, 1979), 141-42.
249   John Gill, Body of Divinity, 199.
250   Emery H. Bancroft, 244.
251   W. A. Mueller, 23.

을 끊는다. 친구와 친구의 연합을 끊고 영혼과 육체의 연합을 끊는다. 그러나 그리스도와 영혼 사이에는 나눔이 없다. 이 연합의 끈은 무덤에서도 썩지 않는다"고 주장한다.[252]

f) 변화시키는 연합(Transforming union)

벌콥(Berkhof)은 "이 연합에 의하여 신자들은 그리스도의 인성을 따라 그리스도의 형상으로 변화된다. 그리스도께서 그의 백성들 안에서 효과적으로 하는 일은 어떤 의미에서 그에게서 일어날 것의 복사 혹은 재생이다"라고 주장한다.[253] 그는 계속해서 "그리스도와의 신비적인 연합은 영혼 안에서 뿐 아니라 육체 안에서 신자들에게 계속되는 그리스도의 생명에로의 변화시키는 힘을 보증해주고 있다. 영혼은 바울이 말하는바 '영광으로 영광에 이르니 곧 주의 영으로 말미암음이니라'고 한대로 그리스도의 형상을 따라 점점 새로워져 간다. 고후 3:18. 그리고 그 몸은 새로워진 영혼의 적절한 도구가 되도록 성별되고 결국은 그리스도의 영화된 몸을 따라 일으킴을 받을 것이다(빌 3:21)"라고 진술하고 있다.[254] 로이드-존스도 변화시킴에 대해서 이렇게 말하고 있다. "우리가 그에게 연합되었음으로 우리는 그와 같이 된다.

---

[252] John Flavel, 40.
[253] Berkhof, 451.
[254] Ibid., 452.

그것이 바로 구원의 목적이다. 다시 말해 우리로 하여금 그 아들의 형상을 따라 변화되도록 우리를 만드는 것이 구원의 목적이다(롬 8:29). 우리가 그와 연합되었음으로 그리고 우리가 얼굴로 그를 볼 것임으로 우리는 그의 형상으로 변화하여 갈 것이다"라고 주장한다.[255] 베이커(J. P. Baker)는 주장하기를 예수님께서 그들과 연합하셨음으로 신자들의 성품을 하나님의 형상으로 변모시켜 가신다고 말한다. 그는 "예수님은 사람이 되셨고 기독교인들을 그와 연합시키되 모든 영역의 그의 경험과 부름 그리고 뜻(destiny)에 있어서 그와 연합시키기 위하여 삶과 죽음과 부활을 통하여 모든 인간 경험을 하셨다…예수님은 그들의 선구자로서 하늘에 계신 아버지의 현존 속으로 들어가셔서 그의 백성들의 천국 입성의 보증인이 되셨다. 예수님께서 인간으로서 가지신 모든 유산은 또한 그의 백성들의 것이다. 예수님은 모든 기독교인들을 자신의 형상으로 점점 일치되도록 하기 위해서 부르신다. 그래서 끊임없이 새로워지고 그들의 성품이 내재하시는 성령의 능력으로 그리고 모든 인간의 삶에 하나님의 말씀을 적용함으로 하나님의 형상으로 변모되게 하신다"고 진술한다.[256] 핫지(A. A. Hodge)도 이 연합은 "우리의 육체와 영혼을 그의 영화된

---

[255] Lloyd-Jones, 115.
[256] J. P. Baker, *New Dictionary of Theology*, 698-99.

인성을 본받도록 변모시키신다"고 말한다. 루이스 스미드(Lewis B. Smedes)도 그리스도와의 연합은 우리의 삶의 내적 변화를 가져온다고 주장한다. 그는 '우리 안에 계신 그리스도'라는 구절은 우리와 그리스도의 연합의 다른 면, 즉 그리스도의 삶에 의해서 우리의 삶의 내적인 변화를 개설해준다고 주장한다. 이에 동의하여 싱클레어 펄거슨(Sinclair B. Ferguson)은 "우리가 예수님과 연합될 때 그의 생명과 권능은 우리로 하여금 우리의 삶을 변화시킨다. 우리는 우리가 그리스도와 연합할 때 그의 과거의 생애 전체는 우리의 과거를(용서라는 것을 통하여) 보상하기 위할 뿐 아니라 실제로 우리의 현재의 삶을 성화시키기 위하여 우리의 것이 된다고까지 말할 수 있다. 그래서 우리의 과거는 우리의 현재의 기독교인의 삶을 지배하지 못하게 한다. 과거에는 우리의 죄로 하나님의 형상을 망가지게 했던 우리가 예수님의 얼굴을 볼 수 있으며 또한 우리의 과거의 죄의 능력이 현재 우리를 파괴하지 못하도록 하기 위해서 능력과 성결을 발견할 수 있게 된다"고 주장하고 있다.[257]

4) 연합의 매체

연합을 이루는 매체 수단이 무엇인가를 아는 것은 중요하다.

---

[257] Sinclair B. Ferguson, *The Christian Life*, 111.

매체 수단을 알 때 신학자들이나 목회자들이 그들의 사역에 더욱 강조할 것을 알게 된다.

a) 성령

학자들은 대체적으로 일치하게 성령께서 신자들을 예수님에게 연결해주는 접합제(bond)라고 말한다. 펄거슨(Ferguson)은 "성령의 주된 역할은 예수님을 들어내고 우리를 그리스도에게 연합시키고 또 그의 몸에 참여한 모든 사람들에게 연합시키는 일을 하신다"고 하였고,[258] 루이스 스미스(Lewis B. Smith)는 "성령은 승리하신 예수님과 또 그와 연합된 사람들 사이에 살아있는 중개자(contact)이시다. 예수 그리스도의 영이 계신다. 예수님과 우리 사이에는 시간적으로나 혹은 공간적으로나 아무 간격이 없다"라고 주장한다.[259] 캘빈도 비슷한 의견을 발표했다. "성령은 그리스도께서 우리를 효과적으로 그에게 연합시키시는 접착제(bond)이시다"라고 말한다.[260] 캘빈은 주의 성찬에 대해서 설명하면서 역시 성령은 예수님을 신자들에게 연합시키는 매체(agency)라고 다음과 같이 주장한다. "스콜라 신학자들은 성찬예식을 가지는 중

---

[258] Sinclair B. Ferguson, *The Holy Spirit*, ed. Gerald Bray (Downers Grove, Ill.: InterVarsity Press, 1996), 100.
[259] Lewis B. Smith, *Union with Christ: A Biblical View of the New Life in Jesus Christ* (Grand Rapids: William B. Eerdmans Publishing Co., 1983), 26.
[260] John Calvin, 3.1.1, 463.

에 예수님의 육체가 빵 속에 있지 않으면 성찬에는 예수님의 육체가 없다고 상상하는 점에서 엄청난 실수를 했다. 그들은 그같이 생각함으로 예수님을 우리에게 연합시키는 성령님의 비밀스러운 역사(operation)를 인정하지 않고 있다"고 했고[261] 그는 또 엡 5:31('그 둘이 한 육체가 될지니')을 주석하면서 "그들(남편과 아내)은 한 사람이 될 것이다. 혹은 달리 평범한 구절을 사용해서 말한다면 그들은 한 인격이 될 것이다. 이런 일은 다른 관계들에서는 들어맞지 않는 말이다. 남편과 아내가 한 몸이라든지 혹은 한 인격이라든지 하는 말은 모두 아내가 남편의 육체와 뼈로 만들어졌다는 데서 온 것이다. 이처럼 그리스도와 우리와의 연합도 같은 것이다. 그리스도는 어느 정도 우리로 하여금 그의 본체에 참여자가 되게 하신다. 예수님이 우리처럼 인성을 가지셨기 때문이 아니라 그가 성령의 능력으로 우리를 그의 몸의 일부가 되게 하시기 때문에 '우리는 그의 뼈 중의 뼈요 살 중의 살이다(창 2:23).' 그래서 우리는 예수님을 떠나서는 우리의 생명을 박탈당하고 만다"고 말한다.[262]

위에 말한 진술은 캘빈의 요 17:21 ('저희도 다 하나가 되어') 주석에서도 확인되고 있다. 이 주석에서 캘빈은 결론하기를 "우리

---

[261] Ibid., 4. 17. 31.
[262] Calvin, *Commentaries on the Epistle of Paul to the Ephesians*, Calvin's Commentaries, 21:324.

는 우리가 하나님의 아들과 하나라고 추론한다. 그 이유는 그가 그의 본질을 우리에게 전달하시기 때문이 아니라 그의 성령의 능력으로 그가 우리에게 그의 생명과 그리고 그가 아버지께 받으신 모든 복을 우리에게 분여하시기 때문이다"고 말한다.[263]

놀라운 것은 캘빈의 연합개념은 성령에 의해서 이루어진, 그리스도와 신자들 사이의 영적 연합만을 포괄하는 것이 아니라 신자의 몸과 그리스도의 연합, 그리고 신자의 영혼과 그리스도의 연합도 포함하고 있다는 점이다. 캘빈은 고전 6:16을 주석하면서 "모세는 결혼에 의해서 남편과 아내는 한 육체가 된다고 말하고 있으나 '주와 합하는 자는' 한 육체가 될 뿐 아니라 예수님과 '한 영'이 된다"고 말하고 있다.[264] 캘빈은 고전 6:17을 주석하면서 "신자는 그리스도와 '한 육체'일 뿐 아니라 '한 영'이다"라고 주장했다. 렌스키는 고전 6:17을 주석하는 중에 신자의 몸이 그리스도와 연합하는 것에 대해서 캘빈과 약간 다른 표현을 하고 있다. 즉 "우리가 그리스도와 연합된 것은 우리 인격의 일부로서의 몸을 포함하는데 우리의 연합이야 말로 영의 연합이고 또한 우리의 몸을 포함하는 연합이다"라고 말한다.[265] 촬스 핫지

---

[263] Calvin, *Commentary on the Gospel according to John,* Calvin's Commentaries, 18:184.
[264] Calvin, *Commentary the First Epistle to the Corinthians,* Calvin's Commentaries, 20:218.
[265] R. C. H. Lenski, *The Interpretation of 1 and 2 Corinthians,* 265.

(Charles Hodge)는 고전 6:15-16을 주석하는 중에 신자의 몸과 영혼이 그리스도와 연합되어 있다고 주장한다. 그는 "우리의 몸들은 그리스도의 지체들이다. 왜냐하면 우리의 몸은 그리스도에게 속해 있으며 그의 피에 의해서 이루어진 구속에 포함되어 있기 때문이다. 그리고 또한 우리의 몸들은 그의 생명의 참여자가 되기 위해서 그에게 연합되어 있기 때문에 그의 지체들이다. 그리스도와 그의 백성들 간의 연합이 생명의 단체(Community)를 포함하고 있다는 것은 성경의 현저한 교리중의 하나이고 이 생명은 몸이나 영혼에게 똑같이 속한다는 것은 분명하게 성경에서 가르치고 있다"(롬 8:6-11; 엡 2:6-7; 5:30)고 말한다.[266] 『고린도전·후서주석』의 저자 프레드 퓌셔(Fred Fisher)는 신자의 그리스도와의 연합은 사람의 몸을 제외시키지 않는다고 주장하고 있다. **"그와 한 영이니라**는 말은 세상에 살고 있는 인간으로서의 사람을 제외시키지 않는다…사람의 낮은 관계, 예를 들면, 사람의 몸을 포함하여 사람의 생명의 모든 것은 그리스도와의 새로운 관계에서 지배받고 변화된다"고 주장한다.[267]

찰스 핫지(Charles Hodge)는 그의 저서 『조직신학』 중 "신비적인 이론"(Mystical theory)이라는 제목 아래에서 그리스도와의 연

---

[266] Charles Hodge, *Commentary on the First Epistle to the Corinthians*, 105.
[267] Fred Fisher, *Commentary on 1and 2 Corinthians* (Waco, Tex.: Word Books, 1976), 94.

합을 다루고 있다. 그는 성령은 그리스도와 사람의 연합을 이루는 창시자(author)라고 주장하면서 "하나님과 사람 사이의 도덕적이고도 영적인 연합이 하나님의 아들의 성육신과 성령의 내주로 말미암아 이루어지는 것은 사실이다. 하나님과 그의 백성은 하나이다. 우리 주님은 요 17:22-23에서 하나님께 기도하시기를 주님께 주어진 자들이 '하나가 되기'를 기도하신다. 그리고 베드로 사도는 주저함이 없이 우리는 '신의 성품에 참여하는 자들이 되었다'고 주장한다"고 말한다.[268]

쉐이퍼(Chafer)는 그의 저서『조직신학』중에 '포도나무와 가지들'이라는 주제 아래 그리스도와의 연합을 다루면서 그리스도와의 연합은 인간의 노력에 의한 것이 아니라 하나님께서 전적으로 이루는 일이라고 주장하고 있다. "바로 이 부분[포도나무와 가지들]에서나 신약 성경의 다른 어느 부분에서도 그리스도와의 연합은 인간의 책임이라든지 혹은 업적이라고 하는 말도 없고 또 이 연합이 인간의 어떤 덕에 의한 것이라든지 혹은 노력에 의한 것이라는 말도 없다. 그리스도 안에 있는 것은 위치로 말하면 최고의 위치인데 성령의 세례에 의한 결과"라고 분명하게 언급되고 있다.[269]

---

[268] Charles Hodge, *Systematic Theology*, 2:581.
[269] Lewis Sperry Chafer, *Systematic Theology*, 4:60.

왈보르드(Walvoord)는 그의 저서 『성령』이라는 책 속에 '성령 세례(The Baptism of the Holy Spirit)'라는 표제 아래에서 그리스도와의 연합은 성령 세례의 결과라고 주장하고 있다. "성령 세례의 결과 중에 가장 중요한 것 중에 하나는 그리스도의 몸 안에서 신자들에게 이루어지는 연합이다. 고전 12:13에 의하면 신자의 세례라는 것은 '한 몸속으로 들어가는 것이다'"라고 말한다.[270] 왈보르드는 주장하기를 신자들은 성령에 의해서 가르침을 받기 전에는 그리스도에게 연합되어 있다는 사실을 깨닫지 못한다고 말한다. "그리스도와의 연합과 그리고 우리의 위치가 예수님 안에 존재한다는 위대한 사실들은 성령에 의해서 마음속에 가르침을 받을 때만 알려진다. 경험이라는 것은 구원의 확신을 가지는 일에 중요한 역할을 하고 또 그에 의하여 성령으로 세례를 받았다는 확신을 가지는 것이지만 그러나 성령의 활동 자체는 경험되지 않는다…성령께서 우리를 그리스도 안에 넣으시는 최초의 활동만큼은 감각되지 않는다"고 말한다.[271] 왈보르드가 말한 대로 신자들과 그리스도의 연합이 성령 세례의 결과라고 하는 주장은 그리스도와의 연합은 온전히 성령에 의해서만 이루어진다고 암시하는 말이다. 그는 주장하기를 "성령의 세례는 전적으로 하나

---

[270] Walvoord, *The Holy Spirit*, 140.
[271] *Ibid.*, 146.

님의 행위이라서 수포로 돌아가지 않는다"고 강변한다.²⁷² 이와 관련하여 제이콤(Jacomb)은 "성령은 이 연합을 이루는 데 있어서 그리스도 편의 매체(bond)이시다. 이유는 이 연합에 의해서 그리스도께서 신자들을 소유하시고 또 신자들 안에서 사시며 그들을 붙잡고 계시고 또한 잘 알고 계시기 때문이다"라고 말한다.²⁷³

b) 예수님의 말씀

학자들은 그리스도의 말씀 역시 그리스도와의 연합을 이루는 수단이라고 말하고 있다. 캘빈은 종종 그리스도와의 연합을 이루는데 있어서 하나님의 말씀이 수단이 된다고 말한다. "우리는 우리가 믿음으로 받은 복음의 수단에 의해서 그리스도와 교제하도록 부름을 받은 이후, 우리는 죽음을 정복하신 그리스도에게 동참하는 사람들이 되었으므로 죽음의 위험을 두려워할 이유가 없다"고 말한다.²⁷⁴ 캘빈은 롬 1:17을 주석하면서 "의롭다함을 받는 것은 복음에 의해서 제공되는 것이고 믿음에 의해서 받아진다"고 말한다. 캘빈의 연합에 대한 견해를 요약하자면 성령께서 택자들(elect)로 하여금 복음을 듣게 하셔서 믿음에 이르게 하

---

272 *Ibid.*, 149.
273 Jacomb, 38–39.
274 Calvin, *The Commentary on the Epistles of Paul the Apostle to the Corinthians*, Calvin's Commentaries, 20:60–61.

시고 그렇게 하시는 중에 성령께서는 택자들로 하여금 그리스도에게 접붙이신다고 주장한다.

데이빗 제리마이어(David Jeremiah)는 신약 성경에서 두 구절(약 1:18; 벧전 1:23)을 인용하여 하나님의 말씀이 바로 신자들의 중생의 매체라고 설명한다. "약 1:18은 하나님의 말씀과 중생을 연계시키고 있다. '자기의 뜻을 좇아 진리의 말씀으로 우리를 낳으셨느니라.' 다시 말해 우리는 하나님의 말씀에 의해서 영적으로 존재하게 되었다"고 말한다.[275] 사람이 하나님의 말씀으로 중생하게 되면 하나님의 말씀에 의해서 그리스도와 연합하게 되는 것이다. 이유는 그리스도와의 연합, 중생과 의인(justification) 등은 동시에 일어나기 때문이다.

c) 믿음

학자들은 믿음도 역시 그리스도와의 연합의 매체(agency)라고 주장한다. 청교도 신학자 토마스 제이콤(Thomas Jacomb)은 "성령은 그리스도를 우리에게 연합시키신다…믿음은 우리 편의 끈(ligament)이다: 엡 3:17에 '그리스도께서 너희 마음에 계시게 하시라'라고 기록되어 있는데 어떻게 그렇게 되는 것인가? '믿음으로 말미암아' 그렇게 된다. 그리스도는 성령으로 우리를 붙드

---

[275] David Jeremiah, *God in You* (Orange, Calif.: Multnoma Publishers, 1998), 54.

시고 우리는 믿음으로 붙든다"고 말한다.²⁷⁶ 말틴 로이드-존스(Martin Lloyd Jones)는 연합에 있어서 믿음을 생명적인 부분이라고 주장한다. "우리의 믿음은 연합에 있어서 생명적인 부분이다. 이것은 가장 중요한 것은 아니다. 두 번째로 중요한 것이다…우리의 믿음은 연합을 지탱하고 좀 더 발전시키고 또 강화하는 데 도움을 주고 있다"고 말한다.²⁷⁷ 벌콥(Berkhof)도 역시 믿음을 연합의 매체(agency)라고 말하고 있다. "신자도 역시 자기 자신을 믿음의 행위에 의하여 그리스도에게 연합시키고 또 성령의 감화력 아래에서 계속해서 믿음으로써 그 연합을 계속해나간다"고 주장한다(요 14:23; 15:4-5; 갈 2:20; 엡 3:17).²⁷⁸ 댑니(R. L. Dabney)도 "연합의 기구적인 매체는 분명히 믿음이다…다시 말해 신자가 믿음을 발휘할 때 연합은 시작한다. 그리고 믿음을 발휘함으로써 연합은 그의 편에서 영구히 계속된다"고 말한다.²⁷⁹ 핫지(A. A. Hodge)는 "믿음이라는 것은 상호 연합이 이룩되는데 있어서 두 번째의 매체이다. 그리고 믿음을 계속해서 활용함으로써 그리스도와의 교제가 계속되고 복된 결과들이 발전되어 간다"고 주장한다.²⁸⁰ 이와 관련하여 스미스(Lewis B. Smith)는 믿음이 연

---

276 Jacomb, 38-39.
277 Lloyd-Jones, 111.
278 Berkhof, 450.
279 Dabney, 615.
280 A. A. Hodge, 484.

합의 매체라는 것을 이렇게 주장한다. "바울이 그의 독자들에게 그들이 믿음에 있는가를 돌아보라고 권장할 때 그는 이런 질문을 던진다. '예수 그리스도께서 너희 안에 계신 줄을 너희가 스스로 알지 못하느냐?'(고후13:5) 이런 질문을 던지면서 바울은 예수님을 믿는 것과 예수님 안에 있는 것이 합치되어 있다(married)는 것을 알리고 있다. 바울은 믿음과 그리스도와의 연합이 똑같다고는 말하지 않지만, 그러나 그리스도께서 그를 믿는 자 안에 거하신다고 말하며 또한 두 가지 사건-즉 믿음과 그리스도의 내주-이 서로 연결되어 있다"고 말하고 있다.[281] 스미스의 이런 주장은 믿음이 그리스도와의 연합에 있어서 매체가 된다고 주장한 것이다. 이와 관련하여 펄거슨(Sinclair B. Ferguson)은 "믿음이라는 것은 그리스도를 의지하는 것일 뿐 아니라 신약 성경의 언어를 따라 말하면 우리를 그리스도 '안으로' 불러 드리는 것이다. 우리는 대략 50여 군데에서 예수님 '안으로의 믿음'이라는 말을 살펴보게 된다(예를 들면 요 2:11; 3:16; 롬 10:14; 갈 2:16; 빌 1:29). 모든 신령한 복들이 그리스도 안에서 우리의 것이지만 우리가 그리스도 안에 들어갈 때 그것들이 실제로 우리에게 은혜로 임한다"고 말한다.[282]

---

[281] Lewis B. Smith, 139.
[282] Sinclair B. Ferguson, *The Christian Life*, 108.

췌스터 레만(Chester K. Lehman)은 주장하기를 신자는 그리스도를 믿는 믿음을 통하여 영적인 죽음과 매장 그리고 부활을 경험할 수 있다고 말한다. "바울은 주장하기를 예수님을 믿는 믿음을 통하여 우리가 예수님과 연합하는데 예수님의 죽음 매장 그리고 부활에 있어서 예수님과 연합한다. 이 세 가지는 우리들의 것이고 전혀 우리들의 것이다…이 믿음 안에서 우리는 그리스도와 연합되는데 그의 죽음 매장 그리고 부활에 있어서 연합된다"고 주장한다.[283]

5) 연합의 범위

a) 연합은 전체 구원 순서의 토대

스미스(H. B. Smith)는 그의 저서 『크리스천 신학체계』(*System of Christian Theology*)에서 연합의 범주를 광의로 잡고 있다. 스미스는 예정, 선택, 효과적인 부르심, 칭의, 회개, 성화 및 영화를 연합의 전체 범주로 고려하고 있다. 이 모든 구원의 단계들은 그리스도와 신자의 연합이라는 제목 아래에서 고려되어야 한다고 주장한다.

---

[283] Chester K. Lehman, *The Holy Spirit and the Holy Life* (Scottdale, Pa.: Harrold Press, 1960), 190.

연합의 범주에 관하여 루이 핫지(Louis Igou Hodge)는 주장하기를 그리스도와의 연합은 구원의 순서 중의 부분들 속에 속하는 것이 아니라 "전(全) 구원의 순서(entire *ordo salutis*)의 토대라"고 주장한다.[284] 그는 전체 구원의 순서와 그리스도와의 연합 사이의 관계를 보여주는 차트(chart)를 만들었다. 그는 주장하기를 부름 받음이나 중생 회심 칭의 양자 성화 인내 그리고 영화가 구원의 요소들이며 연합은 그 토대라고 주장한다.[285] 그러므로 그리스도와의 연합의 범위는 아주 넓은데 과거 현재 미래로 걸치는 문제라고 말한다. 핫지(A. A. Hodge)는 "연합은 하나님의 목적 안에서 그리고 작정 안에서 이루어졌다. 그리고 영원 전에 아버지께서 아들과의 언약 안에서 이루어진 것이다"고 말한다.

b) 연합과 구원의 다른 서정들과의 동시성

중생, 칭의, 회심은 그리스도와의 연합과 동시에 일어난다. 그리스도와의 연합의 동시성에 대하여 스트롱(A. H. Strong)은 "이 순서들이 어떤 시간적인 순서를 가지고 일어난다고 생각함으로 많은 혼선이 빚어지고 있다. 그 순서를 따지자면 논리적인 것이지 결코 시간적인 것은 아니다. 사람이 '새로운 피조

---

[284] Louis Igou Hodges, *Reformed Theology Today* (Columbus, Ga.: Brentwood Christian Press, 1995), 86.
[285] *Ibid*.

물'(new creature)이 되는 것이나(고후 5:17) 혹은 '의롭다 하심을 받는'(justified) 것이(행 13:39) 그리스도 안에서만 되는 것이므로 그리스도와의 연합은 논리적으로 중생과 칭의 보다 앞선다. 그러나 시간적으로 보아서는 그리스도와의 연합의 순간이 역시 우리가 중생되고 칭의 되는 순간이다"라고 말한다.[286]

중생에 대하여 제임스 오르(James Orr)는 "중생 혹은 신생 혹은 그리스도 예수 안에서의 새 피조물이 되는 것은—이 모든 술어들은 위대한 변화를 진술하는데 사용됨—성령의 사역으로 되는 것이다. 성령은 인간 영혼에게 새롭고도 거룩한 생명을 분여하시고 그 일을 경험하는 사람들은 그리스도와 생명적으로 연합되는 것이다"라고 말한다.[287] 칭의에 대하여 스미스(H. B. Smith)는 중생은 영혼의 내부적인 변화인 반면에 칭의는 하나님과의 관계 변화이다. 스미스는 "역사적인 순서, 시간적인 순서를 고려한다면 죄인의 칭의는 중생 뒤에 온다…그러나 중생은 기독교인 의식에서 보아 칭의를 전제한다. 즉 중생은, 중생된 사람의 경우를 보면, 칭의를 실제적으로 포함하고 있다. 신자가 중생될 때 그리스도 때문에 칭의된다. 중생은 단순히 내적 상태의 변화만이 아

---

[286] Strong, *Systematic Theology*, 793. See Sinclair B. Ferguson, *The Holy Spirit*(Downers Grove, Ill.: InterVarsity Press, 1996), 106.
[287] James Orr, *Sidelights on Christian Doctrine* (London: Marshall Brothers, 1909), 144.

니고 그리스도와의 연합을 통하여 외적관계성의 변화이다"라고 주장한다.[288]

회심의 한쪽 면을 말하는 회개에 대하여 스트롱(A. H. Strong)은 "회심은 죄인의 마음에서 일어나는 자발적인 변화이다. 그 변화 안에서 죄인은 한편으로는 죄로부터 돌아서고 다른 한편으로는 그리스도에게로 돌아간다. 회심에 있어서 전자 혹은 부정적인 요소, 즉 죄로부터 돌아서는 것을 회개라고 부른다. 그리고 회심에 있어서 후자 혹은 적극적인 요소, 즉 그리스도에게 돌아가는 것을 믿음이라고 부른다"라고 말한다.[289]

여기서 눈에 띄는 것은 믿음의 결과는 신자들과 그리스도의 연합이라는 것이다. 핫지(Hodge)의 연합에 대한 견해는 믿음을 중심하고 있다. 핫지는 그의 저서『조직 신학 3권』'믿음'이라는 항목 아래에서 그의 믿음과 연합에 대한 견해들을 다루고 있다. 그 곳을 살펴보면 "성경에 의하면 믿음의 최초의 결과는 그리스도와의 연합이다. 우리는 믿음으로 그리스도 안에 있다. 실제로 그리스도와 그의 백성들 간에는 성약설(聖約設, federal) 연합이 있다. 이 성약설 연합은 아버지와 아들 간에 영원 전에 이루어진 구속의 언약에 근거하고 있는 것이다. 그러므로 우리는 창세

---

288 H. B. Smith, 522.
289 Strong, 829.

전에 그리스도 안에 있다고 말하는 것이다. 언약의 약속 중 하나는 다름 아니라 아버지께서 아들에게 주신 모든 사람은 다 아들에게 나아와야 하며 그의 백성들은 그의 능력의 날에 자발적이 되어야 한다. 그러므로 그리스도께서는 회개와 죄 사함을 주시기 위하여 하나님의 우편에 오르셨다. 그러나 또한 우리가 성경으로부터 잘 아는 대로 그의 백성들이, 어른들에 관한한, 그들이 믿음의 자발적인 행위에 의하여 예수님과 연합되기 까지는 그 언약이 말하는 대로 구원의 은총을 받지 못한다는 것이 그 언약의 약정 속에 포함되어 있었다. 그들은 '다른 이들과 같이 본질상 진노의 자녀였었다(엡 2:3).' 그들은 그들이 믿기 까지는 정죄의 상태에 남아 있게 된다…그럼으로 그리스도 안에 있다는 것과 믿는다는 것은 성경에서 표현상 바꾸어 말할 수 있는 말이다"라고 말한다.[290]

스미스(H. B. Smith)는 연합을 이루는데 있어서 다음 차례의 요소는 성화라고 말한다. 그는 "성화는 중생에서 이루어진 사역을 완성하기 위하여 수행되는 것이다. 이 성화는 영혼과 그리스도와의 완성된 연합이다. 그래서 얼굴이 얼굴을 대하여 보듯이 새로워진 영혼이 그리스도에게 회답하는 것이다. 그리스도는 특

---

290 Hodge, 3:104.

별히 우리에게 성화가 되어 주신다"고 말한다.[291] 그러므로 성화는 그리스도와의 연합의 범주에 속하는 것이다.

6) 연합의 시간

바울은 말하기를 신자들이 그리스도와 함께 십자가에 못 박히고 또 부활했다고 가르치고 있다(롬 6:3-5). 그리스도와 함께 일으키심을 받았다는 것은 존재론적으로 그리스도에게 연합된 한 방면이다. 그래서 신자들의 부활이라고 하는 것은 단순히 그리스도와의 연합의 기본적인 개념을 반영하고 있는 것이다. 그러면 언제 신자들은 예수님의 죽음과 부활과 연합했는가? 이에 대하여는 세 가지 견해가 있다.

a) 하나님 아버지께서 연합시켰다는 견해

핫지(A. A. Hodge)는 "그리스도와의 연합은 하나님의 목적과 작정 속에서 이루어졌으며 그리고 영원 전에 아버지와 아들 간의 계약 안에서 이루어졌다(요 17:2, 6; 엡 1:4)"고 언급하고 있다.[292] 이에 관하여 렉터스(L. L. Legters)는 신자와 그리스도와 함께 영원 전에 십자가에 못 박혔다고 말한다. 그는 "우리는 예수

---

[291] H. B. Smith, 575.
[292] A. A. Hodge, 484.

님께서 죽으셨을 때에 존재하지 않았다. 우리는 심지어 태어나지도 않았었다. 우리가 기억할 것은 그가 십자가에 못 박히고 우리를 대신해서 죽었는데 내 자신이 그 때에 있을 필요는 없었다. 하나님 아버지에 관한한 우리는 창세 이후로 죽임을 당하신 어린 양과 함께 십자가에 못 박혔다. 곧 창세전에 그리스도 안에서 우리를 택하사 우리로 사랑 안에서 그 앞에 거룩하고 흠이 없게 하시려고"(엡 1:4)라고 말하고 있다.[293]

펄거슨(Sinclair B. Ferguson)은 그리스도와의 연합은 창세 이전 영원 전에 되었다고 말한다. 그는 "신자들은 창세전에 그리스도 안에서 선택받았다. 그렇게 된 이유는 그들이 그리스도와의 언약적 연합(covenant union)안에서 복을 받아 그리스도의 영광을 찬송해야 하기 때문이었다. 이 창세전의 연합의 차원은 우리의 개인적인 경험을 초월하고 또 영원 전에 세우신 하나님의 계획과 목적으로 소급해 올라가는 연합이다"라고 말한다.[294] 아브라함 카이퍼(Abraham Kuyper)는 그리스도와의 연합이 시작하는 때에 다섯 계단이 있다고 말한다. 그는 말하기를 다섯 계단 중에 제일 첫째 단계는 하나님의 작정에서 되어진 것이고, 둘째 단계는 성육신에서 되어졌고, 셋째 단계는 신자의 중생에서 시작하

---

[293] L. L. Legters, *Union with Christ*, 29.
[294] Sinclair B. Ferguson, *The Holy Spirit*, 109.

고, 넷째 단계는 믿음을 최초로 가진 때에 되는 것인데, 넷째 단계는 신자의 중생으로 연합된 셋째 단계와 합치될 수 있는 것이다. 그리고 다섯째 단계는 신자의 죽음의 단계로서 그리스도 자신과의 연합이라기보다는 신자의 그리스도와의 연합의 극치라고 정의할 수 있을 것이다. 그리스도와의 연합의 때에 대하여 카이퍼는 "이 다섯 단계 중의 최초의 것은 하나님의 작정 때에 되었다. 아버지께서 우리를 그의 아들에게 주신 순간부터 우리는 참으로 그의 것들이 되었다. 그리고 그 관계는 예수님과 우리 사이에 맺어졌는데 결코 약하거나 힘이 없는 관계가 아니라 깊고 광범위해서 임마누엘과의 모든 뒤따라오는 관계들은 이 근원적인 근본관계(root-relation)로부터 임한다"고 주장한다.[295]

b) 그리스도께서 연합시켰다는 견해

신학자들은 예수님께서 신자의 연합을 성취하신 때를 정하는데 있어서 의견이 둘로 갈리고 있다. 한 편은 예수님께서 성육신 하셨을 때에 신자들과 연합되셨다고 믿고 있다. 펄거슨(Sinclair B. Ferguson)은 "하나님의 아들이 성육신에 의해서 우리와 하나가 되셔서 우리의 성품을 취하셨다. 그는 인간과 같이 되시고(빌

---

[295] Abraham Kuyper, *The Work of the Holy Spirit*, trans. Henri De Vries (Grand Rapids: Wm. B. Eerdmans Publishing Co., 1979), 335.

2:7) 죄 있는 육신의 모양으로 오셨다(롬 8:3). 이 말들은 해석하기 어려운 말들이기는 하지만 예수님이 잉태되셨을 때 그리스도는 실제로 처녀 마리아의 몸에서 우리의 성품을 취하셨고 성령으로 그 성품을 성화시키셨으며 육체의 연약함 속에서 순종의 삶을 사셨다. 그리스도는 우리와 한 형제가 되시기 위해서 이 땅에 오셨고 우리와 같이 모든 점에서 시험을 받으셔서 연약 중에 있는 우리를 동정 하신다"고 말한다.[296]

페커(J. P. Baker)는 예수님이 성육신 중에 육신을 취하셨을 때 신자들과 연합되셨다고 말한다. 그는 "그리스도와 우리와의 연합의 기초는 예수님께서 성육신 하셨을 때 우리의 성품과 육신을 취한 데 있다"고 주장한다.[297]

아브라함 카이퍼(Abraham Kuyper)는 신자와 그리스도와의 연합의 때에 대한 단계에 대해서 언급하면서 "연합은 성육신 때에 된 것이다. 그 때 예수님은 우리의 육신을 취하시고 또 우리의 성품을 취하셔서 기존의 중요한 관계를 복원시키셨다…그리스도는 육체를 입고 계신 중에, 아담이 모든 사람들을 그의 육체의 허리 속에 유지했던 것처럼, 모든 신자를 그의 은혜의 허리 속에

---

[296] Sinclair B. Ferguson, *The Christian Life*, 108.
[297] J. P. Baker, "Union with Christ," in *New Dictionary of Theology*, ed. Sinclair B. Ferguson and David F. Wright (Downers Grove, Ill.: InterVarsity Press, 1988), 698.

유지하신다(carry)"고 말씀한다.²⁹⁸

예수님께서 신자와 하나가 되신 때에 대한 또 다른 한 견해는 예수님이 십자가에서 죽으신 때에 되었다고 주장한다. 다시 말해 신자가 그리스도와 연합된 것은 십자가위에서 예수님의 사역을 통하여 이루셨다는 것이다. 그리스도께서 십자가에서 죽으시는 때 그는 "'다 이루었다'(요 19:30)고 하셨는데 이 말씀은 예수님께서 사역을 완료하셨다는 것을 뜻하는 말씀이고 또한 우리의 믿음의 기초를 이룩하셨다는 것을 뜻하는 말씀이다"고 주장한다.²⁹⁹ 요 19:30 ["다 이루었다"]을 주석하면서 리온 모리스(Leon Morris)는 "예수님은 그의 입술에 승리자의 함성을 지르시면서 죽으셨다. 이 함성은 패배자의 신음도 아니고 체념을 나타내는 신음 소리도 아니다. 이 함성은 예수님이 하시러 오신 일을 충분히 이루셨다는 승리의 인정(recognition)이었다"고 말한다.³⁰⁰

렉터스(L. L. Legters)는 "그리스도 예수에 관한한 거의 2,000년이 되었다. 그날은 그가 십자가에 못 박히신 날이었다. 그리고 우리를 위하여 저주가 되신 날이었다. 그 때 그는 그의 몸으로 나무 위에서 우리의 죄를 지셨다. '저희가 예수를 맡으매 예수께

---

[298] Abraham Kuyper, 335.
[299] Merrill C. Tenney, *The Gospel of John,* The Expositor's Bible Commentary, vol. 9 (Grand Rapids: Zondervan, 1981), 184.
[300] Leon Morris, *The Gospel according to John*, 815.

서 자기의 십자가를 지시고 해골(히브리말로 골고다)이라 하는 곳에 나오시니 저희가 거기서 예수를 십자가에 못 박을 새…가라사대 다 이루었다 하시고 머리를 숙이시고 영혼이 돌아가시니라'(요19:17-18, 30). 그때 그는 우리를 대신해서 죄에 대하여 죽으셨고 우리는 그 때 그의 죽음 안에서 그와 연합하게 되었다"고 말한다.[301]

c) 성령께서 연합시켰다는 견해

비록 하나님 아버지께서 연합을 이루시고 또 그리스도께서 십자가 위에서 연합을 가능케 하셨다고 해도 신자가 "성령으로 아니하고는…예수를 주시라"고 할 수 없다(고전 12:3). 이 구절을 주석하면서 앨버트 반스(Albert Barnes)는 "누구든지 성령의 매체에 의하지 않으면 예수님을 참 메시아로 인정하는 일이 일어나지 않는다"고 주장한다.[302] 예수께서 대답하시되 "진실로진실로 네게 이르노니 사람이 물과 성령으로 나지 아니하면 하나님 나라에 들어갈 수 없느니라"고 하신다.(요 3:5). 이 구절에서 예수님은 성령으로 나지 않은 사람은 천국에 들어갈 수 없다고 하신다. 윌리엄 헨드릭슨(William Hendriksen)은 "이 구절에서 사람이

---

[301] Legters, 30.
[302] Albert Barnes, *1 Corinthians,* 227.

최초로 깨끗해진 것은 죄인의 마음속에 새로운 생명이 심어졌다는 것을 의미하는 것인데 그것은 사람이 물과 성령으로 거듭나지 않으면 천국에 들어갈 수 없다고 여기서 가르침을 받는 사실에서 분명하다"라고 주장한다.[303] 핫지(A. A. Hodge)는 "이 연합은 성령께서 그들 안에서 효과적이며 영원한 사역을 시작함으로 이루어진다"고 말한다.[304] 연합을 위한 성령의 활동에 대하여 렉터스(Legters)는 "성령에 관한한, 그날에 우리는 주 예수를 우리의 개인의 구주로 믿었다. 그날에 우리 각자는 아버지를 향하여 '나는 예수님께서 내 죄를 나무 위에서 지셨다는 것을 믿습니다. 나는 그가 내 대신 죽으신 것을 믿습니다'하고 말했다. 그때에 성령께서는 우리를 그리스도 예수의 우리 대신한 죽음에 연합시키셨고…우리는 성령에 의하여 주 예수의 죽음 안으로(into) 세례 받아서 연합되었다"고 말한다.[305] 이에 동의하여, 펄거슨(Sinclair B. Ferguson)은 "이 연합은 이상적인 면에 있어서는 하나님의 마음에서 미리 계획되었고 또한 시공(時空) 연속체(space-time continuum)에서는 성육신에 근거를 두고 있는 것이지만 그리스도의 영의 내주를 통하여 그리고 그와 관련된 믿음을 통하

---

[303] William Hendriksen, *The Gospel of John*, 134.
[304] A. A. Hodge, 484.
[305] Legters, 30.

여 실현되었다"고 말하고 있다.[306]

아브라함 카이퍼(Abraham Kuyper)는 "세 번째 단계는 우리들 스스로 우리의 출생에서가 아니라 우리의 중생에서 나타날 때 시작한다. 다시 말해 주 하나님께서 초자연적으로 우리의 영혼 안에서 일하시기 시작할 때 세 번째 단계가 시작된다. 또 다른 말로 해서 사랑의 시간에 영원한 사랑(Eternal love)이 우리 안에서 하나님의 아이를 잉태하실 때 세 번째 단계가 시작한다. 그때 까지는 신비한 연합이라고 하는 것이 하나님의 작정 속에 숨겨 있으며 중보자 안에 감추어져 있으나 중생 안에서 그리고 중생에 의해서 그 사람은 나타난다"고 주장한다.[307]

7) 연합의 열매들

생명적인 연합의 결과들은 무수하다. 노르만 해리슨(Norman B. Harrison)은 연합으로 결과하는 기독교인의 삶에 대해서 상술하여 "위대한 기독교 교리들―칭의, 성화, 양자, 안전, 풍성한 섬김―은 우리가 그리스도 안에 있다는 사실에 의거하는 것이며 또 그 사실로부터 기인한다"고 말한다.[308] 로이드―존스(Lloyd―Jones)

---

[306] Sinclair B. Ferguson, *The Holy Spirit*, 110.
[307] Abraham Kuyper, 335-36.
[308] Norman B. Harrison, *His Indwelling Presence* (Chicago: Bible Institute Colportage Association, 1928), 15.

는 그의 저서『성령 하나님』이라는 책에서 그리스도와의 성약설(federal-聖約設)적인 연합의 네 가지 결과와 생명적이며 주관적인 그리고 영적인 연합의 한 가지 결과를 열거하고 있다. 성약설적인 면에 있어서는 신자들은 **십자가에 못 박혔으며 성령으로 인침 받았고 양자가 되었으며 또 하나님의 상속자들이 되었고** 생명적이고 주관적인 그리고 영적인 방면에서는 **그리스도와 교제하고 있다**고 주장하고 있다.[309]

그리스도와의 연합의 더 많은 열매들은 다음과 같은 것들이 있다.

a) 성약설적인 못 박힘(Federal crucifixion)

그리스도의 십자가에서의 사역은 우리에게 전가된다. 로이드-존스(Lloyd-Jones)는 롬 6:6을 설명하면서 "우리는 롬 6:6을 주관적으로나 혹은 경험적 측면에서 해석할 것이 아니다. 이것을 객관적으로 해석해야 한다. 이 구절은 내가 성약적으로(federally) 그리스도에게 연합되어 있기 때문에 그가 십자가에 못 박혔을 때 내가 십자가에 못 박혔다"고 말한다.[310] 예수님께서 십자가에 못 박혔을 때 우리도 함께 십자가에 못 박혔기 때문에 결과적

---

309 Lloyd-Jones, 114-15.
310 *Ibid.*, 114.

으로 첫째 "죄의 몸이 죽었다"는 것(골 2:11), 둘째, "우리가 죄에게 종노릇 하지 아니하게 되었다"는 것이다. 여기 "죄의 몸이 죽었다"는 말은 '죄가 주장하던 우리의 옛 사람이 예수님과 연합될 때 죄가 예수님에게 전가되었다'는 뜻이고, "우리가 죄에게 종노릇 하지 아니하게 되었다"는 말은 죄의 몸이 죽은 결과로 일어난 현상을 말하는데, 우리가 혹시 죄를 어쩌다가 지을 수는 있으나 종노릇하지는 않게 되었다는 뜻이다.

b) 죄의 용서(Remission of sins)

성경강해학자 노르만 두티(Norman F. Douty)는 그리스도와의 연합의 최초의 열매는 죄 용서라고 말한다. 그는 "그리스도와의 연합의 최초의 유익은 죄의 용서를 통하여 하나님과의 관계가 근본적으로 변화된 것이다"라고 언명한다.[311] 존슨(Johnson S. Lewis)은 "그리스도와의 연합으로부터 죄의 용서, 곧 법적인 속박으로부터의 행복한 자유가 임한다"고 말한다.[312]

c) 새로운 신원(New identity)

펄거슨(Sinclair B. Ferguson)은 "기독교 신자들은 성령께서 만

---

[311] Norman F. Douty, *Union with Christ*, 154.
[312] Johnson S. Lewis, "The Complete Sufficiency of Union with Christ," Bibliotheca Sacra 120 (January–March 1963):22.

들어내신 연합 때문에 새롭고 독특한 신원을 가지게 된다. 만약 그들이 죄에 대하여 죽었다면 그들은 죄 안에서 계속해서 살아갈 수가 없다"고 말하고 있다.[313]   노르만 발트레트(C. Norman Bartlet)는 예수 그리스도와 연합한 크리스천은 그리스도로 말미암아 새로운 생(newness of life)에 도달한다고 말한다. 그는 "만일 크리스천이 예수 그리스도와 연합한다면 그는 죄에 대하여 죽은 것이다. 우리는 죄를 위하여 죽으신 분을 통하여 죄에 대하여 죽은 사람들이다. 그리고 우리는 죽음을 이기신 분을 통하여 새로운 삶을 얻는다"고 말하고 있다.[314] 『그리스도의 몸 안에 있는 공통된 삶』이라는 책을 써낸 돈톤(L. S. Thornton)은 그리스도와의 연합을 통하여 만들어진 새로운 신원에 대하여 독특한 필치로 강조하고 있다. 그는 "로마서 6장의 두 단계는 죽음과 부활에 관한 것이다. 그리스도와의 연합에 의해서 우리는 먼저 죄로 얼룩진 옛 생활에 대하여 죽은 다음에 부활로 연결지어지는 새로운 삶에 동화되기 시작한다. 이렇게 해서 세례는 죄로부터의 단번 구원을 의미하며 또 점진적 변모의 시발점으로 보인다"고 주장한다.[315]

---

[313] Sinclair B. Ferguson, *The Holy Spirit*, 145.
[314] C. Norman Bartlett, *Right in Romans: Studies in the Epistle of Paul to Romans* (Chicago: Moody Press, 1953), 68.
[315] L. S. Thornton, *The Common Life in the Body of Christ* (London: Dacre Press, 1950), 122.

브루스(F. F. Bruce)는 골 2:9-10을 주석하면서 그리스도와의 연합은 예수님의 생명을 공유하는 것이라고 말한다. 그는 "크리스천들은 그리스도와의 연합으로 말미암아 예수님의 생명을 공유한다. 만약 신성의 충만이 그 안에 있다면 그의 충만은 우리에게 분여된다. 그가 없이는 우리는 영원히 미완성의 상태에 머물 수밖에 없으며 우리 존재의 참 목적을 이룰 수 없게 된다. 그러나 우리가 그와 연합하고 그와 하나가 되면 우리는 그와 살아있는 끈으로 연합된 것을 발견하게 된다. 이 연합 안에서 우리는 마치 몸이 머리를 보충하고 또 머리가 몸을 보충하는 것처럼 서로를 보완하게 된다"[316]고 주장한다. 지노스(Andrew C. Zenos)도 역시 그리스도와의 연합은 신자들이 불멸의 생명을 공유하는 것이라고 말한다. 그는 "그리스도와 하나가 되면 신자는 그의 온전한 경험과 죽음과 매장과 부활과 불멸의 생명의 참여자가 된다. 이 연합에 의하여 바울은 그리스도의 죽음에 이르려 하고 또 그가 죽은 자의 부활에 도달하기 위하여 그리스도의 여러 고난과의 교제를 경험하기를 목적하고 있다"고 말하고 있다.[317] 말틴 프란츠만(Martin H. Franzmann)은 죽으셨다가 다시 사신 그리스도와의 연합의 실현을 설명하면서 바울의 그리스도와의 연합에 대

---

[316] F. F. Bruce, *Commentary on the Epistle to the Colossians* (Grand Rapids: Wm. B. Eerdmans Publishing Co., 1975), 233.

[317] Andrew C. Zenos, 185.

한 주장들을 열거하고 또 다음과 같이 진술한다. "첫째로, 우리는 그의 죽으심을 본받아 예수님과 연합되었고 그의 부활을 본받아 예수님과 연합될 것이다(5절). 바울은 여기서 그리스도의 죽음과 부활을 본받아 우리의 그리스도와의 연합에 대한 가장 강한 표현을 사용하고 있다. 즉 바울은 말하기를 우리가 예수님과 '결합했다'(grown together)고 말하고 있다. 그러므로 그는 우리의 죽음과 부활에 대하여 '예수님을 본받아'(like his)라는 표현을 사용한다. 둘째로, '우리 옛 사람이 예수와 함께 십자가에 못 박혔다'(6절). 예수님께서 십자가에서 죽으신 죽음은 범죄자의 죽음이었고 저주받은 자의 죽음이었다(갈 3:13). 그 죽음 안에 우리의 옛 범죄적인 자아(old criminal self)가 포함되어 있다. 거기서 우리의 옛 범죄적인 자아가 심판을 받았고 또 멸망 받았다. 이렇게 해서 새로운 부활생명이 가능하게 된 것이다. 셋째로, '우리가 그리스도와 함께 죽었으며 또한 그와 함께 살줄을 믿는다'(8절). 그의 죽음과 부활의 현실은 우리의 전(全) 존재를 결정한다. 현재의 우리의 생명을 제어하는 실체(controlling reality)는 다름 아니라 우리가 다시 살리라는 사실(fact)이다. 우리의 현재의 삶은 죽음을 이기신 생명을 사시는 그 분과 함께 다시 살리라는 사실로부터 우리의 삶의 성격, 방향, 목적을 획득한다. 예수님의 삶이란 그가 속죄의 죽음, 그것도 죄에 대하여 단번에 죽으셨으므로 전적으로 하나님을 위한 삶을 살고 계신 것이다"고 말하고

있다.[318]

펄거슨(Sinclair B. Ferguson)은 그의 책 『크리스천의 삶을 신실하게 살라』는 책에서 "우리의 그리스도와의 연합은 우리에게 죄와 하나님께 대한 새로운 관계를 제공한다"고 말한다.[319] 달라스 신학교 교수 찰스 라이리(Charles Caldwell Ryrie)는 성령 세례를 주시는 여러 가지 결과를 말씀하는 중에 그리스도와의 연합은 신자의 죄성(sin nature)을 십자가에 못 박으며 죄에 대한 승리를 가져온다고 말한다. 그는 "세례 하시는 역사(baptizing work)는 그리스도와 우리가 함께 십자가에 못 박혀지는 일을 실현시키는(actualizing) 수단이다. 세례로 말미암아 그리스도의 죽음과 매장 그리고 부활에 연합되는 것은 신자의 죄성이 십자가에 못 박힘의 근거가 되는 것이고 또한 죄에 대한 승리의 근거가 된다"고 주장한다.[320] 루이스 스미즈(Lewis B. Smedes)는 그리스와의 연합을 통해서 야기되는 새로운 신원(new identity)에 대해서 "그리스도와 연합한 중에서 그리스도와 동질이 되는 것은 하나님 형상의 순수한 인격에로 회복되는 것이고 귀환되는 것이다…그리스도와 동질이 된다는 것은 하나님의 형상을 따라 전(全) 인격

---

[318] Martin H. Franzmann, *Romans,* Concordia Commentary (Saint Louis, Mo: Concordia Publishing House, 1968), 110-11.
[319] Sinclair B. Ferguson, *Taking the Christian Life Seriously* (Grand Rapids: Zondervan Publishing House, 1981), 31.
[320] Charles Caldwell Ryrie, *The Holy Spirit* (Chicago: Moody Press, 1965), 79.

을 회복하는 것이다. 깊은 의미에서 말해보면 그리스도와의 연합의 목표는 이렇게 한마디로 요약할 수 있을 것이다: 참 인간이 되라"고 말하고 있다.[321] 워렌 위어스비(Warren W. Wiersbe)는 롬 6:2-5을 설명하면서 "분명히 기독교인은 더 이상 죄 속에서 살 수가 없다. 이유는 그가 그리스도와 연합되었으므로 죄에 대하여 새로운 관계가 설정되었기 때문이다. 신자는 옛 삶에 대하여 죽었다. 그는 새로운 삶을 향유하기 위하여 일으키심을 받았다. 신자는 더 이상 죄의 생활로 돌아가기를 원하지 않는다. 이는 마치 나사로가 다시 그의 수의를 입고 무덤으로 돌아가려고 하지 않는 것과 같다"고 말한다.[322] 찰스 핫지(Charles Hodge)는, 신비적이고 초월적이며 대표적이고 또 생명적인 연합 때문에 주장하기를 "우리는 우리가 아담 안에 있었던 것같이 예수님 안에 있다 (롬 5:12, 21; 고전 15:22). 우리는 몸의 지체들이 머리 안에 있는 것처럼 예수님 안에 있다(엡 1:23; 4:16; 고전 12:12, 27). 우리는 포도나무 가지가 포도나무 안에 있는 것처럼 예수님 안에 있다 (요 15:1-12). 우리가 예수님과 함께 십자가에 못 박혔으므로 그의 죽음이 우리의 죽음이라는 의미에서 우리는 예수님 안에 있다(갈 2:20; 롬 6:1-8). 우리가 예수님과 연합되었으므로 예수님

---

[321] Lewis B. Smith, *Union with Christ*, 155.
[322] Warren W. Wiersbe, *Be Right: Romans* (Wheaton, Ill.: Victor Books, 1983), 64.

과 함께 부활했고 또 하늘에서 예수님과 함께 앉아 있다(엡 2:1-6). 이 연합의 결과로 우리는 (우리의 계산에서 말하는 것임) 예수님처럼 되었다. 우리는 예수님 안에서 하나님의 아들들이다. 그리고 그가 행하신 것처럼 우리도 행했다. 그의 의(righteousness)는 바로 우리의 의이다. 그의 생명은 우리의 생명이다. 그의 승천은 우리의 승천이다. 이것이 성경에 널리 퍼져있는 표현이다"라고 말하고 있다.[323]

스트롱(A. H. Strong)은 연합의 결과들을 설명하면서 "그리스도와의 연합은 영혼의 지배적인 성질의 변화를 포함한다. 그리스도께서 우리 영혼 속으로 들어오시면 지배적인 기질이 이전에는 죄 있는 기질이었지만 이제는 거룩한 기질이 되었다는 뜻에서 새로운 피조물이 되는 것이다. 이 변화를 우리는 중생이라고 부른다"라고 주장하고 있다.[324] 존 맥아더(John F. MacArthur)는 "예수님의 죽음과 연합하면 새로운 생명을 불러오고 또 반드시 새로운 삶의 방식을 불러온다"고 말한다.[325] 조지 래드(George Eldon Ladd)는 그리스도의 죽음과 부활과의 연합은 성령으로 그리스도께서 내주하시는 것을 의미하며 또 영원한 생명을 의미한

---

[323] Charles Hodge, 3:127.
[324] Strong, 804.
[325] John F. MacArthur, *Romans 1-8*: *The MacArthur New Testament Commentary*(Chicago: Moody Press, 1991), 322.

다고 말한다. 그는 "우리는 그리스도의 죽음과 부활과의 연합, 성령으로 말미암아 예수님께서 내주하시는 일, 그리고 또 영원한 생명의 복은 똑같은 사실을 여러 가지 다른 방법으로 표현하는 것이다"고 주장한다.[326] 하나님과 신자와의 연합에 대하여 로이드-존스(Lloyd-Jones)는 그리스도와의 연합이 이루어지면 곧 우리는 양자가 된다고 말한다. "그리스도와의 연합이라고 하는 것은 양자(養子)와 똑같은 것은 아니다. 그러나 양자가 되는 것은 연합의 결과 중에 하나이다"라고 진술한다.

펜티코스트(J. Dwight Pentecost)는 비록 신자가 그리스도의 몸에 연합된다고 할지라도 그는 그의 개인적인 정체성을 잃지 않는다고 다음과 같이 주장한다. "신자가 그리스도의 몸에 연합되는 때 그는 그의 개인적인 정체성을 잃지 않는다는 것을 관찰하라. 만약에 우리가 쏟아놓은 콩크리트를 가지고 집을 짓는다면 그 건물 안에서는 통일이 있을 것이지만 그 건물 속으로 들어간 모든 것은 그 전체 안에서 개체성을 잃을 것이다. 그런데 몸 안에서의 우리의 관계는 그렇지가 않다. 우리가 성령에 의하여 살아있는 지체들로서 연합되면 우리는 우리들의 개체성(separate identity)을 유지하게 된다. 모든 이에게 생명의 동일성(oneness)이

---

[326] George Eldon Ladd, *A Theology of the New Testament* (Grand Rapids: William B. Eerdmans Publishing Co., 1989), 492.

있으니 주 예수 그리스도를 믿는 신자로서의 내 안에 있는 동일한 생명은 주 예수 그리스도를 믿는 다른 사람 안에 똑같이 존재한다"고 말한다.[327]

d) 새로운 관계(New association)

그리스도와의 연합은 새로운 협력관계를 형성한다. 그 관계는 헨리 디이슨(Henry Thiessen)이 말한 대로 교제라고 칭한다. 디이슨은 "그리스도와의 연합은 그리스도와의 교제를 의미한다. 우리는 그리스도의 비밀을 알고 목적과 계획을 알게 된다"고 말했고,[328] 『성경, 신학, 교회문헌백과사전』도 역시 열매의 하나는 '교제'라고 말하고 있다(고전 1:9). 벌콥(Berkhof)은 "이 연합 때문에 신자들은 그리스도와 교제를 가진다. 그리스도께서 그 백성들의 수고와 고난과 시험을 나누시는 것처럼 그들은 이제 그리스도의 경험을 나누게 된다"고 주장한다.[329]

벌콥(Berkhof)은 신자와 그리스도의 교제뿐만 아니라 신자들 상호간의 교제에 대해서도 언급하고 있다. 그는 "신자들이 그리스도와 연합하면 모든 신자들이 서로 영적으로 통일되는 기초가

---

[327] J. Dwight Pentecost, *The Divine Comforter: The Person and Work of the Holy Spirit* (Chicago: Moody Press, 1977), 142.
[328] Henry Thiessen, 284.
[329] Berkhof, 453.

되고 따라서 모든 성도들이 교제할 수 있는 기초가 되는 것이다"고 주장한다.[330] 이에 동의하여 댑니(Dabney)는 연합의 결과로 성도들이 서로 교제하게 된다고 말한다. 그는 "벽에 끼어있는 돌들이 모퉁이 돌 위에 겹치고 또 서로들끼리 겹쳐서 모든 돌들이 한 덩이라가 되는 것처럼 그리스도에게 참으로 연합된 영혼들은 예수님의 형제들과 연합된다"고 주장한다.[331] 엡(Theodore H. Epp)은 성령께서 신자들을 그리스도의 신비한 몸[교회]속으로 넣으신다고 말한다. 그는 "성령께서 오순절 날에 아버지께서 이 세상에 오셔서 신자들 안에 내주하고 계신다. 그러나 그가 하신 일이 그것이 전부가 아니다. 성령께서는 신자들을 취하시고 또 그들을 그리스도의 몸[교회]속으로 넣으셨다. 이렇게 해서 우리는 그리스도와 하나가 되었고 또 신비한 몸[교회]의 회원이 되었다"고 말한다.[332] 루이스 스미즈(Lewis B. Smedes)도 역시 신자들이 그리스도와 연합하면 새로운 공동체에 들어간다고 말한다. 그는 "그리스도 안에 있다는 것은 새로운 공동체의 일원이 되는 것이다. 그 새로운 공동체에서는 거룩하신 생명의 성령께서 힘이 되시고 또한 인도하시는 규준이 되신다"고 언명한다.[333] 촬스 라이

---

[330] *Ibid.*
[331] Dabney, 614.
[332] Theodore H. Epp, *The Other Comforter*, 70.
[333] Lewis B. Smedes, *Union with Christ*, 82.

리(Charles Caldwell Ryrie)도 "성령께서 우리를 세례하시면 우리는 그리스도의 몸의 지체가 된다"고 말한다.[334] 이 점에 있어서 토마스 오덴(Thomas Oden)도 "그리스도와의 연합 안에서 모든 신자들도 서로 연합된다. 각 지체가 머리와 연합하면 각 지체는 몸의 다른 지체들과 연합한다(고전 12:12-30)"고 주장하고 있다.[335]

앨런 리차드슨(Alan Richardson)은 그리스도와 연합하면 결국 자신의 생명을 내던지게 된다고 말한다. "예수님께서 포도나무 비유를 말씀하시다가 다음에는 자연스럽게 사랑의 주제로 옮기신다(요 15:9-17). 왜냐하면 신약 성경 전체에 비추어보면 사랑에 대한 기독교인의 경험을 살펴보면 결국 사람이 그리스도와 연합함으로써 하나님의 통일성(unity)안으로 들어간 결과로 사랑을 하게 된다는 것이다…그리스도의 사랑 안에 거하면 다음 절에서 보는 대로 결국 그리스도의 계명에 순종하게 되어 있다. 결국 그리스도의 계명에 순종하면 다음으로는 그리스도의 사랑의 연장(extent)인 성도 상호간의 사랑의 계명을 지키게 되어 있다. 성도는 자기의 생명을 버리는 정도로 서로 사랑해야 하는 것이다"라고 언명한다.[336]

---

[334] Charles Caldwell Ryrie, 78.
[335] Thomas C. Oden, 211.
[336] Alan Richardson, *An Introduction to the Theology of the New Testament* (New York: Harper & Row Publishers, 1958), 259.

e) 칭의(Justification)

신자의 연합에 있어서 가장 극적인 결과는 하나님께서 의롭다고 선언하시는 것이다. 스트롱(A. H. Strong)은 "그리스도와 연합하면 신자에게 적법한 신분이 주어진다"고 말하고, 디이슨(Henry Thiessen)은 "그리스도와의 연합의 결과는 우리의 죄가 그리스도에게 전가되고 그의 의(righteousness)가 우리에게 전가되는 것이다. 그리고 그런 결과들 안에 모든 은총이 들어있다"고 말한다.337 루이스 쉐이퍼(Lewis Sperry Chafer)는 "신자가 그리스도를 그의 구주로 믿는 단순한 조건으로 신자에게 의(義)가 전가된다"고 말한다.338 로버트 팀 3세(Robert B. Thieme III)는 연합에 의한 **칭의를 복음 신학협회지**에 제출한 그의 글에서 다른 방법으로 논술하고 있다. 즉, "성령으로 세례를 받는 것은 하나님의 의(義)의 소유와 그리스도의 죽음과 부활에서 연합하는 것과 그리고 하나님의 내주의 기초가 되는 것이다"라고 말하고 있다.339 에릭슨(Erickson)은 그리스도와의 법정적인(judicial) 연합 때문에 신자는 의롭다고 여겨진다고 말한다. 그는 "우리가 그리스도와 연합하면 우리의 삶을 위하여 몇 가지 결과가 뒤따라온다. 첫째로는 우리가 의롭다함을 받는다. 우리의 법정적인 연합 때문에 우리

---

337 Thiessen, 282.
338 Chafer, 3:243.
339 Robert B. Thieme III, *Union with Christ*, 4.

는 법 앞에서 그리고 하나님의 눈앞에서 올바른 신분을 얻는다. 우리는 하나님의 아들 예수 그리스도처럼 의롭게 된다"고 언명한다.[340] 앨런 리차드슨(Alan Richardson)은 신자의 칭의에 대한 그의 특별한 견해를 피력하고 있는데 그의 주장을 보면 칭의는 결코 하나님과의 개인적인 관계의 문제가 아니라고 말한다. 그는 "우리가 그리스도와 연합되어 있거나 혹은 그 안에 거하므로 우리는 개별적으로가 아니라 집합적으로 그리스도(Christ)이다…우리는 우리가 그리스도 안에 있으면 아들과 또 우리들에 대한 아버지의 사랑 안에 쌓여지게 된다. 하나님 아버지는 현재 우리를 그의 아들과 같이 대우하신다. 그러므로 예수님과의 연합이 만들어낸 하나님과의 새로운 관계 때문에 우리는 용서되었고 옳은 사람으로 나타났고 하나님께 받아졌다. 그런고로 칭의는 하나님과의 개인적인 관계의 문제가 아니라, 우리는 그리스도 안에서 모두 함께 의로운 것이지, 결코 법정에 나타나서 자기의 개인적인 죄에 대해서 책임을 지는 개인적 차원에서 의로운 것이 아니다"라고 조금 특별한 주장을 하고 있다[341] 제임스 오르(James Orr)도 역시 신자의 칭의에 대하여 그의 의견을 말했다. 즉, "칭의는 용서를 의미한다. 그러나 그 이상이다. 이것은 단지 사면이 아니

---

340 Millard J. Erickson, *Christian Theology*, 953.
341 Alan Richardson, 260.

다. 이것은 죄인을 용서하되 옳다는 논거에서(on a righteous basis) 용서하는 것이다. 그러면 이 옳다는 논거는 무엇인가. 그것은 예수님께서 죄를 위하여 만들어주신 온전한 속죄이다. 죄인은 그리스도와 완전히 연합된 중에서 실제로 죄가 없기 때문에 죄가 없다고 선언을 받는다"고 말한다.[342]

f) 성화(Sanctification)

하나님으로부터 의롭다함을 받은 신자는 성화의 삶을 살게 된다. 쉐이퍼(Chafer)는 말하기를 "신자의 최초의 성화(A positional sanctification)는 그리스도와 연합할 때 이루어진다"고 말한다. 로버트 팀 3세(Robert B. Thieme III)는 주장하기를 그리스도와의 연합은 최초의 성화라고 일컬어진다고 했다. 그는 "그리스도와의 연합은 아마도 최초의 성화라고 말할 수 있을 것이다. 이 최초의 성화는 믿는 자로 하여금 예수님께서 죽었다가 부활하셨을 때 시작된 생명의 새로운 질서를 소유한 한 지체로 만드는 것이다(롬 6:4; 고후 5:11)"라고 말한다.[343] 그는 그리스도와의 연합에 의한 최초의 성화를 다른 방식으로 표현하고 있다. "성령 세례를 통하여 획득된 '새로운 생명'(newness of life)은 인간의 선악을 산

---

342   Orr, 156.
343   Robert B. Thieme III, 6.

출해내지 않는다. 위치적으로, 우리는 그리스도 안에 새로운 환경을 가지고 있다"고 주장한다.[344] 이 의견에 동조하여, 스트롱(A. H. Strong)은 "그리스도와 연합되면 믿는 자는 첫째로, 영혼을 위하여 그리고 둘째로, 육체를 위하여 변화의 힘을 공급받는다. 이 계속되는 영향이 현재의 삶에 미치는 한 우리는 그것을 성화라고 부른다"라고 말한다.[345]

토마스 오덴(Thomas C. Oden)은 연합을 죄에 대한 죽음과 세상에 대한 죽음과 연관 짖고 있다. 그는 "그리스도 안에 있다는 것은 사람이 그리스도의 죽음과 부활에 참여하는 것을 뜻한다. '내가 그리스도와 함께 십자가에 못 박혔나니 그런즉 이제는 내가 산 것이 아니요 오직 내 안에 그리스도께서 사신 것이라. 이제 내가 육체 가운데 사는 것은 나를 사랑하사 나를 위하여 자기 몸을 버리신 하나님의 아들을 믿는 믿음 안에서 사는 것이라'(갈 2:20). 이렇듯 내주하는 교제는 도덕적 결과를 가져오는 법인데 바로 죄에 대해 죽는 결과를 가져온다. '그리스도 예수의 사람들은 육체와 함께 그 정과 욕심을 십자가에 못 박았느니라'(갈 5:24). 그리스도와의 연합은 세상에 대해 죽는 것이고 사람으로 하여금 하나님으로부터 멀리 떨어지게 하는 모든 것을 포기하는

---

344   *Ibid.*, 10.
345   Strong, 805.

것을 뜻한다"고 말한다.

뮬러(Mueller)도 그리스도와의 연합은 거룩한 삶을 위한 하나의 명료한 신호가 된다고 말한다. 그는 "믿는 자와 그리스도와의 신비적인 연합의 교리는 시험 중에 처한 신자들에게 영원한 힘의 근원이 되며 또 언제나 거룩한 삶을 위한, 명쾌하게 울려 퍼지는 목소리이고 또 우리 주님과의 더 가까운 관계를 이루게 하는 소환장이다"라고 말한다.[346] 월터 마샬(Walter Marshall)도 그리스도와의 연합은 거룩한 삶을 이룩한다고 말한다. 그는 "우리는 그리스도로부터 새로운 거룩한 성품을 전수받아서 거룩한 삶을 살게 된다"고 주장한다.[347] 찰스 핫지는 롬 8:11을 주석하면서 그리스도와의 연합은 거룩한 삶을 가져오며 또 영혼과 육신의 영광스러운 영원한 삶을 가져온다고 말하고 있다. 그는 주장하기를 "롬 8:11에서, 사도는 우리의 죽을 몸이 다시 살아나는 것은 그리스도와의 연합의 필연적인 결과이며 예수님의 성령의 내주의 필연적인 결과라고 말한다. 그러므로 만약에 우리가 세례 받아 그리스도의 죽음과 연합되고 또 그리스도와 함께 죽으면 틀림없이 우리는 그리스도께서 사신 것처럼 살게 되고 또 장차 영육간의 영광스러운

---

[346] W. A. Mueller, 23.
[347] Walter Marshall, *The Gospel-Mystery of Sanctification* (Grand Rapids: Zondervan Publishing House, 1954), 33.

영원한 삶을 살게 될 것이다"고 말하고 있다.[348]

g) 성령의 인침(The Holy Spirit's sealing)

로이드-존스(Lloyd-Jones)는 주장하기를 "우리는 그리스도와의 연합 때문에 성령에 의해서 인침을 받는다. 어떤 의미에서는 인침에 의해서 연합이 이루어진다. 그러나 둘은 차이가 있다. 내가 연합되었기 때문에 내가 성령에 의해서 인침 받는다"고 말한다.[349] 뮬러(Mueller)는 연합의 결과중 하나는 성령의 인침이라고 말한다. 그는 "우리가 강하게 그리고 영원히 그리스도와 결혼하고 연합한 것은 성령의 사역으로 된 것이다. 우리는 이 성령의 사역에 의해 우리의 구속의 날까지 인침 받았다"고 말한다.[350] 토마스 오덴(Thomas Oden)도 역시 주장하기를 성령은 한 번의 세례로 신자를 그리스도의 몸에 연합시킨다. 그리고 신자는 회개하는 때 그리고 믿는 순간에 성령에 의해 인침을 받는다고 말한다. 그는 "성령은 한 번의 세례에 의해 그리스도의 몸에 연합시킨다. '우리가 다 한 성령으로 세례를 받아 한 몸이 되었다'(고전 12:13). 이 성구는 주장하기를 성령에 의한 세례는 구원과 동시

---

[348] Charles Hodge, *Commentary on the Epistle to the Romans* (Grand Rapids: Wm. B. Eerdmans Publishing Co., 1980), 196.
[349] Lloyd-Jones, 115.
[350] W. A. Mueller, 23.

에 일어난다고 말하며 또 믿는 사람 누구에게나 주어진다고 말한다. 성령의 세례와 같이, 성령의 보증(pledge)도 모든 신자들에게 제공된다. 신자는 회개할 때 그리고 믿을 때 성령에 의해서 인침 받는다. 신자들의 범죄에도 불구하고 계속해서 믿는 사람들은 구속의 날까지 인침 받은 채 존재하게 된다"고 말한다.[351] 에이비 심슨(A. B. Simpson)은 엡 1:13-14의 성령의 인침에 대해 해석하면서 "인침은 소유권, 실재(reality), 확실성 그리고 유사성의 표식이다. 보증(earnest)은 전체 유산을 위한 최초의 할부(Installment)이고 담보이다. 성령께서 우리를 인치실 때 우리가 받아야 할 상속의 축복을 현실화하시고 또 우리를 그리스도의 형상으로 인치신다. 그리고 보증으로서의 성령은 우리의 미래의 전체 상속재산을 위한 약속을 주시고 또 보증하신다"고 주장한다.[352]

h) 하나님의 상속인(Heirs of God)

로이드-존스(Lloyd-Jones)는 "우리가 양자가 되었기 때문에 우리는 하나님의 상속인들이다. 그러므로 우리는 '그리스도와

---

[351] Thomas G. Oden, *Life in the Spirit*, 182-83.
[352] A. B. Simpson, *The Holy Spirit: An Unfolding of the Doctrine of the Holy Spirit in the Old and New Testaments,* vol. 2 (Harrisburg, Pa.: Christian Publications, n.d.), 145.

함께 한 후사'이다(롬 8:17). 그리스도는 한분의 상속자이시다. 그런고로 우리도 함께 한 후사들이다. 우리는 하나님께서 그를 사랑하는 사람들을 위하여 준비하신 영광을 위한 공동상속자들이다"라고 주장한다.[353] 위어스비(Warren Wiersbe)는 하나님의 자녀들이 예수님과 함께 한 후사가 되었으므로 영적인 부요를 얻을 수 있다고 했고[354] 로버트 팀 III세(Robert B. Thieme 111)는 그리스도와의 연합 때문에 얻어지는 놀라운 은총을 열거하면서 그 은총의 하나가 다름 아니라 "상속"이라고 말한다.[355] 존 위트머(John Witmer)는 "그리스도와 함께 한 후사"라는 것을 이렇게 주석하고 있다. "많은 가정들에서 아이들은 그들 부모의 재산을 상속하고 있다. 아이들 하나하나는 하나의 상속자이고 아이들 모두는 공동상속자이다. 그와 같이 크리스천들은 하나님의 자녀들이고 하나님의 상속자들이며 그리스도와 함께 공동상속자들이다. 그들은 지금 모든 영적인 복을 받는 수혜자들이고 미래에는 주 예수와 함께 하늘나라의 모든 부요를 공동으로 누릴 것이다"(요 17:24; 고전 3:21-23)라고 말한다.[356]

---

[353] Lloyd-Jones, 115.
[354] Warren W. Wiersbe, *Romans: Be Right*, 91.
[355] Robert B. Thieme 111, 7.
[356] John A. Witmer, "Romans," in *The Bible Knowledge Commentary*, New Testament ed., ed. John F. Walvoord and Roy B. Zuck, (Wheaton, Ill.: Victor Books, 1983), 471.

i) 영원한 안전(Eternal security)

헨리 디이슨(Henry Thiessen)은 주장하기를 "그리스도와의 연합은 영원한 안전을 의미한다. 세상에 아무것도 믿는 자를 그리스도 예수 우리 주님 안에 있는 하나님의 사랑에서 떼어 놓을 수가 없다"고 말한다.[357] 이와 관련하여 『성경적 신학적, 교회사적 문헌』(Biblical, Theological, and Ecclesiastical Literature)도 역시 주장하기를 연합의 열매들 중 하나는 "안전"(요 15장)이라고 말했다. 나이야 대학의 교수 엘든 우드칵(Eldon Woodcock)은 성령의 인침이라는 것을 논하면서 "성령의 인침은 하나님의 백성에 대한 하나님의 소유를 보증하고 있고 또 보호를 보증하는 것이다. 이런 일은 성령께서 믿는 자 안에 내주하기를 시작하실 때 일어난다. 하나님께서 그리스도의 구속 사역에 근거하여 시작하시고 또 성령에 의하여 완성하시는 이 인침의 한 결과로서 성도의 구원이 이루어진다. 하나님께서 소유하시는 것을 하나님은 보호하신다. 믿는 자들은 하나님의 신성한 재산이기 때문에 하나님은 그 신자들을 보호하시되 그들을 완전히 소유하시는 종말까지 보호하신다. 그 결과 믿는 자들은 온전히 하나님과의 관계에서 안전하다"고 말하고,[358] 믿는 사람들의 안전에 대하여 우드칵

---

[357] Thiessen 284.
[358] Eldon Woodcock, "The Seal of the Holy Spirit: The Doctrine of Eternal Security," in *Evangelical Theological Society Papers* (Portland, Ore.: Micropublished by Theo-

(Woodcock)은 결론하기를 "바울은 내주하시는 성령을 신자의 보증이라고 기술한다. 상업세계에서 보증이라는 것은 상거래를 확보하기 위해 지불하는 계약금과 같은 역할을 한다. 이 계약금은 하나님에게는 불필요한 것이었다. 이유는 하나님의 말씀자체가 약속하신 것을 확실히 보증하기에 충분하기 때문이다. 바울은 믿는 신자에게 하나님이 분명히 그의 구원의 목적을 이룰 것이라는 것을 확신시키기 위해 상업적 표현을 사용했다. 이 말은 다시 말해 하나님의 구원의 프로그램 안에 있는 신자들의 미래가 보증되어 있고 또 절대적으로 영원히 안전하다는 것을 의미하는 것이다"라고 말한다.[359]

윌리엄 헨드릭슨(William Hendriksen)은 말하기를 아무도 그리고 아무것도 그리스도를 믿는 신자들을 그리스도로부터 분리시킬 수가 없다고 했다. 그는 "분명히 그리스도는 우리를 사랑하시되 아무도 그리고 아무 것도 그 사랑으로부터 우리를 분리시킬 수가 없다. 그런 의미에서 우리는 정복자 이상이다. 우리는 단지 정복자만 아니라 우리를 대적하는 힘들은 무력화되고 무능하게 되어 우리는 정복자 이상이다. 그래서 죽음도 삶도 천사도 현재 일이나 장래일이나 높음이나 깊음이나 우리와 관계있는 모든 피

---

logical Research Exchange Network, 1996), 16.
359 *Ibid.*, 30.

조물도 우리를 위하여 일하고 있다. 왜냐하면 그들 안에서 그리고 그들이 우리에게 영향을 주는 방식 안에서 그리스도 안에 있는 하나님의 사랑, 결코 아무도 그리고 아무 것도 우리를 분리시킬 수 없는 사랑이 계시되고 있다"고 극명하게 주장한다.[360]

그리스도와 연합한 사람들의 영원한 안전을 다루면서 싱클레어 펄거슨(Sinclair B. Ferguson)은 믿는 사람이 그리스도와 연합되었다는 지식을 가질 때 시험에서 보호를 받는다고 말한다. 그는 "우리가 그리스도와 연합되었다는 것을 알 때 시험으로부터 보호를 받는다. 우리가 하나님의 자녀들이고 그리스도와 연합된 남녀들이라는 것을 알 때 우리는 세상과 육체의 시험과 유혹에 대항하여 싸울만한 가장 강력한 무기를 소유하고 있는 것이다. 내가 주 예수 그리스도와 연합되어 있는데 감히 어찌 이런 시험에 질수 있겠는가?"라고 말한다.[361]

j) 열매 맺음(Fruitfulness)

디이슨(Thiessen)은 주장하기를 "그리스도와의 연합은 열매 맺음을 의미한다(요 15:5). 이것은 성령의 열매이다(갈 5:22이하; 롬 6:22; 7:4; 엡 5:9). 가지를 쳐주는 것은 과실 생산을 증식시키려

---

[360] William Hendriksen, *Romans*, New Testament Commentary (Grand Rapids: Baker Book House, 1981), 301.
[361] Sinclair B. Ferguson, *The Christian Life*, 113.

는 주님의 방법 중 하나이다"(요 15:1이하)라고 말한다.[362]

과실이 무엇이냐에 대해 학자들은 두 부류로 갈린다. 한 부류는 과실이라는 것은 순전히 영혼을 효과적으로 구원하는 것이라 주장한다. 존 라이스(John R. Rice)는 말하기를 크리스천의 과실은 영혼을 구원하는 것이다. 그는 요 15:2-8을 설명하면서 주장하기를 "이 성구가 주장하는바 크리스천이 맺는 열매와 갈 5:22-23이 말하는 성령의 열매를 혼돈하지 말라. 갈라디아서에서 말하는 "사랑과 희락과 화평과 오래 참음과 자비와 양선과 충성과 온유와 절제"는 성령 자신께서 맺으시는 열매이다. 다시 말해 성령 자신께서 크리스천의 성품에 맺으시는 장식품들이다. 그러나 성령의 열매와 크리스천이 맺는 열매는 다르다. 크리스천이 맺는 열매는 영혼을 구원하는 것이다"라고 주장한다.[363]

열매가 무엇이냐에 대한 또 다른 견해는 이 열매란 영혼의 구원을 포함한 선행을 말하는 것이라고 주장한다. 『포도나무의 비밀』(Secrets of Vine)를 저술한 브루스 윌킨슨(Bruce Wilkinson)은 요 15:1-2, 5, 8을 설명하면서 "오랫동안 나는 이 구절을 읽을 때 크리스천들이 다른 사람들을 그리스도에게로 인도하는 일반적인 부름이라고 생각해왔다. 그러나 열매가 무엇이냐를 놓고 예

---

362 *Ibid.*
363 John R. Rice, *The Son of God: A Verse-by-Verse Commentary on the Gospel according to John* (Murfreesboro, Tenn.: Sword of the Lord Publishers, 1976), 294-96.

수님께서 영혼 구원하는 것이라고만 제한할 이유가 없다. 나는 '열매'와 '선행'이라는 단어를 성경에서 추적해보았다. 그런데 그 두 단어는 거의 서로 교체적으로 사용되고 있음을 알 수 있었다 …'열매'는 '선행' 즉 사고, 태도, 혹은 하나님께서 값있게 평가하시는 우리의 행위들을 말한다. 우리의 삶에서 나오는 열매란 다름 아니라 하나님께서 땅위에서 마땅히 받으셔야 하는 영광을 얼마나 받으시느냐 하는 것으로 결정되는 것이다. 그러므로 예수님께서 선언하시기를 '너희가 과실을 많이 맺으면 내 아버지께서 영광을 받으실 것이요'(요 15:8)라고 하신다"고 주장한다.[364] 만약에 사소한 것이라도 하나님을 영화롭게 하면 하나님은 그 사소한 것을 선행으로 간주하신다. 예수님께서 말씀하시기를 "또 누구든지 제자의 이름으로 이 소자 중 하나에게 냉수 한 그릇이라도 주는 자는 내가 진실로 너희에게 이르노니 그 사람이 결단코 상을 잃지 아니하리라 하시니라"고 하신다(마 10:42). 제이 칼 레이니(J. Carl Laney)는 요 15:5을 해설하면서 말하기를 "열매의 개념은 여러 신약성경 구절에서 증거되는 대로 각양각색이다. 열매란 그리스도와 같은 성품을 말하기도 하며(갈 5:22-23; 엡 5:8-13), 혹은 찬미로 그리스도의 이름을 증거하는 것을

---

[364] Bruce Wilkinson, *Secrets of the Vine* (Sisters, Ore.: Multnomah Publishers, 2001), 20-21.

포함하며(히 13:15), 혹은 가난한 자들에게 공급하는 것도 열매이며(빌 4:17), 혹은 전도를 받고 회심하는 것도 열매이고(요 4:31-36), 혹은 다른 사람을 복되게 하는 교제를 말하기도 하며(고전 14:14), 혹은 크리스천의 일반적인 행위(딤전 5:9-10; 딛 2:7-10)를 칭하기도 한다"고 주장한다.[365]

'열매'를 영혼을 구원하는 일이라고만 제한할 수는 없다. 그 이유는 예수님께서 요 15:7에서 **무엇이든지 원하는 것**을 구하라고 명령하셨기 때문이다. 다시 말해 **무엇이든지 원하는 것**이라는 말은 분명히 한 가지 이상을 포함한다. 그러므로 열매란 선행, 즉 "선한 동기, 욕구, 태도, 의향(신령한 덕), 말, 행위, 믿음으로 행하는 모든 것들, 하나님의 법에 맞는 모든 것들 또 하나님의 영광을 위해서 행한 모든 것들을" 포함한다.[366]

도날드 거트리(Donald Guthrie)는 그의 저서 『신약 신약』에서 요한문헌을 취급하는 중 주장하기를 "예수님은 예수님 안에 거하는 사람들이야 말로 무엇이든지 그들이 원하는 것을 구할 수 있고 또 그것은 그대로 이루어진다고까지 말씀하셨다"고 말한다.[367] 도날도 거트리가 의미하고 있는 것은 다름 아니라 예수님

---

[365] J. Carl Laaney, *John,* Moody Gospel Commentary, 274.
[366] Hendriksen, *Gospel of John,* 2:298.
[367] Donald Guthrie, *New Testament Theology* (Downers Grove, Ill.: Inter-Varsity Press, 1981), 642.

과 연합되어 있는 신자들은 무엇이든지 원하는 것을 구할 수 있으며 또 그대로 이루어진다는 것이다. 뮬러(W. A. Mueller)는 그리스도의 연합 때문에 얻어지는 풍요로운 유산에 대해서 이렇게 언급한다. "이 교리는 우리로 하여금 믿음과 사랑, 성찬식과 찬미, 사명과 전도, 신학과 크리스천 윤리의 풍요로운 유산을 깨닫게 해주고 있다"고 말한다.[368] 찰스 어드만(Charles Erdman)은 요 15:1-17을 해석하면서 말하기를 "연합이라고 하는 것이 그리스도의 뜻에 전적으로 순종하는 것이라고 보면 분명히 열매를 맺기에 이른다…열매가 반드시 따라온다. 하나님은 영광을 받으실 것이며 성도는 결과적으로 참 제자라는 것이 들어날 것이다"라고 말한다.[369] 이에 동조하여 토마스 오덴(Thomas C. Oden)은 그리스도와의 연합 때문에 열매 맺는 것을 다른 방식으로 말하고 있다. 즉, "구원의 모든 은총은 그리스도 안에서 하나로 묶여진다. 모든 복음적인 특권은 똑같은 근원에 속해있다. 그 많은 것들은 그리스도 안에서 하나다. 하나님은 '그리스도 안에서 하늘에 속한 모든 신령한 복으로 우리에게 복 주셨다'(엡 1:3). 모든 신령한 복은 그리스도 안에서 나오고 모든 신령한 복은 그리스도 안에 응집되어 있으며 그리스도를 향하여 결국은 돌아간다"

---

[368] W. A. Mueller, 23.
[369] Charles Erdman, *The Gospel of John* (Philadelphia: Westminster Press, n.d.), 140.

고 주장한다.[370]

k) 봉사를 위한 능력부여(Endowment for service)

디이슨(Thiessen)은 "그리스도와의 연합은 봉사를 위한 힘을 부여받는 것을 의미한다. 성도들은 그리스도의 지체들이다. 그러니만큼 여러 가지 직분을 가지고 있고 재능을 가지고 있다(고전 12:4-30). 봉사를 지시하는 것은 머리이다. 그리스도와의 연합 때문에 다른 지체와 협력하기 마련이다. 그리스도와의 연합 때문에 몸 안에서 다양 중에 하나가 된다"고 했다.[371] 루이스 스미즈(Louis Smedes)는 그리스도의 연합이 성도들에게 봉사의 힘을 주는 것이라고 비슷한 언어로 발표하고 있다. 즉, "그리스도와 우리와의 연합은 열매를 풍성히 맺으면서 살 수 있는 힘을 준다. 바울은 기도하기를 우리가 '모든 신령한 지혜와 총명에 하나님의 뜻을 아는 것으로 채우게 하시고 주께 합당히 행하여 범사에 기쁘시게 하고 모든 선한 일에 열매를 맺게 하시며 하나님을 아는 것에 자라게 하시도록' 기도하고 있다"고 말한다(골 1:9-10). 에릭슨(Millard J. Erickson)은 봉사를 위한 힘(endowment for service)이라는 언어 대신에 힘(strength)이라는 낱말을 사용한다.

---

370 Thomas C. Oden, 212.
371 Henry C. Thiessen, *Lectures in Systematic Theology*, 284

그는 "우리는 지금 그리스도의 힘을 받고 살고 있다. 바울은 '내게 능력 주시는 자 안에서 내가 모든 것을 할 수 있느니라'고 확언하고 있다(빌 4:13). 그리고 또 바울은 '이제 내가 육체 가운데 사는 것은 나를 사랑하사 나를 위하여 자기 몸을 버리신 하나님의 아들을 믿는 믿음 안에서 사는 것이라'"고 주장한다.[372]

그러나 찰스 라이리(Charles C. Ryrie)는 그리스도와의 연합은 그자체로서는 능력이 꼭 우리의 삶 속에서 경험된다는 보장은 없다고 말한다. "성령 세례는 우리를 그리스도 안에 넣어서 우리로 하여금 능력을 받게 한다. 그러나 세례 행위 자체가 우리의 삶 속에서 경험되어지거나 혹은 전시된다는 보장은 없다. 모두 세례를 받은 고린도교회 교인들은 그들의 삶 속에서 하나님의 능력을 보여주지 못했다. 그들은 세례는 받았으나 육적이었다"고 말한다.[373] 데오도르 엡(Theodore H. Epp)은 말하기를 그리스도와의 연합은 믿는 자에게 그리스도를 능력 있게 섬길 수 있는 확실한 근거를 제공한다고 말했다. 그는 "세례를 통하여 우리는 그리스도와의 관계에 들어갔는데 그 관계 때문에 우리는 그리스도에 의하여 힘을 공급받게 되었다. 그리스도의 몸 안으로 들어가 세례를 받는다는 것은 분명, 거룩하고 승리할 수 있고 또 능

---

[372] Millard J. Erickson, *Christian Theology*, 953-54.
[373] Charles C. Ryrie, 79.

력의 삶을 살 수 있는 확실한 근거이다. 왜냐하면 그리스도의 몸 안으로 들어갔다는 것은 그리스도와의 바른 관계 속에 들어갔다는 것을 말하기 때문이다"라고 말한다.[374]

이에 동의하여 리네 패취(Rene Pache)는 말하기를 성령으로 세례를 받으면 결과적으로 믿는 자는 힘을 공급받는다. 그러나 믿는 사람은 성령으로부터 오는 능력의 결핍을 경험한다. 이유는 우리가 성령을 슬프시게 하기 때문이라고 말했다. "분명히 우리가 세례를 받을 때 성령을 받으면 우리는 능력의 근원을 가지게 된다. 그럼에도 불구하고 성경은 말하기를 불행히도 우리가 성령으로 세례를 받을 수도 있고 또 성령의 임재를 우리 안에 소유할 수도 있지만 우리에게는 성령의 능력이 나타나지 않을 수도 있는 것이다. 이유는 우리가 성령을 근심시키기 때문이다"라고 말한다.[375]

D. 본장 결론

"내가 너희에게 일러 준 말"(요 15:3)이 무엇이냐에 대해 많은

---

[374] Theodore H. Epp, *The Other Comforter*, 70–71.
[375] Renev Pache, *The Person and Work of the Holy Spirit*, trans. J. D. Emerson (Chicago: Moody Bible Institute, 1957), 77.

혼선이 있다. 이 '말씀'이 무엇이냐에 대해 기본적으로 네 가지가 있다. 첫째 '그 말씀'은 예수님의 도덕적인 교육이라고 해석하는 사람들이 있다. 그 도덕적인 교육으로 인해서 제자들은 온전히 깨끗해졌다는 것이다. 그리고 두 번째 주장은 '그 말씀'은 두 가지 혹은 그 이상의 것을 포괄하고 있다. 다시 말해서 예수님의 말씀은 예수님의 인격과 행위 혹은 복음전체와 성례식에서 쓰여지는 말씀을 포함한다고 주장한다. 셋째 '그 말씀'은 예수님의 메시지 전체 혹은 계시 전체를 포괄한다고 주장한다. 세 번째 주장은 예수님의 전체의 말씀 즉 구약과 신약 전체를 포함한다고 말한다. 넷째 '그 말씀'(요 15:3)은 예수님의 구전(oral words)이다. 이유는 예수님께서 제자들을 가르치시던 때는 아직 신약성경이 편집되지 않은 때였고 다만 예수님께서 구전만으로 가르치셨기 때문이다. 예수님의 제자들은 예수님께서 그의 제자들을 훈련시키시던 때에 말씀하셨던 예수님의 구전(oral words)으로 중생되었고 연합되었으며 구원을 받았다.

그러면 예수님의 11제자 이외의 사람들과 또 그 후에 생겨난 신자들은 어떻게 예수님을 믿는 것인가? 그것은 구약 시대의 신자들은 구약 성경의 말씀을 믿어서 구원을 받았다. 이유는 구약 성경도 하나님의 감동으로 되었기 때문이다. 딤후 3:16은 말씀하기를 "모든 성경은 하나님의 감동으로 된 것으로 교훈과 책망과 바르게 함과 의로 교육하기에 유익하다"고 말씀하고 있다.

그리고 예수님의 제자들 보다 후에 생겨난 모든 신자들은 구약 성경과 또 예수님의 제자들이 전해준 복음의 말씀, 그리고 바울 사도(사도행전은 그것을 증거하고 있음)가 전해준 복음의 말씀과 다른 신약 성경 저자들이 전해준 복음을 듣고 믿게 된다(눅 24:44-45; 요 5:39).

믿는 사람은 그리스도와의 연합 때문에 여러 가지 놀라운 결과들을 가지게 되었다. 죄 사함, 새로운 정체성, 새로운 관계, 칭의, 성화, 성령의 인침, 그리스도와 공동 상속자가 되는 일, 영원한 안전을 얻게 되었고 또 많은 열매를 맺게 되었으며 또 봉사의 힘을 얻게 되었다.

제3장

그리스도의 말씀이 연합에 미치는 역할

　3장에서는 그리스도의 말씀이 연합에 미치는 역할을 다룬다. 첫째, 연합이라는 것이 무엇인가를 말하고, 둘째, 제자들의 연합이 오순절 성령강림 전에 이루어졌다는 것을 말하며, 동시에 제자들의 최초의 연합이 이미 이루어졌음을 보여주는 증거를 제시할 것이다. 그리고 다음 셋째로는 예수님의 말씀이 연합에 미친 실제적인 역할을 다룰 것이며 겸하여 요한복음 15:3의 "깨끗하였으니"의 의미를 발히며 마지막으로 어떻게 예수님의 말씀이 예수님과 제자들을 연합시켰는지를 자세히 다룰 것이다.

A. 예수님의 제자들과 예수님 사이에 이루어진 연합의 의미

　최초의 연합이란 다름 아니라 성령의 역사에 의해서 예수님과 제자들 사이에 이루어진 연합을 의미한다. 이 연합은 성령의 역사에 의해서 이루어지는데 그리스도의 말씀이 선포될 때 성령께서 그 말씀을 사용하셔서 이루시는 영적인 연합이다. 최초로 연합될 때 신자는 성령에 의해서 중생되고 하나님에 의해서 의롭다함을 받게 되고 또 양자가 된다. 디이슨(Thiessen)은 주장하기를 "회심, 칭의, 중생, 그리스도와의 연합, 양자는 동시에 이루어진다"고 말한다.[376]

요 15:2-3에는 그리스도의 제자들이 그리스도와 이미 연합되었다는 두 가지의 증거를 보여주고 있다. 하나는 요 15:2에서 발견된다. 요 15:2은 예수님의 열한 제자들이 예수님께서 포도나무 비유를 말씀하실 때 제자들이 이미 예수님과 연합되었다는 것을 보여주고 있다. 그 이유는 모든 열매는 그리스도와의 연합에서만 오기 때문이다(요 15:5; 엡 4:15-16; 골 1:6; 2:19). 요 15:2은 동시에 가룟 유다는 열매를 맺지 못하고 있으며 또한 하나님에 의해서 제거될 형편에 놓여있음을 암시한다. 유다는 예수님께서 포도나무 비유를 말씀하실 때 함께 있지 않았다. 그는 이미 예수님의 제자단으로부터 떨어져 나가 있었다. 요 13:30은 "유다가 그 조각을 받고 곧 나가니 밤이러라"고 말씀한다. 마 26:24에 보면 예수님은 유다에게 이런 화가 있으리라고 선언하신다. "인자를 파는 그 사람에게는 화가 있으리로다. 그 사람은 차라리

---

[376] Thiessen, 268.

나지 아니하였더라면 제게 좋을 뻔하였느니라"고 하신다. 이것은 바로 유다가 예수님과 연합되지 않았다는 것을 보여준다.

그리고 또 하나의 다른 증거는 15:3에서 발견된다. 예수님은 말씀하시기를 유다를 제외하고는 이미 "깨끗하다"고 말씀하신다.[377] 그들은 앞에서 언급한 바와 같이 이미 중생했고 의롭다함을 얻었다. 그들이 중생했고 또 의롭다함을 얻었다고 하는 것은 그들이 이미 예수님과 연합되었다는 것을 의미한다. 이 두 구절(2절, 3절)은 11 제자들이 이미 예수님과 연합되었다는 것을 보여주고 있다. 다시 말해 예수님께서 요 15:4에서 "내 안에 거하라"는 말씀을 하실 때 그들은 이미 예수님과 연합되었다는 것이다.

필자는 예수님과의 연합을 말할 때 두 가지로 나누어 검토할 것이다. 그 이유는 토론의 원활을 위한 것이다. 먼저 연합(incipient union) 자체를 다룰 것이며 다음으로 열매를 맺기 위한 말씀 충만을 다룰 것이다. 열매를 맺기 위한 말씀 충만이란 그리스도와 제자들 사이의 연합을 더욱 밀접하게 하며 더욱 끈끈하게 만들어 주어 열매를 많이 맺게 해주는 말씀 충만을 의미한다. 열한 제자와 예수님 사이에 동시에 이루어진 연합을 "연합"이라고 하고 열매를 더욱 맺게 하기 위하여 바로 뒤에 따라 와야 하는

---

[377] 예수님은 요한복음13:10에서 "이미 목욕한 자는 발밖에 씻을 필요가 없느니라. 온 몸이 깨끗하니라. 너희가 깨끗하나 다는 아니니라"고 하신다. 예수님은 가룟 유다를 제외하고 그의 열 한 제자들은 모두 깨끗하다고 하신다.

말씀 충만을 "열매를 맺게 해주는 말씀 충만"이라고 부른다. 비록 최초의 연합과 뒤에 따라 와야 하는 열매를 맺게 해주는 말씀 충만이라는 것을 정확하게 구분할 수는 없을지라도 두 가지를 구분해서 다루는 것은 편리할 것이다. 두 가지를 구분해서 다루는 것이 편리한 것은 마치 우리의 구원과 성화를 구분해서 다루는 편리함과도 같은 것이다. 이유는 연합 자체는 구원이고 다음에 따라오는 열매를 맺게 하기 위한 말씀 충만은 성화이기 때문이다.

유의해야 할 것은 최초의 연합 자체나 그리고 그 후에 따라오는바 말씀 충만에 의한, 예수님과 제자들(성도들) 사이의 연합은 생명적인 연합이며 불가분리의 연합이다. 이 연합을 설명해주는 상징적인 표현들이 성경에 있는데 남편과 아내와의 결혼 관계(엡 5:31-32); 머리와 지체 관계(고전 6:15, 19; 12:12; 엡 1:22-23; 4:15-16); 그리고 포도나무와 가지 관계(요 15:1-17; 롬 11:24; 골 2:6-7) 등이 있다. 이 모든 표현들은 모두 예수님과 교회의 연합이 생명적이며 불가분리적임을 보여주고 있다.

결혼관계 은유(marriage metaphor)는 그리스도와 성도 사이의 연합이 분리될 수 없다는 것을 보여주고 있다. 엡 5:31은 "사람이 부모를 떠나 그 아내와 합하여 그 둘이 한 육체가 될지니"라고 말씀한다. 여기 '합하여'(shall be joined)란 말은 우드(A. Skevington Wood)에 의하면 "밀접하게 연합되어(글자대로 번역하면 '아교로 붙여질 것이다'라는 의미이다) '한 육체'로 되었음을 의미한다 …교회가 불변하는 혼인계약 위에 그 근거를 둔 것이나 또 일부다처를 허용할 수 없고, 간음할 수 없으며, 이혼할 수 없는 성격 (the impermissibility of polygamy, adultery or divorce) 위에 그 근거를 둔 것은 결혼관계에 대한 이러한 고귀한 성경적 관점 때문이다."[378] 남편과 아내의 연합은 분명히 예수님께서 그의 교회 즉 그리스도의 몸과 불리 되실 수 없음을 반영하고 있다.

몸의 지체들과 머리와의 관계(고전 6:15; 12:12; 엡 1:22-23; 골 1:18 참조)는 또한 분명히 예수님과 성도들의 연합이 분해될 수 없음을 보여주고 있다. 아무도 몸의 지체를 살해함이 아니고는 머리로부터 몸의 지체를 분리할 수 없다. 고전 6:15은 "너희 몸이 그리스도의 지체인 줄 알지 못하느냐 내가 그리스도의 지체를 가지고 창녀의 지체를 만들겠느냐 결코 그럴 수 없느니라"고 말씀한다. 본 절은 신자들이 그리스도의 몸인 고로 창기와 연합할 수 없으며 그리스도와 연합한 신자는 그리스도로부터 분리될 수가 없음을 말하고 있다.

골 1:18 상반 절은 "그는 몸인 교회의 머리시라"고 말씀한다. 그리스도는 교회의 머리이시고 인도자로서 교회를 인도하시며

---

[378] A. Skevington Wood, *The Expositor' Bible Commentary*, vol. 11, *Ephesians*, ed. Frank E. Gaebelein (Grand Rapids; Zondervan Publishing House, 1978), 78.

주장하신다. 아무 것도 머리로부터 교회를 분리할 수 없다. 여기서 "교회"란 그리스도를 믿는 공동체인데 성령에 의하여 세례를 받은, 나눌 수 없는 신자들의 공동체를 지칭한다. 일단 연합이 되었다면 영원히 분리될 수 없는 것이다.

B. 예수님과 제자들의 연합은 오순절 이전에 이루어졌다

요 15:3에서 예수님은 "너희는 내가 일러 준 말로 이미 깨끗하여졌으니"라고 말씀하신다. 예수님께서 제자들에게 이 말씀을 하신 것은 오순절 이전이다.[379] 여기 "깨끗하여졌으니"(to be clean)란 말의 뜻은 제 1장에서 이미 밝힌바와 같이 중생, 믿음, 회심, 칭의, 양자, 연합, 최초의 성화, 를 지칭한다. 만약 예수님의 제자들이 오순절 이전에 구원의 서정 전체를 경험했다면 그들이 그리스도와 연합한 것도 오순절 이전에 된 것이다. 디이슨(Thiessen)은 구원의 경험들: 즉 회심, 칭의, 중생, 그리스도와의 연합, 양자가 되는 것들 사이에는 시간적인 순서는 없고 모든 것들은 동시에 일어난다. 성화만이 위의 구원의 경험들과 동시에

---

[379] 예수님께서 다락방 강화를 마치시고 오순절까지는 대략 53일 정도의 시간적인 간격이 있다.

일어날 뿐 아니라 또 앞으로 계속해서 진행된다고 주장한다.[380] 싱클레어 B. 펄거슨(Ferguson)도 "구원의 복들은 성령을 통하여서만, 즉시, 동시에, 그리고 그리스도 안에서 종말에 우리의 것이 된다. 바울이 말하는 술어로 말하자면 오직 '그리스도 안에서' 구원의 복들이 우리의 것이 된다"고 말한다.[381]

이와 같이 그리스도의 제자들은 오순절 이전에 그리스도와 연합되었고 또 그리스도를 믿게 되었다. 성경 구절들은 그리스도의 제자들이 오순절 이전에 이미 그리스도를 믿었음을 말하고 있다. 예수님의 제자들을 제외하고 예수님을 따르던 많은 추종자들이 가버나움 회당에서(요 6:22-58) 생명의 떡에 관한 예수님의 설교를 들은 후 "떠나가고 다시 그와 함께 다니지 아니했을" 때(요 6:66) 예수님은 제자들에게 너희도 가겠느냐고 물으신다(요 6:67). 예수님의 질문에 대해 베드로는 "주여 영생의 말씀이 주께 있사오니 우리가 누구에게로 가오리이까 우리가 주는 하나님의 거룩하신 자이신 줄 믿고 알았사옵나이다"(요 6:68-69)라고 대답한다. 요 16:27에 예수님은 제자들이 "내(예수님 자신)가 하나님께로부터 온 줄 믿었다"고 말씀하시고 또 요 16:30에 제자들은 "지금에야 주(예수님)께서 모든 것을 아시고 또 사람의 물음

---

[380] Thiessen, *Lectures in Systematic Theology*, 268.
[381] Sinclair B. Ferguson, *The Holy Spirit* (Downers Grove, Ill.: InterVarsity Press, 1996), 102.

을 기다리시지 않는 줄 아나이다. 이로써 하나님께로부터 나오심을 우리가 믿사옵나이다"라고 고백한다. 요 17:1-26의 예수님의 기도문에서 예수님은 "나는 아버지께서 내게 주신 말씀들을 그들에게 주었사오며 그들은 이것을 받고 내가 아버지께로부터 나온 줄을 참으로 아오며 아버지께서 나를 보내신 줄도 믿었사옵나이다"라고 말씀하신다(요 17:8). 예수님께서 부활하신 후 두 번째 주일에 도마는 "나의 주님이시요 나의 하나님이시니이다"라고 예수님께 고백한다(요 20:28). 도마의 고백을 들으신 주님은 도마가 믿는 것을 인정하시고 이렇게 평하신다: "너는 나를 본 고로 믿느냐 보지 못하고 믿는 자들은 복되도다"고 하신다(요 20:29). 도마가 예수님을 자신의 주님으로 그리고 하나님으로 믿었다는 사실은 도마가 이미 성령의 역사에 의하여 예수님과 연합되었다는 것이고 중생했다는 것이며 칭의 되었고 회심했다는 것을 보여준다.

마태도 역시 예수님의 제자들이 베드로가 예수님을 그리스도와 살아계신 하나님의 아들이라고 고백할 때 이미 중생되었고 회심했다는 사실을 증거하고 있다.[382] 베드로의 신앙고백을 들으

---

[382] 베드로는 16절에서 12제자의 대표로 고백하는 것 같다. 쨈블린(J. Knox Chamblin) "15절의 '너희'란 말은 복수라고 말한다(이것은 베드로가 제자들의 대표로 대답하고 있음을 암시하는 것이다)." J. Knox Chamblin, *Matthew*, Baker Commentary on the Bible, ed. Walter A. Elwell(Grand Rapids: Baker Book House, 1989), 741-42.

시고 예수님은 기뻐하시면서 "바요나 시몬아 네가 복이 있도다 이를 네게 알게 한 이는 혈육이 아니요 하늘에 계신 내 아버지시니라"고 말씀하신다(마 16:17). 이와 관련하여 바비에리(Louis A. Barbieri)는 "베드로의 신앙 고백은 예수님으로부터 찬사를 얻게 되었다. 베드로는 예수님이 누구신지에 대해 정확한 고백을 했기 때문에 그리고 큰 복이 그의 생애에 다가왔기 때문에 복되었다. 그러나 주님은 베드로의 고백이 베드로가 자기 자신이나 타인의 능력으로 내린 결론이 아니라고 덧붙이신다. 하늘에 계신 아버지께서 예수님이 누구이심을 보여주신 것이라"고 말한다. 맥아더(John MacArthur)는 마 16:17 하반 절("이를 네게 알게 한 이는 혈육이 아니요 하늘에 계신 내 아버지시니라")로부터 의미를 끌어내면서 "예수님의 가르침의 빛과 예수님의 이적적인 힘이 그들에게 비추기 시작했을 때 성령님은 그들의 마음을 열어 예수님을 살아계신 하나님의 아들 메시아로 보게 했다"고 주장한다. 분명히 베드로는 오순절 이전에 성령님의 역사에 의하여 이미 예수님과 연합되었고 중생했으며 회심했다는 것을 알 수 있다.

학자들은 증언하기를 성령님은 오순절 이전에만 역사하신 것이 아니라 구약 시대에도 역사하셨다고 말한다.[383] 존 스토트

---

[383] 존 스토트(John Stott), 리온 우드(Leon J. Wood), 그리고 페인(J. Barton Payne)같은 학자들은 구약 시대에도 성령님께서 중생의 역사를 일으켰다고 증언한다. 페인(J. Barton Payne), *The Theology of the Older Testament*(Grand Rapids: Zondervan

(John Stott)는 "구약 성경에 보면 그(성령님)는 끊임없이 활동하셨다—우주 창조와 보존에서, 섭리와 계시에서, 믿는 자들의 중생에서, 그리고 특별한 사역을 위해 특별한 사람들을 준비시키는 일에 있어서 끊임없이 활동하셨다"고 말한다.[384] 이 의견에 동조하여 리온 우드(Leon J. Wood)는 구약 시대에 경험된 영적인 갱신에 대해 언급한다. 그는 기록하기를

> 구약성경의 사람들이 영적인 갱신을 경험했다는 것을 찾아보는 것은 어렵지 않다. 이런 사실을 알기 위해서는 구약 성경의 위대한 인물들 중에 몇몇을 거론하는 것만으로 충분하다. "의인이요 당대에 완전한 자"였던 노아(창 6:9); "하나님을 믿으매 그것이 그에게 의로 여겨진 바 되었느니라"(롬 4:3)고 선언되었던 믿음의 용장 아브라함; "그리스도를 위하여 받는 수모를 애굽의 모든 보화보다 더 큰 재물로 여겼던"(히 11:26) 모세; "그(하나님)의 종"으로 하나님으로부터 택함 받았으며 (시 78:70) 그의 마음이 "하나님 여호와 앞에 온전했던"(왕상 15:3) 다윗 등이 있다고 주장한다.[385]

Publishing House, 1962), 241.
[384] John R. W. Stott, *Baptism and Fullness: The Work of the Holy Spirit Today*(Downers Grove, Il.: InterVarsity Press, 1975), 22.
[385] Leon J. Wood, *The Holy Spirit in the Old Testament* (Grand Rapids: Zondervan Publishing House, 1976), 64-65.

우드(Wood)는 신약 성경의 예와 더불어 구약 성경의 영적 갱신의 증거를 제시하고 있다. 그는

> 노아는 의인이요 당대에 완전한 자라고 불렸고(창 6:9), 아브라함은 롬 4:1-25과 갈 3:13-18에 기록된 대로 신약 성경의 신자들을 위한 믿음의 본보기였으며, 요셉은 불평할만한 대단한 이유를 가지고 있었지만 독살스럽게 행동하지 않았으며 하나님을 믿는 믿음을 잃지 않았다

고 주장한다.[386]

그러나 오순절 이후에 성령님께서 믿는 자들 안에서 더욱 활발하게 역사하셨다고 가르치는 듯이 보이는 진술이 있다. 요 7:39에 요한 사도는 오순절 날 이전에는 "성령이 아직 그들에게 계시지 아니하시더라"고 말씀한다. 요한은 "예수께서 아직 영광을 받지 않으셨으므로 성령이 아직 그들에게 계시지 아니하셨다"고 주장한다. 그렇다면 요한이 기록한바 "성령이 아직 계시지 아니하셨다"는 말씀은 무엇을 의미하는가. 캘빈(John Calvin)은 "전도자(요한)가 예수님께서 세상에서 천한 종의 몸을 입고 사시는 동안에는 예수님의 부활 후에 부어졌던 성령의 은혜가 분

---

[386] *Ibid.*, 65.

명하게 나타나지 않았다고 선언하는 것이라"고 말한다.[387] 리온 모리스(Leon Morris)도 캘빈과 일치하게 "성경은 오순절 시점까지 성령님께서 아주 활동하시지 않았다고 말씀하지 않는다. 구약 성경과 복음서들 속에 성령님에 대한 많은 말씀이 있다. 그러나 사도시대의 활동과 비교할만한 것은 없다. 그런고로 이전에는 성령님께서 안 계셨던 것처럼 보였다. 요한은 우리에게 말씀하기를 오순절 이전과 이후의 차이를 낸 것은 예수님의 사역이었다. 예수님께서 아직 영광을 받지 않으셨던 고로 성령이 아직 계시지 않으셨다. 갈보리는 오순절에 이르는 반드시 필요한 서막"이라고 주석한다.[388]

요한 자신은 성령님의 은사가 전적으로 예수님의 사역의 완성에 의존하고 있다고 인정하고 있다.[389] 아무튼 요한이 말씀한바 "성령이 아직 계시지 아니하셨다"는 말씀은 성령님이 존재하지 않았다든가 오순절 이전에는 활동하시지 않았다는 뜻이 아니다. 확실히 영원하신 성령님은 오순절 이전에도 예수님의 말씀을 들은 열한 제자 안에 역사하셨다. 다시 말해 성령님은 예수님께서 말씀을 전하시는 동안 열한 제자들을 예수님께 연합시켰고 중생시키셨다. 골든(A. J. Gordon)은 "중생이란 우리의 자연적인 생명

---

387 Calvin, *Commentary on the Gospel according to John*, vol. 1, 310.
388 Morris, *The Gospel according to John*, 427.
389 Barrett, 329.

이 가장 높은 경지에까지 오른 것이 아니라, 하나님의 생명이 가장 낮은 지점에까지 내려온, 즉 부패한 인간의 마음에까지 내려온 생명이다"라고 언급한다.[390] 핑크(Pink)도 역시 중생을 이렇게 정의한다. "성령님은 우리의 중생에서 참 새로운 영원한 생명을 수여하신다. 그 생명이란 '산 영'(a living soul)이었던 첫 아담으로부터 내려온 생명이 아니라, '살려주는 영'(a quickening Spirit)이신 마지막 아담으로부터 온 생명이다"라고 말한다(고전 15:45). 요약해 말하면 예수님의 제자들은 오순절 이전에 하나님의 생명을 받아 그리스도를 신앙했다. 이 사실은 열한 제자들이 오순절 날이 오기 전에 그리스도와 연합했음을 보여주는 것이다.

C. 제자들이 예수님과 연합된 것을 보여주는 증거

두 가지 사실을 보면 예수님의 제자들이 오순절 이전에 연합되었다는 것을 알 수 있다. 첫째, 예수님의 마지막 다락방 강화를 듣고 있던 열 한 제자들이 이미 예수님께서 말씀하신 말씀으로 깨끗해졌다는 것(3절)은 그들이 예수님과 연합되어 있음을 알

---

[390] A. J. Gordon, *The Ministry of the Holy Spirit* (Minneapolis, Minn.: Bethany House Publishers, 1985), 76.

수 있다. 요 13:1-11에 보면 예수님은 유월절 이전에 그의 제자들의 발을 씻고 계신 중에 그의 제자들을 두 그룹, 즉 이미 깨끗해진 그룹과 깨끗하지 않은 그룹으로 나누셨다. 예수님께서 제자들의 발을 하나하나 닦으실 때 베드로는 예수님에게 자기의 발을 절대로 씻어서는 안 된다고 말씀드린다. 그런데 예수님은 베드로의 발을 닦지 않으면 베드로와 상관이 없어진다고 하셨을 때 베드로는 자신의 발만 아니라 손과 머리도 씻어주시라고 요청했는데 예수님은 베드로에게 "이미 목욕한 자는 발밖에 씻을 필요가 없느니라 온 몸이 깨끗하니라 너희가 깨끗하나 다는 아니니라"고 하셨다(요 13:10). 요 13:11에 요한 사도는 예수님의 말씀을 해설하면서 "예수는 자기를 팔자가 누구인지 아심이라 그러므로 다는 깨끗하지 아니하다고 하셨다"고 말한다. 요 13:10에서 예수님께서 제자들을 두 그룹으로 나눈 기준은 제자들이 중생, 칭의, 믿음, 회심, 양자됨, 성화가 되었느냐 아니 되었느냐 였다. 예수님은 그 기준으로 제자들을 11사람과 한 사람 가룟 유다로 나누셨다.

예수님의 제자들은 예수 안에 거하도록 부탁받을 만큼 깨끗해졌다(요 15:4, 구원의 서정을 경험했다). 그러나 유다는 요한복음서에서 예수님으로부터 예수님을 신앙하도록 부탁받지 않았다. 그에 비해 11제자들은 요한복음서에서 예수님 안에 거하도록(믿도록) 명령을 받고 있다. 그들은 예수님께서 그들에게 일러준 말로 깨끗해졌기에 예수님을 믿을 수 있었고 또 예수님은 그들 안에 거하시게 되었다. 확실히 제자들은 유다를 제외하고 예수님의 포도나무와 가지 비유를 들을 때 예수님과 연합되어 있었다.

둘째, 그들은 분명히 열매를 맺고 있었다. 이유는 그들은 열매를 맺고 있다고 예수님께서 암시하셨기 때문이다(요 15:2). 비록 예수님께서 그들에게 열매를 맺도록 엄하게 말씀하셨을지라도 예수님은 15:2에서 그들이 확실히 열매를 맺고 있다고 암시하신다. 요 15:4-5에서, 예수님은 제자들이 예수님 안에서만 열매를 맺는다고 주장하신다: "가지가 포도나무에 붙어 있지 아니하면 스스로 열매를 맺을 수 없음 같이 너희도 내 안에 있지 아니하면 그러하리라…나를 떠나서는 너희가 아무 것도 할 수 없음이라." 바울 사도는 이와는 대조적으로 선한 열매는 성령으로부터 온다고 말한다. 그러므로 예수님의 제자들이 열매를 맺는다는 사실은 그들이 성령 안에 있다는 것과 또 그들이 성령의 역사에 의하여 예수님과 연합되었다는 것을 보여주고 있다.

D. 관련 성구(요 15:3) 의미 요약

본장의 관련 성구는 요 15:3이다. 본장에서 "깨끗하여졌으니"란 말은 제 1장에서보다는 더 자세히 설명된다. 본 절에서 예수님은 "너희는 내가 일러 준 말로 이미 깨끗하여졌으니"라고 말씀하신다. 11 제자들은 비록 예수님을 부인하고 드디어 도망하며 (막 14:50; 요 16:32) 베드로는 사도로서 거짓말까지 했을지라도 (요 18:25-27) 예수님께서 그들에게 말씀을 일러주셨을 때 이미 깨끗해졌다. 다시 말해 그들은 훗날의 사건들이 드러내듯이 그들은 죄로부터 온전히 깨끗하지는 못했을지라도 그들은 이미 깨끗해진 사람들이 되었다.

그렇다면 "깨끗하여졌으니"란 말은 무슨 뜻인가?

a) 테니(Tenney)는 "깨끗하여졌으니"란 말은 '진심에서 울어난 헌신'(sincere devotion)을 의미한다고 말한다. 이 진지한 헌신이 효력을 발휘하여 제자들을 예수님에게 연합시켰다고 말한다. 테니는 "예수님은 '깨끗함'을 '온전함'과 동등시하시지 않고 차라리 '온전한 헌신'과 동등시하셔서 마치 가지가 포도나무에 연합되듯이 다른 사람들을 자신과 연합시켰다고 주장한다.[391] 그러나 이 견해는 목표를 빗나가고 말았다. 왜냐하면 온전한 헌신은 11 제자 측의 자발적인 노력을 요구하기 때문이다. 다시 말해 사람 측의 솔선수범을 요구하기 때문이다. 필연적으로 제자들이 깨끗하게 되는 것은 수동적인 의미를 가져야 한다. 이유는 그들은 자신

---

391 Tenney, p. 151.

들의 노력에 의해서 깨끗해지는 것이 아니라 예수님께서 그들에게 일러준 말로 깨끗해져야 했기 때문이었다.[392]

　b) 다른 주석가들[393]은 본 절의 "깨끗하여졌으니"란 말은 정결이나 혹은 정결하게 되는 과정 자체를 의미한다고 주장한다. 배렛(Barrett)은 "제자들은 하나님의 새로운 사람들의 최초의 회원으로서 이미 정결의 과정을 거치고 있다"고 기록하고 있다.[394] 그러나 이 견해는 다음과 같은 이유로 정곡을 찌르지 못하고 있음을 알 수 있다. 첫째, 요 15:3의 "깨끗하여졌으니"란 말은 정결의 과정을 의미하지 않고 과거에 열 한 제자들에게 단번에 주어진 깨끗함(중생, 믿음, 회심, 칭의, 양자, 연합 등)을 지칭하는 말이다. 둘째, 요 13:10의 "깨끗하다"는 말은 단번에 깨끗해진 것을 의미한다. 요 13:10에서 예수님은 "이미 목욕한 자는 발밖에 씻을 필요가 없느니라 온 몸이 깨끗하니라"고 말씀하신다. 여기 예수님의 의도는 제자들이 이미 깨끗해졌기에 그들은 다시 목욕할 필요가 없다고 주장하신다. 다시 말해 예수님은 그들 모두에게 한번 목욕으로 충분하고 다시 목욕할 필요가 없다고 하신 것이

---

[392]　Cook, p. 85.
[393]　이 부류에 속하는 학자들은 Barrett, Godet, Hengsternberg, Lange, Schnackenburg 이다.
[394]　Barrett, p. 474.

다. 그러므로 그들의 깨끗함은 단번에 된 사건으로서 구원을 받는 전체 과정을 지칭하는 것으로 보아야 한다.

c) 어떤 학자들은 요 15:3의 "깨끗하여졌으니"란 말이 칭의를 뜻한다고 주장한다. 윌리엄 헨드릭슨(William Hendriksen)은 "그리스도의 말씀(요 3:34; 5:47; 12:48; 행 2:41)을 믿음으로(요 3:16; 12:37; 행 10:43; 롬 3:22) 11제자들은 깨끗하게 되었다(13:10을 보라), 곧 의로워졌다(롬 5:1). 그들은 이미 이 은혜를 받았다. 그리고 그들은 점진적으로 깨끗해지는 과정에 있다(성화)".395 헨드릭슨은 11제자가 "깨끗해졌다"는 것을 그들의 칭의로 보았다. 다시 말해 제자들의 깨끗함 자체는 그들의 칭의라고 주장한다. 이와 동조하여 렌스키(Lenski)도 "깨끗하여졌으니"란 말을 칭의로 정의하고 있다. 렌스키는 "이것(깨끗하여졌으니)은 **성화**(좁은 의미로: 선행을 산출하는 것)와는 구별되는바 **칭의**이다. '깨끗하다'는 말은 죄를 용서함으로 깨끗해진 것으로 칭의라고 정의된다"라고 주장한다.396

---

395 Hendriksen, *The Gospel according to John*, 2:299.
396 R. C. H. Lenski, *The Interpretation of St. John's Gospel*, p. 1031. Cf. Christopher Ernst Luthardt, *St. John's Gospel*, vol. 3, trans. Caspar Rene Gregory (Edinburgh: T. & T. Clark, 1878), p. 142.

d) 어떤 학자들은 "깨끗하여졌으니"란 말은 중생을 지칭한다고 말한다. 토레이(R. A. Torrey)는 "깨끗하여졌으니"란 말이 중생을 지칭한다고 주장한다. 그는 "그들(예수님의 제자들)은 이미 중생했다. 예수님 자신께서 그렇다고 이미 광고하셨다. 요 15:3에서 예수님은 제자들에게 '너희는 말씀으로 이미 깨끗해졌다'고 말씀하신다(약 1:18; 벧전 1:23 참조). 그리고 요 13:10: '너희가 깨끗하나 다는 아니니라'고 하신다…사도들은 유다를 제외하고는 이미 중생한 사람들이었다"고 주장한다.[397]

클락(George W. Clark)은 요 15:3을 주해하면서 11 제자들이 깨끗하다고 하는 말은 중생을 의미한다고 말한다. 그는 "그들은 썩지 않은 말씀을 통하여 부정함이 접촉하지 않게 탄생했다(벧전 1:23; 약 1:18). 그러므로 하나님 앞에서의 그들의 위치를 볼 때에 그들은 아주 깨끗하다"고 주장한다.[398]

그런고로 제자들이 소유한 깨끗함이란 중생, 칭의, 믿음, 회심, 양자, 최초의 성화 즉 구원의 서정 전체로 보아야 한다. 첫째, 예수님께서 포도나무와 가지 비유를 말씀하실 때 그들은 이미 깨끗하게 되었다. 다시 말해 그들이 깨끗해진 것은 그들이 그

---

[397] R. A. Torrey, *The Baptism with the Holy Spirit* (Minneapolis, Minn.: Bethany House Publishers, 1972), 16.
[398] George W. Clark, *The Gospel of John* (Philadelphia: American Baptist Publican Society, 1896), pp. 245-46.

들의 깨끗함에 대해서 의식하든 못하든 그들의 과거의 경험에 속하게 되었다. 둘째, 똑 같은 깨끗함에 대해서 말하는 요 13:10은 제자들이 이미 깨끗해졌다고 말씀하는데, 그들의 깨끗함은 단번에 된 사건이다. 이유는 예수님께서 그들에게 발 밖에는 씻을 필요가 없고 몸을 다시 씻으라고 요구하시지 않기 때문이다. 비록 베드로가 발만 아니라 그의 손과 머리를 씻어달라고 요구했을지라도 예수님은 제자들이 목욕할 필요가 없다고 하신다(요 13:9). 제자들이 깨끗하게 된 것이 과거에 된 사건이고 또 이것이 단번에 된 사건이라는 결론에 의하여 우리는 그들의 깨끗함이라는 것이 구원의 전체 서정으로 보는 것이다.

E. 예수님의 말씀이 어떻게 연합시키는 것인가

예수님의 말씀이 어떻게 제자들과 예수님을 연합시키는 것인가. 어떻게 예수님의 말씀이 제자들과 예수님을 연합시키고 제자들로 하여금 칭의를 얻게 하며 성화시키고 또 양자를 만드는 것인가? 다시 말해 어떻게 해서 예수님의 제자들이 예수님의 말씀에 의해서 구원을 받는가 하는 것이다.

만약에 성령님께서 제자들과 예수님을 연합시키고, 칭의를 얻게 하며 성화시키시고, 그리고 양자를 얻게 하는 일에 예수님의 말씀을 사용하시는 것이라면 예수님의 말씀은 제자들을 위하여 활용되는(activated) 것이다. 다시 말해 사람이 성령님의 역사를 통하여 예수님의 말씀을 믿을 때 사람은 구원을 받게 되는 것이다. 즉 중생을 받게 되고 의를 얻게 되며 성화되고 양자가 되는 것이다. 이에 관하여는 다음에 자세히 설명할 것이다.

1) 성령님은 연합의 창시자(the Author of Union)

성경은 말씀하기를 누구든지 예수님을 믿으면 성령의 은사를 받는다고 말씀한다. 행 2:38은 "베드로가 이르되 너희가 회개하여 각각 예수 그리스도의 이름으로 세례를 받고 죄 사함을 받으라 그리하면 성령의 선물을 받으리니"라고 말씀한다. 이 말씀에 동의하여 투쎄인트(Stanley D. Toussaint)는 "성령의 은사는 주님을 바라보는 사람들, 즉 유대인과 그 자손들과 그리고 멀리 있는 이방인들에게 주어진 하나님의 약속이다. 행 2:38-39은 구원을 위해서 해야 하는 인간 측의 일과(repent) 하나님께서 하시는 일을 종합하고 있다"고 언급한다.[399] 행 2:37-39에 기록되어 있는 베드로의 설교는 누구든지 예수님을 믿는 사람들은 성령님의 은사를 받는다고 극명히 말하고 있다.

---

[399] Stanley D. Toussaint, "Acts," in *The Bible Knowledge*. New Testament ed., ed. John F. Walwoord and Roy B. Zuck (Wheaton, Ill.: Victor Books, 1983), p. 359.

성경은 누구든지 예수님께서 주시는 구원을 받거나 거절할 결정권을 가지고 있다고 말씀한다. 예수님은 유대인들이 예수님을 거부할 것을 예언하시면서 유대인들에게 "너희가 성경에서 건축자들이 버린 돌이 모퉁이의 머릿돌이 되었다는 것을 읽지 못하였느냐"고 말씀하신다. 예수님께서 시편 11:22을 이용하신 것은 이방인들이 예수님을 영접한 반면 유대인들은 예수님을 거절한 현실을 가리킨 것이다(행 4:11; 벧전 2:7; 참조 24:14-15; 행 28:23-29).

한 사람이 예수님과 연합되는 것은 성령에 의해서 이루어진다. 고전 12:13에서 바울 사도는 "우리가 유대인이나 헬라인이나 종이나 자유자나 다 한 성령으로 세례를 받아 한 몸이 되었고 또 다 한 성령을 마시게 하셨느니라"고 말씀한다. 바울 사도는 성령 세례가 신자들을 그리스도의 몸에 연합시키며 성령께서 세례 주시는 역사가 신자들을 그리스도께 연합시키는 것이라고 가르친다.[400] 펜티고스트(J. Dwight Pentecost)는 "성령님이 세례를 주시는 역사는 그리스도가 머리가 되시는 몸 안에서 사람과 사

---

[400] 이 논문은 예수님과 제자들의 연합에 미치는 그리스도의 구전(口傳)의 말씀의 역할을 다룰 뿐 아니라 예수님과 모든 신자들의 연합에 미치는 그리스도의 기록된 말씀의 역할을 다룬다. 비록 그리스도의 구전의 말씀이 모두 성경에 기록된 것은 아닐지라도(요 20:30; 행 20:35), 예수님의 구전의 말씀과 기록된 말씀은 둘 다 성령님에 의해서 영감 되었다는 점에서 똑 같다는 것을 인정해야 하며 또 예수님의 구전의 말씀을 연구하는 것이나 기록된 말씀의 역할을 연구하는 것은 똑 같다는 것을 인정해야 할 것이다.

람을 연합시킬 뿐 아니라 사람을 그리스도에게 연합시킨다: '누구든지 그리스도와 합하기 위하여 세례를 받은 자는 그리스도로 옷 입었느니라'"(갈 3:27)고 주장한다.[401]

2) 연합에 역할을 하는 성령과 말씀과의 관계

바울 사도는 말씀과 성령과의 관계를 고전 2:10-13에서 피력하고 있다. 바울은 성령께서 하나님의 깊은 것을 드러내신다고 주장한다(고전 2:10): "하나님이 성령으로 이것을 우리에게 보이셨으니 성령은 모든 것 곧 하나님의 깊은 것까지도 통달하시느니라." 여기 바울이 말한 "깊은 것"이란 말은 그리스도의 십자가, 하나님 성품의 신비, 하나님의 섭리 그리고 하나님의 사역 등을 지칭한다. 성령님은 이 모든 일을 드러내신다. 예수님께서는 그의 제자들에게 "하나님 나라의 비밀을 너희에게는 주었으나 외인에게는 모든 것을 비유로 하나니"라고 말씀하신다(막 4:11). 위어스비(Warren W. Wiersbe)는 고전 2:10을 주해하면서 "성령님은 하나님의 깊은 것을 아시고 우리에게 드러내신다. 10절은 '하나님의 깊은 것은 '하나님이 자기를 사랑하는 자들을 위하여 예비하신 모든 것'(9절)에 대한 또 다른 묘사이다. 하나님은 오늘날 하나님께서 우리에게 주시기로 계획하신 은혜의 모든 복

---

401   J. Dwight Pentecost, *The Divine Comforter*, p. 142.

을 알기를 원하신다"고 주장한다.[402]

바울은 고전 2:13에서 "우리가 이것을 말하거니와 사람의 지혜가 가르친 말로 아니하고 오직 성령께서 가르치신 것으로 한다"고 말씀했는데 이 말씀은 "우리가 성령의 가르치신 말씀으로 말한다"는 말로 요약된다. 사도들이 말한 바로 그 말씀과 성경에 기록된 바로 그 말씀은 사람의 지혜가 가르친 말씀이 아니고 성령께서 가르치신 말씀이다. 성령님은 말씀을 가르쳐주시는 스승이시다. 이런 점에서 성령님은 성경을 만드신 저자이시다.

바울은 하나님의 말씀과 성령님의 관계를 엡 6:17에서 말씀하고 있다. 거기에 보면 "성령의 검 곧 하나님의 말씀을 가지라"고 말씀한다. 이 절에서 우리가 알 수 있는 것은 예수님의 말씀은 성령님과 불가분리의 관계가 있음을 알 수 있다. 회녀(Hoehner)는 "성령의 검은 **하나님의 말씀**으로 지칭된다. **말씀**(ῥῆμά; cf. 롬 10:8, 17; 엡 5:26; 벧전 1:25)이란 사람의 마음속에 성령님께서 이룩하신 설교된 말씀이나 혹은 하나님께서 발언하신 말씀을 지칭한다"고 주장한다.[403] 바울은 분명히 하나님의 말씀은 성령이 쓰시는 도구라고 언명한다. 성경은 예수님의 말씀은 성령과 불가분리의 관계가 있다고 증언한다.

---

[402] Warren W. Wiersbe, *Be Wise: I Corinthians* (Wheaton, Ill.: Victor Books, 1984), p. 35.
[403] Hoehner, "Ephesians," p. 644.

3) 예수님의 말씀은 연합을 위한 수단이다

바울은 엡 6:17에서 "구원의 투구와 성령의 검 곧 하나님의 말씀을 가지라"고 말씀한다. 바울이 뜻하는 바는 하나님의 말씀은 신자들을 위한 성령이 쓰시는 검(檢)이라는 것이다(히 4:12 참조). 제임스 올(James Orr)은 하나님의 말씀은 예수 그리스도를 믿는 신자들의 중생을 위한 도구라고 주장한다. 그는 말하기를

> 우리가 성령이 이 변화(중생)를 일으키는 수단 혹은 도구를 살필 때 우리는 성경에서 항상 그 수단 혹은 도구는 한 가지라고 알게 되는데 그것은 곧 말씀이다. 하나님의 말씀과 중생을 연결 짓는 성경장절은 많이 있다. 말씀을 뿌리는 분이신 예수님께서 뿌리러 나가실 때 씨로 뿌리시는 것은 말씀이다(눅 8:11). 베드로는 "너희가 거듭난 것은 썩어질 씨로 된 것이 아니요 썩지 아니할 씨로 된 것이니 살아 있고 항상 있는 하나님의 말씀으로 되었느니라"고 말한다(벧전 1:23; cf. 약 1:18). 마음속에 받은 말씀―믿어진 말씀―을 통하여 소위 영적인 변화라고 하는 것들 즉 회심 혹은 중생이 이루어진다

고 한다.[404]

---

[404] Orr, *Sidelights on Christian Doctrine*, p. 147.

설교자가 그리스도의 말씀을 전할 때 성령님은 청중들의 구원을 위해 역사하신다. 만약 설교자가 그리스도의 말씀을 전하지 않을 때는 성령님은 사람들의 구원을 위해 아무 역사도 하지 않으신다. 예수님의 말씀은 신자들의 구원을 위한 성령의 도구이다.

신자들을 위하여 말씀이 도구 역할을 하는 몇몇 본보기를 들어보는 것은 유익할 것이다. 모세는 출 4:10-18에서 자신의 말이 어눌하다는 이유로 이스라엘을 인도하라는 하나님의 명령을 거절하고 하나님께 부탁하여 보낼만한 자를 보내시라고 말한다. 하나님은 모세의 이 태도를 불쾌하게 여기시고 이렇게 제안하신다. "레위 사람 네 형 아론이 있지 아니하냐 그가 말 잘 하는 것을 내가 아노라 그가 너를 만나러 나오나니 그가 너를 볼 때에 그의 마음에 기쁨이 있을 것이라 너는 그에게 말하고 그의 입에 할 말을 주라 내가 네 입과 그의 입에 함께 있어서 너희들이 행할 일을 가르치리라"고 하신다(출 4:14-15). 하나님은 모세의 입과 아론의 입에 함께 있으시겠다고 말씀하신다. 이 말씀은 하나님께서 당신의 사역을 위해 모세의 입에 그리고 아론의 입에 말씀을 넣어주시겠다는 뜻이다.

예수님은 야곱이 그 아들 요셉에게 준 땅 가까이에 있는 수가라고 하는 사마리아 동네의 사마리아 여인에게 말씀하셨다(요 4:7-25). 예수님은 특별히 당신이 누구인지에 대해 그 여인에게 말씀하셨다(요 4:26). 수가 성 여인은 예수님을 믿었고 그 성의 전도자가 되었다(요 4:27-29). 과거에 다섯 남편을 두었던 여인, 그리고 지금의 남편은 여인의 남편이 아닌 그 여인은 그리스도께서 하시는 말씀을 듣고 깨끗하게 되었으며 예수님께서 전해 주신 그 말씀으로 예수님을 믿게 되었다(요 5:1-15; 9:1-38; 10:27; 눅 23:39-43 참조). 수가 성 여인은 그 도시 사람들에게 "나의 행한 모든 일을 내게 말한 사람을 와서 보라 이는 그리스도가 아니냐"라고 말한다(요 4:29). 미네아(Minear)는 "여기서 우리는 말씀을 듣는다는 것-하나님을 믿는다는 것이 무엇인지에 대해 분명하고도 간결한 정의를 발견한다. 그것은 하나님의 존재에 대한 막연한 수납만이 아니라 하나님께서 예수님을 보내셨다는 특별한 확신이다"라고 말한다.[405]

예수님께서 승천하신 후 예수님의 제자들은 다른 이들의 중생, 회심, 그리고 그리스도와의 연합을 위해 그리스도의 말씀을 전파했다. 거의 120명이나 되는 사람들이 성령으로 충만한 사실(행 2:13)을 두고 "이 사람들이 새 술이 취하였다"고 조롱한 사람들에게 베드로 사도가 설명할 때 베드로 사도는 성령을 증언하지 않고 오직 예수님께서 십자가 위에서 죽으시고 삼일 만에 다시 살아나신 사실을 증언했다. 다시 말해 베드로는 조롱하는 사

---

[405] Minear, *John the martyr's Gospel*, p. 95.

람들과 예루살렘의 모든 사람들에게 예수님의 십자가 죽음에 대한 말씀을 전했다. 결과 대략 3,000이나 되는 사람들이 베드로가 전한 말씀을 듣고 마음에 찔림을 받았다. 그들은 회개했고 세례를 받았으며 그 날에 그리스도의 제자가 되었다(행 2:37-42). 그들은 베드로가 전한 말씀 때문에 몇 가지 은총을 받은 것이다. 즉 마음을 찢게 되었고, 회개하게 되었으며 세례를 받고 죄를 용서받았고 또 성령의 충만함을 받아 악한 세대로부터 구원을 받았다.

베드로 사도가 날 때부터 앉은뱅이 된 사람을 그리스도의 이름으로 고칠 때(행 3:1-10), 베드로의 치유사역에 놀란 사람들에게 다음과 같이 대답한다.

이스라엘 사람들아 이 일을 왜 놀랍게 여기느냐 우리 개인의 권능과 경건으로 이 사람을 걷게 한 것처럼 왜 우리를 주목하느냐 아브라함과 이삭과 야곱의 하나님 곧 우리 조상의 하나님이 그의 종 예수를 영화롭게 하셨느니라 너희가 그를 넘겨주고 빌라도가 놓아 주기로 결의한 것을 너희가 그 앞에서 거부하였으니 너희가 거룩하고 의로운 이를 거부하고 도리어 살인한 사람을 놓아 주기를 구하여 생명의 주를 죽였도다 그러나 하나님이 죽은 자 가운데서 그를 살리셨으니 우리가 이 일에 증인이라 그 이름을 믿으므로 그 이름이 너희가 보고 아는 이 사람을 성하게 하였나니 예수로 말미암아 난 믿음이 너희 모든 사람 앞에서 이같이 완전히 낫게 하였느니라 형제들아 너희가 알지 못하여서 그리하였으며 너희 관리들도 그리한 줄 아노라 그러나 하나님이 모든 선지자의 입을 통하여 자기의 그리스도께서 고난 받으실 일을 미리 알게 하신 것을 이와 같이 이루셨느니라(행 3:12-18).

행 4:1-4에 보면 사도들이 백성들에게 전도하고 있을 때 베드로의 설교를 들은 5,000명쯤 되는 사람들이 예수님을 믿었는데, 이것은 베드로가 전한 말씀(구원의 메시지)이 5,000명에게 중생과 믿음을 주었고, 따라서 그리스도와의 연합을 이룬 것을 뜻한다. 예수님은 그의 말씀 전파를 통하지 아니하고는 직접적으로 전달되지 않는다는 것을 보여준다.[406] 행 10:1-48에는 고넬료와 그의 가족들 그리고 친구들이 가이사랴에서 베드로가 전해주는 구원의 메시지를 받았다는 것을 전해주고 있는데 베드로가 말씀을 전하는 동안 그들은 성령을 받았다고 말한다. 베드로는 그 자리에서 성령을 증언하지 않고 말씀을 전했는데 그들은 성령을 받았다.

후에 베드로가 예루살렘에 올라갔을 때 그는 가이사랴의 경험

---

[406] *Ibid.*, p. 95.

을 사도들에게 전했고 또 사도들과 함께 있었던 형제들에게 전했다(행 11:1-18). 베드로는 "내가 말을 시작할 때에 성령이 그들에게 임하시기를 처음 우리에게 하신 것과 같이 했다"고 주장한다(15절). 베드로가 뜻하는 바는 베드로가 성령에 대해서 증언했기 때문에 성령이 가이사랴 사람들에게 임한 것이 아니라 하나님의 말씀을 전했기에 성령이 임했다는 것이다. 성령님은 고넬료와 그의 친척들을 위해서 하나님의 말씀을 이용하신 것이다. 행 13:14-48은 비시디아 안디옥에서의 바울의 복음 전도에 대해서 언급한다. 바울 사도가 이방인들에게 전도할 때 그들은 바울이 전하는 주님의 말씀을 듣고 "기뻐하여 하나님의 말씀을 찬송하며 영생을 주기로 작정된 자는 다 믿었다"(행 13:48). 영생을 주시기로 작정된 자는 다 믿어 예수님과 연합되었다. 행 14:1-7에 의하면 바나바와 바울이 이고니온의 유대인 회당에서 복음을 전할 때 "유대와 헬라의 허다한 무리가 믿었다"(행 14:1). 다시 말해 유대와 헬라의 많은 무리가 바울 사도가 전해주는 주님의 말씀을 듣고 주님과 연합하게 되었다. 행 16:12-15에 보면 두아디라 성의 자주 장사이며 하나님을 경외하는 루디아라 하는 여자가 바울 사도가 전하는 하나님의 말씀을 듣고 가족들과 함께 세례를 받은 후 "네 사람의 선교사를 자기 집에 모셔서 자신이 회심한 실제적인 증거를 보여주었다."[407] 행 16:16-34에 바울과 실라는 빌립보 간수장에게 하나님의 말씀을 전해주었고 또 그의 가족들에게 말씀을 전해주었는데 간수장과 가족들은 하나님을 믿었다. 행 17:10-12에 보면 바울과 실라가 베뢰아의 유대인 회당에 들어가서 말씀을 전했을 때 베뢰아 사람들은 "데사로니가에 있는 사람들보다 더 너그러워서 간절한 마음으로 말씀을 받고 이것이 그러한가 하여 날마다 성경을 상고하므로 그 중에 믿는 사람이 많고 또 헬라의 귀부인과 남자가 적지 않았다"(행 17:11-12).

행 19:19-20에 보면 에베소 지방에서 많은 마술사들이 회심한 사건이 기록되어 있다. 누가는 "마술을 행하던 많은 사람이 그 책을 모아 가지고 와서 모든 사람 앞에서 불사르니 그 책값을 계산한 즉 은 오만이나 되더라 이와 같이 주의 말씀이 힘이 있어 흥왕하여 세력을 얻었다"고 말한다(행 19:19-20). 얼핏 보기에는 마술사들의 변화가 피상적인 것처럼 보이지만 바울이 사역하는 중에서는 가장 특이한 개혁으로 보아야 할 것이다. 아마도 누가는 일찍이 행 19:17-18에서 유대인과 이방인들의 영적 개혁이 일어난 것을 기록했기에 이 부분(19-20절)에서는 마술사들의 내적인 경험에 대해서는 생략한 것으로 보인다. 다시 말해 누가는

---

[407] F. F. Bruce, *Book of Acts*, p. 331.

에베소의 마술사들의 경험이 유대인과 이방인들의 경험과 비슷했기에 반복 기록하기를 원하지 않은 것으로 보인다. 더욱이 마술사들이 책을 태운 일 즉 외적인 변화가 내적인 변화, 즉 주님을 신앙하는 일, 회개, 주님을 높이는 일 없이는 일어날 수 없었을 것이다.[408] 아무튼 사도행전은 말하기를 주님의 말씀이 전파되면 그것을 들은 사람들의 내적인 변화와 외적인 변화가 일어나는 것으로 말하고 있다.

야고보는 1:18에서 주님의 말씀으로 중생의 역사가 일어나는 것으로 말한다. 야고보는 "그(빛들의 아버지)가 그 피조물 중에 우리로 한 첫 열매가 되게 하시려고 자기의 뜻을 따라 진리의 말씀으로 우리를 낳으셨느니라"고 말한다. 본 절은 두 가지를 말한다: 하나는 하나님께서 신자들을 중생시키신 도구를 말하고 또 하나는 신자들을 중생시키신 목적을 말한다. 본 절은 하나님께서 신자들을 진리의 말씀으로 중생시키셨고 또 그들로 하여금 "한 첫 열매가 되게 하시려고" 연합시켰다고 가르친다. 여기서 우리는 야고보가 말하는 출생이 어느 출생 즉 자연적인 출생인지 혹은 영적인 출생(중생)인지 분명히 할 필요가 있을 것이다. 이와 관련하여 쏘피 로스(Sopie Laws)는 회의적인 견해를 말하고

---

[408] 야고보는 믿음 즉 구원하는 믿음과 산 믿음은 모두 똑 같은 범주(category)에 속하는 것으로 말하고 있다. 두 가지는 죽은 믿음과는 다른 것이라고 말한다(약 2:14-26).

있다. 즉 그는 야고보가 쓴 기록 중에서 "갑자기 나타나는바 기독인의 중생을 언급한 것이 없다"고 주장한다.[409] 로스는 "야고보가 말하는 출생이란 사람 창조, 곧 '우리가 사람을 만들자'고 하신 하나님의 결의에 따라 하나님의 아들 '아담'을 창조하신 것으로 이해되어야 한다"고 주장한다(눅 3:38과 바울의 행 17:28이하 참조).[410] 쏘피 로스가 이렇게 주장하는 이유는 하늘 천체들의 창조자로서의 하나님 아버지로부터 창조의 우두머리로서의 사람의 아버지시고 창조주이신 하나님으로 생각을 전환하는 것이 쉽기 때문이라는 것이다.[411] 그러나 야고보가 약 1:17에서 하늘 천체들의 창조주로서의 하나님 아버지를 상상하고, 약 1:18에서는 사람의 아버지시며 구세주이신 하나님을 상상했으리라고 주장하는 것은 불가능한 것인가? 우리가 이렇게 주장할 수 있는 이유는 다음 구절들(1:19-22)이 구원받은 신자로 하여금 신자들의 영혼을 구원할 수 있는, 마음에 심겨진 말씀을 사용하도록 요청하기 때문이다. 벌딕(Donald W. Burdick)은 "이 출생(야고보가 말하는)이 진리의 말씀을 통한 출생 즉 복음을 통한 출생임으로, 여기에 언급된 출생은 분명히 자연적인 것이라기보다는 영

---

409 Sophie Laws, *A Commentary on the Epistle of James* (Philadelphia: Harper & Row, 1980), p. 77.
410 *Ibid.*, p. 75.
411 *Ibid.*, p. 77.

적인 것이라고 보아야 한다"고 말한다.[412] 키스테메이커(Simon J. Kistemaker)도 역시 "약 1:15에서 죄는 사망을 낳는다고 말하고, 1:18에서는 하나님께서 '진리의 말씀으로 우리를 낳으셨다'고 말한다. 하나님은 우리의 창조주이고 또 구속주이시다. 본 절의 문맥을 살펴보면 하나님은 우리의 재(再) 창조자이시다. 하나님은 우리에게 영적인 출생을 통하여 새로운 생명을 주셨다"고 주장한다.[413]

그렇다면 하나님께서 우리를 낳으신 "진리의 말씀"이란 무엇인가? 즉 신자들을 중생시키신 "진리의 말씀"이란 무엇인가? 분명히 진리의 말씀이란 구원의 말씀을 지칭하는 것으로 보아야 한다. 키스테메이커(Kistemaker)는 "진리의 말씀이란 바울 사도가 골로새서에서 설명한대로 복음을 지칭한다. 복음이 전파될 때 하나님은 죄인을 중생(중생시키시는 순간 구원의 전체 서정이 이루어진다)시키시고 그를 '새로운 피조물'로 다시 만드신다"고 말한다(고후 5:17; 골 3:10). 태스커(Tasker)도 역시 "사람들은 구원의 복음을 듣고 응답할 때 하나님의 아들들이 된다. 구원의 복음이 여기서는 엡 1:13; 골 1:5에 있는 대로 '진리의 말씀'이라고 불

---

[412] Donald W. Burdick, *Hebrews-Revelation*, The Expositor's Bible Commentary, vol. 12 (Grand Rapids: Zondervan Publishing House), p. 173.

[413] Simon J. Kistemaker, *James and 1-3 John,* New Testament Commentary (Grand Rapids: Baker Book House, 1986), p. 53.

려진다"고 말한다.[414] 사실 구원의 복음이외에 다른 것으로는 그리스도 예수 안에 있는 새로운 생명을 낳을 수 없다는 것은 너무 확실하다. 야고보가 언급하고 있는 "진리의 말씀"은 근본적으로 예수님께서 열 한 제자들에게 말씀하신 바로 그 "말씀"(oJ lovgo")이다. 왜냐하면 그 말씀은 흩어져 있는 12지파에게도(약 1:1) 그리고 예수님의 11 제자들에게도 새로운 영적인 생명을 주었기 때문이다(요 15:3).

베드로는 벧전 1:23에서 "너희가 거듭난 것은 썩어질 씨로 된 것이 아니요 썩지 아니할 씨로 된 것이니 살아 있고 항상 있는 하나님의 말씀으로 되었느니라"고 말한다. 베드로는 본 절에서 신자들이 이미 소유한 중생에 대해서 말하고 있는 것이 확실하다. 캘빈(Calvin)은 벧전 1:23을 주석하면서 "베드로의 목적은 우리가 중생하지 않고는 신자들이 될 수 없다고 가르치는 것이다. 이유는 복음은 우리로 하여금 듣게 하기 위해서만 전파되지 않고 죽지 않는 생명의 씨로서 우리의 심령을 전적으로 개혁하기 위해서 전파되는 것이다"라고 기록한다.[415] 베드로는 신자들에게 그들이 이미 새로운 생명을 받은 것을 알려주기를 원했다. 그리

---

414 R. V. G. Tasker, *The General Epistle of James* (Grand Rapids: Wm. B. Eerdmans Publishing Co., 1979), p. 49.
415 John Calvin, *Calvin's Commentaries,* vol.22, *Commentaries on the Catholic Epistles,* trans. and ed. John Owen (Grand Rapids: Baker Book House, 1979), p. 57.

고 그들의 거듭남이 하나님의 살아있고 영구한 말씀으로 소유된 것임을 알려주기를 소원했다. 그렇다면 살아있고 영구한 말씀이란 도대체 무엇인가? 첫째, 이것은 "풀"과 "꽃"과는 전혀 다른 성격의 것이다(벧전 1:24). 다시 말해 이것은 풀과 꽃과는 다른 썩지 않는 성격을 가지고 있다. 스티브스(Alan M. Stibbs)는 "베드로가 뜻을 강조하기 위하여 이사야 40:6-8에서 인용하면서 주장한 것은 하나님의 말씀은 살아있고 영원하다는 것이다. 말씀은 결코 없어지거나 죽은 글자가 아니다. 말씀은 사람들에게 변치 않는, 생명적인, 그리고 현존하는 진리를 계속해서 말하고 있다"고 기록하고 있다.[416] 둘째, 말씀은 베드로가 본도, 갈라디아, 갑바도기아, 아시아와 비두니아에 흩어진 신자들에게 전한 바로 그 말씀이다(벧전 1:1, 25). 다시 말해 벧전 1:25에서 베드로는 "오직 주의 말씀은 세세토록 있도다 하였으니 너희에게 전한 복음이 곧 이 말씀이라"고 말한다.

우리가 히 4:12-13에서 하나님의 말씀의 역할을 연구하는 것은 유익하다. 비록 히 4:12-13이 신자들의 중생에 대해서 직접적으로 언급하지 않는다 해도(약 1:18; 벧전 1:23 참조), 이 구절들은 하나님의 말씀이 하나님 자신처럼 신자들의 마음을 뚫고

---

[416] Alan M. Stibbs, *The First Epistle General of Peter* (Grand Rapids: Wm. B. Eerdmans Publishing Co., 1979), p. 94.

또 드러내는데 있어 똑 같은 힘을 가지고 있다고 말하고(행 2:37; 7:54) 또 하나님의 말씀이 하나님 자신을 대리하고 있다고 말한다. 위어스비(W. W. Wiersbe)는 이 구절들을 다음과 같이 주해한다: "말씀은 죄인들을 분노하게 하고(행 5:33; 7:54) 사탄을 패하게 하며…말씀은 능력이 있어 사람의 마음을 꿰뚫고 들어가고 마음의 생각을 드러낸다. 말씀은 '판단자' 혹은 '비판자'이다…말씀은 우리의 마음을 드러낸다. 그리고 우리가 하나님을 믿으면 그 말씀은 우리의 마음으로 하여금 하나님을 순종하게 만들어주고 하나님의 언약에 따라 복주시기를 요구한다. 이렇게 하여 모든 신자들은 하나님의 말씀을 듣고 순종하는 일에 열심하게 만든다. 우리는 말씀 안에서 하나님을 보고 또한 하나님께서 우리를 보시는 방법을 우리가 본다"고 말한다.[417] 이와 같이 하나님의 말씀이 우리의 마음을 드러내고 우리로 하여금 하나님께 순종하게 할 수 있는 이유는 그 말씀이 운동할 때 힘이 있기 때문이다. 우리는 히 4:12에서 말씀이 역사할 때 힘이 있음을 알 수 있다. 이유는 하나님의 말씀이 살아있기 때문이다.[418]

신약성경에 보면 하나님의 말씀이 능력을 가지고 있다고 말하

---

[417] Warren W. Wiersbe, *Be Confident: An Expository Study of the Epistle to the Hebrews* (Wheaton, Ill.: Victor Books, 1983), p. 44.
[418] 헬라어에서, "살아있는"(living)이란 말은 'zw'n'으로 기록되어 있다. 행 7:38에는 "살아있는 말씀"(lovgia zw'nta)이라는 말이 있다.

는 구절들이 있다. 살전 2:13에는 "이러므로 우리가 하나님께 끊임없이 감사함은 너희가 우리에게 들은 바 하나님의 말씀을 받을 때에 사람의 말로 받지 아니하고 하나님의 말씀으로 받음이니 진실로 그러하도다 이 말씀이 또한 너희 믿는 자 가운데에서 역사하느니라"고 말한다. 바울은 다시 살후 3:1에서 하나님의 말씀이 능력을 가지고 있다고 말하며 명령하기를 "너희는 우리를 위하여 기도하기를 주의 말씀이 너희 가운데서와 같이 퍼져나가 영광스럽게 되게 하라"고 말한다.

4) 믿음의 역할(Faith is means to union)

구원은 사람을 예수님에게 연합시키는 성령의 은사로 말미암아 이루어지는데 이 때 사람 측에서는 그리스도를 믿음으로 구원에 이른다. 연합에 이르는 데는 몇 가지 단계가 있다: 복음을 듣는 일, 성령으로 감동받는 일, 주 예수 그리스도를 믿는 일이다.

제리마이어(David Jeremiah)는 "하나님의 말씀이 전파되거나 읽혀지거나 들려지고 다음으로 성령님께서 하나님의 말씀을 가지고 사람의 마음속에 불을 붙이시면 그 사람은 신자가 된다… 하나님은 그의 말씀을 가지고 사람으로 하여금 예수님을 믿는 믿음에 이르도록 말씀을 사용하신다"고 말한다.[419] 제리마이어는 계속해서 다른 방법으로 강조한다: 즉 "만약 우리가 영적인 진리를 얻도록 하나님의 말씀을 사용하지 않으면 우리는 성령님을 영향력 밖으로 밀어내는 것이다. 성령님이 사람의 마음속에서 역사하실 수 있는 유일한 방법은 하나님의 말씀이 있느냐 하는 것이다. 만약에 우리가 성령님을 활동무대 밖에 두면 우리는 아무런 것도 얻지 못한다. 그러나 하나님의 말씀이 전파되면 성령님은 그 말씀을 사용하셔서 사람의 마음속에서 회심을 일으키신다"고 말한다.[420]

벌콥도 역시 말씀과 성령은 구원의 역사에 있어서 함께 역사하신다고 말한다. 그는 "개혁자들은 말씀만으로는 믿음을 일으키고 회심을 일으키는데 충분하지 못하고, 성령님이 회심을 일으키는데 통상 말씀이 없이는 역사하시지 않으신다. 그런고로 구원의 역사에 있어서 말씀과 성령은 함께 역사하신다"고 주장한다.[421] 말씀은 성령님이 구원의 역사를 위해 사용하시는 칼이고 도구이다(엡 6:16; 히 4:12).

성령님께서 선교사들을 여러 곳에 보내실 때도 성령님은 말씀과 함께 역사하셨다. 성령님께서 바울과 바나바를 이방으로 파

---

[419] Jeremiah, p. 54.
[420] Ibid.
[421] L. Berkhof, *Systematic Theology*, p. 611.

송하실 때 성령님은 안디옥 교회에 명령하시기를 두 사람을 따로 세우라고 하셨다. 행 13:2에 "성령이 이르시되 내가 불러 시키는 일을 위하여 바나바와 사울을 따로 세우라"고 하셨다. 성령님은 그 두 사람을 세우실 때 말씀으로 역사하셨다. 바울과 바나바는 안디옥을 떠나 성령의 명령을 받아 실루기아로 갔다. 즉, 행 13:4에 "두 사람이 성령의 보내심을 받아 실루기아에 내려갔다"고 말씀한다. 그리고 바울과 실라가 제 2차 전도 여행을 시작했을 때(행 15:36-18:22), 성령님은 그들로 하여금 "아시아에서 말씀을 전파하지" 못하도록 막으셨다. 행 16:6-7에 "성령이 아시아에서 말씀을 전하지 못하게 하시거늘 그들이 브루기아와 갈라디아 땅으로 다녀가 무시아 앞에 이르러 비두니아로 가고자 애쓰되 예수의 영이 허락하지 아니하시는지라"고 말씀한다.

제4장

그리스도의 말씀 충만이
열매 맺는 일에 미치는 영향

A. 말씀 충만은 열매 맺는 일에 절대적이다

예수님의 11제자들은 예수님께서 말씀하신 말씀으로 깨끗하게 된(구원받은) 이래 계속해서 예수 안에 있었다. 다시 말해 그들은 예수님께서 일러주신 말씀으로 구원을 얻은 이후 계속해서 예수님 안에 있었다. 가룟 유다만이 예수님으로부터 떨어져 나갔다. 유다가 예수님을 배신한 일에 대해서 스튜워트(James S. Stewart)는 유다가 "몇 년간의 생을 낭비하게 되었고, 예수님께서 자신을 위해서 해주신 모든 것이 그로 하여금 절망적인 고뇌 속으로 안착하게 했다고 결론 지었기에 예수님을 향하여 분노의 심정을 품었다"고 주장한다.[422] 유월절이 가까워지자(마 26:1-5),

---

[422] James S. Stewart, *The Life and Teaching of Jesus Christ* (Nashville: Abington Press, 1984), p. 197.

유다가 "대제사장들에게 가서 말하되 내가 예수를 너희에게 넘겨주리니 얼마나 주려느냐 하니 그들이 은 삼십을 달아 주거늘 그가 그 때부터 예수를 넘겨 줄 기회를 찾았다"(마 26:14-16). 예수님께서 성찬예식을 제정하시고 가룟 유다에게 빵을 주셨을 때 "조각을 받은 후 곧 사탄이 그(유다) 속에 들어갔다"고 말한다(요 13:27). 요 13:30은 계속해서 이렇게 말씀한다. 즉 "유다가 그 조각을 받고 곧" 제자단으로부터 나갔다고 말한다. 그러나 예수님과 연합된 11제자들은 15:4을 보면 예수 안에 있도록 명령을 받는다. 15:4은 이렇게 말씀한다. "내 안에 거하라 나도 너희 안에 거하리라." 열매를 맺기 위한 말씀 충만을 더 자세하게 토론하기 전에 다음과 같은 몇 가지 사항, 즉 열매를 맺기 위한 말씀 충만의 성격, 열매를 맺기 위한 말씀 충만 이전의 조건과 말씀 충만의 필요성 등을 개관하는 것이 유익할 것이다.

1) 영적 성장을 위한 말씀 충만이란 무엇인가

제 2장에서 지적했듯이 쏘시니안들(Socinians)이나 알미니안들(Arminians)은 신비적인 연합이 단지 도덕적인 연합(a mere moral union)이나 사랑의 연합(a union of love)이라고 주장한다. 그들은 예수님과 제자들 사이의 도덕적인 연합이나 사랑의 연합이 열매를 맺을 수 있다고 주장한다. 그러나 도덕적인 연합이나 사랑의 연합만 가지고는 열매를 맺을 수 없다는 것이 성경의 증언이다.

요한 사도는 포도나무 가지가 포도나무와 연합된 것과 똑 같은 연합이어야 열매를 맺을 수 있다고 주장한다(요 14:4). 바울도 역시 예수님과 신자들 사이는 머리와 몸의 관계(엡 4:15-16), 남편과 아내의 관계(엡 5:31-32)와 같아야 한다고 주장한다. 그러므로 11제자들의 예수님과의 연합은 포도나무와 가지의 관계와 그리고 머리와 몸의 관계와 같이 생명적인 연합과 개인적인 연합이어야 한다. 예수님과 신자들과의 연합이 더욱 공고해서 열매를 맺으려면 예수님의 말씀으로 충만해야 한다. 제자들(신자들)이 예수님과 최초로 연합되면 그 연합은 영원하지만 그러나 열매를 많이 맺기 위해서는 말씀 충만이 필요하다는 것이 성경의 증언이다. 영적 성장을 위한 말씀 충만이란 말씀이 계속해서 믿는 자들의 심령을 주장하는 것을 뜻한다.

2) 말씀이 충만하기 위해서는 어떤 조건이어야 하는가

예수님은 그의 제자들에게 예수님 안에 거하라고 명령하신다(요 15:4). 이유는 제자들이 이미 예수님께서 말씀하신 말씀으로 깨끗해졌기 때문이었다(요 15:3). 여기서 우리가 알 수 있는 것은 이미 깨끗하다는 것이 예수 안에 거하는 조건이라는 것이다. 다시 말해 제자들이 계속해서 예수님과 연합되어 있는 것이 열매를 맺기 위한 말씀 충만의 전제조건이라는 것이다. 예수님과 연합되어 있지 않으면 말씀을 읽어도 알지 못하며 깨닫지 못하며 말씀이 충만(주장)하지도 못하게 된다.

예수님의 제자들은 그들이 예수 안에 거하라는 명령을 받기(요 15:4) 전에 확실히 그리스도와 연합되었다. 이 진리는 여러 성구들에 의해 확인된다. 마 16:16에 예수님께서 그의 제자들과 함께 가이사랴 빌립보 지방에 계실 때 베드로는 "주는 그리스도시요 살아계신 하나님의 아들이시니이다"라는 놀라운 신앙고백을 했다. 그리고 베드로와 11제자들은 예수님께서 12 제자에게 많은 사람들이 예수님으로부터 물러감과 같이 물러가겠느냐고 물으신데 대해 그들은 아주 인상적인 대답을 했다: "시몬 베드로가 대답하되 주여 영생의 말씀이 주께 있사오니 우리가 누구에게로 가오리이까 우리가 주는 하나님의 거룩하신 자이신 줄 믿고 알았사옵나이다"라고 고백한다(요 6:68-69). 이와 같이 베드로와 제자들의 고백을 보면 그들은 예수님 안에 거하라는 명령을 받기 전에 이미 예수님과 연합되었음을 알 수 있다.

3) 열매를 맺기 위하여 말씀으로 충만할 필요가 있다

지금까지 필자는 예수님의 11제자들의 예수님과의 최초로 이루어진 실제적인 연합이 말씀 충만 이전에 반드시 있어야 하는 필요조건이라는 것을 말했다. 이제는 말씀 충만이 반드시 있어야 한다는 것을 설명할 것이다. 첫째, 연합의 필요성은 그들이 열매를 맺기 위함이고(요 15:5), 둘째, 그들이 소원하는 것은 무엇이든지 하나님께 구하기 위해서이다. 그런데 연합된 제자들을 향해 예수님은 또 말씀의 충만을 요구하신다. 예수님은 "너희가 내 안에 거하고 내 말이 너희 안에 거하면 무엇이든지 원하는 대로 구하라 그리하면 이루리라"고 하신다(요 15:7). 본 절 상반 절은 4절과 같은 내용이다. 그러나 본 절에서는 4절의 "나도 너희 안에 거하리라"는 말씀이 "내 말이 너희 안에 거하면"으로 바뀌어 사용된다. 곧 예수님께서 우리 안에 거하시는 것이나 예수님의 말씀이 우리 안에 거하는 것은 동일하다는 뜻이다. 우리는 예수님의 말씀을 우리 안에 품고 있어야 하고 묵상해야 하고 계속해서 연구해야 할 것을 권고 받는다. 우리가 예수님을 계속해서 의지하고 또 그의 말씀을 우리 안에 품고 있으면 그런 사람은 기도 응답을 잘 받을 수 있다고 예수님께서 말씀하신다. 곧 "무엇이든지 원하는 대로 구하라 그리하면 이루리라"고 하신다(16절; 14:13, 14; 16:23). 여기 "무엇이든지"라는 말씀은 하나님의 말씀이 허락하는 "무엇이든지"를 뜻하는 말이다. 아무 것이나 구하는 것이 아니라 말씀을 묵상하고 있는 자가 그 말씀이 허락하는 모든 것을 구할 수 있다는 것이다. 기도하는 사람들은 우리의 소원을 구하는 것이 아니라 말씀이 허락하는 것, 곧 예수님의 소원을 이룬다. 이렇게 말씀이 충만하여 열매를 맺으면 하나님께서 영광을 받으신다(요 15:8).

B. 본 논문에 관련된 본문 해설 요약(요 15:1-2, 4-7)

본 논문을 계속해서 집필하기 위하여 관련 절들을 해설하는 것이 필요하다. 관련 절들은 요 15:1-2, 4-7이다. 먼저 요 15:1을 보면 예수님은 "나는 참 포도나무요 내 아버지는 농부라"고 하신다(요 15:1). 예수님은 "나는 참 포도나무"라고 하신다. 여기서 예수님은 "나는…이다"라는 형식을 요한복음에서 일곱 번째로 사용하신다(6:35; 8:12; 10:7, 9; 10:11, 14; 11:25; 14:6). 여기 "참"이란 말은 거짓에 대한 '참'이란 뜻이 아니라 구약 시대의 예표에 대한 '참'이라는 뜻이다. 구약 시대의 이스라엘이 열매를 맺었어야 하는 포도나무로서(시 80:8-15; 렘 2:21; 겔 15:1-8; 19:10-14) 열매를 맺지 못했는데 예수님은 참 포도나무가 되신다는 말씀이다. 하나님의 백성들은 모두 참 포도나무에 붙어있어야 열매를 맺을 수 있다. 다시 말해 제자들이나 성도들은 온전히 예수님에게 붙어 있어야 한다. 므기(J. Vernon McGee)는 본 구절에 대하여 말하면서 "우리 주님은 놀라운 비유적인 표현을 사용하셨다. 그(예수님)는 우리가 종교나 의식 혹은 어떤 기관과 연합된 것이 아니라는 것을 분명히 하셨다. 우리는 그리스도와 연합되어 있다"고 말한다.[423]

---

[423] McGee, *Matthew through Romans*, p. 465.

예수님은 포도나무 비유를 말씀하시면서 "내 아버지는 농부라"고 하신다. 여기 포도원의 주인은 포도원의 주인으로 땅을 파고 포도를 심으며 물을 주고 또 거름을 주는 일을 한다. 그처럼 하늘 아버지는 예수님을 믿는 사람으로 하여금 많은 열매를 맺도록 보살피신다. 예수님은 하나님을 "포도원을 보살피고 기르며 전정하고 포도나무를 지키며 포도나무의 성장과 번성에 깊은 관심을 가지는 분"으로 묘사하신다. 레이니(Laney)는 아버지의 역할에 대해 "그(하나님)는 밭을 갈고 심고 물을 주고 가지를 전정하시는 일을 하신다. 포도원은 하나님의 주권적인 보호와 권위 아래에 놓여있다"고 말한다.[424] 예수님의 하늘 아버지는 그리스도 안에 있는 모든 신자들로 하여금 많은 열매를 맺도록 돌보시는 분이시다.

요 15:2은 "무릇 내게 붙어 있어 열매를 맺지 아니하는 가지는 아버지께서 그것을 제거해 버리시고 무릇 열매를 맺는 가지는 더 열매를 맺게 하려 하여 그것을 깨끗하게 하시느니라"고 말씀한다. 본 절은 하나님께서 하시는 일 두 가지를 말씀한다. 첫째, 열매를 맺지 아니하는 가지를 제거해 버리시고, 둘째, 열매를 맺는 가지에 대해서는 더 맺게 하려하여 그 가지를 깨끗하

---

[424] J. Carl Laney, Abiding Is Believing: The Analology of the Vine in John 16:1–6," *Bibliotheca Sacra* 146:55 (Jan.–Mar. 1989), p. 56.

게 하신다. 본 절에서 가장 번역하기 힘들고 해석하기 힘든 말은 "제거하신다"는 말이다. 혹자는 "제거해버리시고"(αἴρει)란 말이 '제거하다'(remove)란 뜻이 아니라 '들어올리다'(lift up)란 뜻이라고 주장한다.[425] 윌킨슨(Bruce Wilkinson)은 "요한복음 15장에서 '제거하다'라고 해석되는 헬라어 낱말(αἴρω)을 가장 분명하게 번역하면 '집어 올리다'(take up) 혹은 '들어 올리다'(lift up)라고 할 수 있을 것이다. 사실 성경에서나 헬라어에서 'αἴρω'가 절대로 '끊다'(cut off) '끊어내다'라는 뜻은 없다"고 주장한다.[426] 윌킨슨은 "하나님은 포도나무 가지를 절대로 제거하시거나 버리시지 않으신다. 하나님은 그것을 들어 올리시고 깨끗하게 하시며 열매를 많이 맺도록 도우신다"고 계속해서 주장한다.[427] 그러나 대부분의 학자들은 "제거해버리신다"(takes away)란 말이 '제거하다,' '거부하다,' '자르다' 혹은 '베어내다'란 뜻을 가진다고 주장한다.[428] 레이니(J. Carl Laney)는 "간단히 말해서 15:2의 문맥은 'αἴρω'가 '잘 돌보려고 들어 올리다'라는 뜻이 아니라 '제거하다'라는 뜻으로 번역해야 가장 잘 번역하는 것이 된다"고 주장한다. '잘 돌보

---

[425] Pink, *Exposition of the Gospel of John,* 808; James Montgomery Boice, The Gospel of John (Grand Rapids: Zondervan Publishing House, 1978), 4:228.
[426] Bruce Wilkinson, *Secrets of the Vine* (Sisters, Ore.: Multnomah Publishers, 2001), p. 33.
[427] *Ibid.*, p. 35.
[428] Albert Barnes,, William Hendriksen, Warren W. Wiersbe, Frederic Louis Godet, and Rudolf Schnackenburg 등 참조.

기 위하여 들어 올리다'라는 뜻은 6절에 의하여 거부된다. 6절은 열매를 맺지 않는 가지를 없애버린다는 뜻으로 묘사하고 있다.[429]

"무릇 내게 붙어 있어 열매를 맺지 아니하는 가지는 아버지께서 그것을 제거해 버리시고." 여기 "내게 붙어 있어"(in me)란 어구는 크게 논쟁이 있는 어구이다. 예수님 안에 있는 가지가 열매를 맺을 수 없는 것인가라는 의문이 제기되었다. 이 어려운 질문에 대하여 몇 가지 해결책이 제시되었다. 블럼(Edwin A. Blum)은 "'내게 붙어 있어'란 어구는 바울 사도의 '그리스도 안에서'란 말과 똑 같은 것을 의미하지는 않는다. 여기 이 말은 포도나무 비유의 한 부분인데 '내(예수님) 제자(한 '가지')라고 고백하는 모든 사람마다 반드시 참 신자는 아니라'는 것을 의미하는 듯하다"고 주장한다.[430] 라일(John C. Ryle)은 "'내게 붙어 있어'(in Me)란 말은 반드시 '내게 붙어 있는 신자'(in Me)라는 뜻이라고 할 수는 없는 것으로 보인다. 이 말은 그저 예수님 교회의 자칭 회원이라는 의미 외에 다른 뜻은 없다. 즉, 예수님 교회 공동체에 붙어있는 사람이지 결코 예수님에게 붙어 있는 사람은 아니다"고 주장한다.[431] 배렛(Barrett)은 "내게 붙어 있어(ἐν ἐμοί)란 말은 예수님을

---

[429] Laney, "Abiding Is Believing," p. 55, 60.
[430] Blum, "John," 325.
[431] J. C. Ryle, *Expository Thought on the Gospels* (Grand Rapids: Zondervan Publishing

배신한 크리스천이란 것을 뜻하는 말이다"고 했다.[432] 여기서 배신자란 말은 전혀 거듭나지 않은 자칭 크리스천이라고 이해하는 편이 더 나을 것이다. 고데이(Frederic Louis Godet)는 "내게 붙어 있어"라는 말을 부사적인 사용을 제시한다. 다시 말해 "내게 붙어 있어"란 말을 부사적으로 해석할 수 있을 것이라고 주장한다. 고데이(Godet)는 "'내게 붙어 있어'(in Me)란 말은 가지라는 말과 관련된 말이다. 즉 '내 안에 붙어 있는 모든 가지'란 말로, 자칭 신앙으로 나와 연합된 자이거나, 혹은 열매를 '맺는'(φέρον)이란 분사와 관련된 말이다."[433] 자기가 믿는다고 허위로 말하는 사람이 교회 안에 많이 있다. 하나님께서는 그런 제자나 신자들을 제거하신다. 가룟 유다는 제거되었고 또 역사상 교회 안의 이단자나 가라지를 하나님께서는 제거하셨다. 그러므로 "열매를 맺지 아니하는 가지"란 말은 열매를 맺지 않는 크리스천을 지칭한다. 가룟 유다는 예수님에게 붙어 있어 열매를 맺지 않는 가지의 실례이다(더욱이 유다는 15:3에 포함되지도 않아 그리스도 안에서 깨끗하지 않은 자이니 그렇다).

"아버지께서 그것을 깨끗하게 하시느니라." 2 절에서 하나님께서 포도나무를 위해 돌보시는 둘째 일은 깨끗하게 하시거나

House, n. d.), 4:334.
432 Barrett, p. 473.
433 F. L. Godet, *Commentary on John's Gospel* (Grand Rapids: Kregel, 1980), p. 854.

혹은 전정하는 일이다. 윌킨스(Bruce Wilkinson)는 "여기서 재미있는 관찰을 한다: "한 전문인 전정인은 자신의 기술을 네 가지 방법으로 적용한다. 즉 이미 죽었거나 혹은 죽어가는 것을 제거하는 일, 햇볕이 열매 맺는 가지에 골고루 도달하도록 해 주는 일, 열매의 크기와 분량을 늘리는 일과 새로운 과일이 더 열리게 하는 일들이다."434

"열매." 우리는 "열매"를 '전도하여 열매 맺는 일'로 제한할 수는 없다. 이유는 예수님께서 7절에 "무엇이든지 원하는 것"을 구하라고 명령 하셨기 때문이다. 그러니까 "무엇이든지"란 말은 한 가지 즉 전도의 열매 이상을 뜻한다. "열매"는 모든 선행을 포함하고 영적인 성격을 가진다: "하나님의 법에 어울리고 또 하나님의 영광을 위하여 행한 선한 동기, 소원, 태도, 기질(영적인 덕들), 말, 행위, 신앙에서 나오는 모든 것들을 뜻한다."435

요 15:3 "너희는 내가 일러 준 말로 이미 깨끗하여졌으니." 이 구절은 3장(章)에 있는 요 15:3을 참조하라.

요 15:4 "내 안에 거하라 나도 너희 안에 거하리라 가지가 포도나무에 붙어 있지 아니하면 스스로 열매를 맺을 수 없음 같이 너희도 내 안에 있지 아니하면 그러하리라." 예수님은 4절에서

434　Wilkinson, 60.
435　Hendriksen, *Gospel of John*, 2:298.

두 가지를 말씀하신다. 첫째, 예수님은 신자들을 향하여 열매를 맺기 위하여 예수 안에 머물라고 하신다. 둘째, 예수 안에 머물러 있지 아니하면 열매를 맺을 수 없다고 하신다.

요 15:5 "나는 포도나무요 너희는 가지라 그가 내 안에, 내가 그 안에 거하면 사람이 열매를 많이 맺나니 나를 떠나서는 너희가 아무 것도 할 수 없음이라." 본 절은 4절과 같이 상호 내주를 말씀한다("내 안에"와 "내가 그 안에"). 그러면 결과적으로 열매를 맺는다고 말씀한다. "나를 떠나서는 너희가 아무 것도 할 수 없음이라." 성도가 예수 안에 있지 아니하고 또 예수님이 성도 안에 있지 아니하면 아무 것도 할 수 없다고 예수님께서 말씀하신다.

예수님께서 성도 안에 내주하신다는 뜻이 무엇인가? 성육신 하신 하나님이 어떻게 성도 안에 내주하시는가? 이에 대해 블럼(Edwin A. Blum)은 "예수님을 구주로 영접하는 것일 수 있다"고 말하고(요 6:54, 56)[436] 반스(Albert Barnes)는 예수 그리스도께서 성도 안에 내주하신다는 말은 "예수님께서 성도와 함께 거하시고 가르치시며 인도하시며 위로하시는 것"이라고 주장한다.[437] 이와 같이 예수님께서 성도 안에 거하시면 끊임없이 열매를 맺

---

[436] Blum, p. 325.
[437] Barnes, *Luke and John*, p. 337.

게 된다. 만약 그리스도와 성도가 서로 내주하지 않으면 성도들은 좋은 동기들, 소원들, 태도들, 기질들, 말, 행위들을 가질 수 없다. 영혼 구원을 포함하여 모든 것은 믿음으로부터 나오기 때문이다. "그리스도인의 생명적인 활동은 전적으로 주님과의 생명적인 교제에 의존한다."[438]

요 15:6 "사람이 내 안에 거하지 아니하면 가지처럼 밖에 버려져 마르나니 사람들이 그것을 모아다가 불에 던져 사르느니라." 예수님은 본 절에서 누구든지 성령으로 그리스도 안에 내주하지 않으면 미래에 비참한 운명을 만날 것이라고 말한다. 예수님은 누구든지 예수님 안에 내주하지 않고 예수님께서 성도 안에 계시지 않으면 5절에서는 현재의 비참을 말하고 본 절에서는 미래의 불운을 말씀하신다. 레이니(J. Carl Laney)는 "열매를 맺지 않는 가지는 6 가지의 일이 발생한다. 그들은 제거되고, 버려지며, 마르고, 모아지며, 불속에 들어가 타게 된다"고 말한다.[439] 알포드(Alford)는 본 절에는 멸망에 이르는 단계가 있다고 지적한다. 그는 "본 절은 아버지께서 제거하신 열매 맺지 않는 가지에 대해 말하는 것이 아니라, 예수 안에 거하지 아니하여 예수님으로부터 분리된 가지에 대하여 말한다: 그런 신자는, 1) 가지처럼

---

[438] Van Doren, 1140.
[439] Laney, 146:55, 65.

버려지고; 2) 말라서, 생명을 주는 즙을 공급받지 못하고, 3) 예수님 심판의 날에 천사들에 의해서 모아지고, 4) 심판의 결과로서 불속에 넣어지며, 5) 영원한 불에 타게 된다. 그러나 완전히 소멸된다는 뜻에서 타는 것은 아니다"고 주장한다.

요 15:7 "너희가 내 안에 거하고 내 말이 너희 안에 거하면 무엇이든지 원하는 대로 구하라 그리하면 이루리라." 예수님은 그의 제자들에게 기도하도록 가르치신다. 예수님은 제자들에게 기도에 응답을 받으려면 두 가지 일이 필요하다고 말씀하신다. 하나는 그들이 예수님 안에 거해야 하고 또 하나는 그들이 원하는 것을 하나님께 정직하게 진지하게 구하는 것이다.

두드러지게 눈에 띄는 것은 본 절의 상반 절("너희가 내 안에 거하고 내 말이 너희 안에 거하면")과 4절("내 안에 거하라 나도 너희 안에 거하리라"), 5절("그가 내 안에, 내가 그 안에 거하면")을 비교해보면 "내 말"("my words")이 "나"(예수)와 동일시되고 있음을 볼 수 있다. 예수님의 말씀과 예수님 자신이 동일시되고 있음을 알 수가 있다.

예수님은 예수님과 연합한 제자들, 그의 말씀이 그들 안에 있는 제자들은 그들이 소원하는 것을 하나님께 구하여야 한다고 가르치신다. 그러면 그들은 응답을 받을 수 있다고 하신다. 다시 말해 예수님의 소원은 제자들이 많은 열매를 맺기 위하여 하나님께 구하는 것이다: 좋은 동기, 소원, 태도, 기질, 말, 행위를 열매 맺기 위하여 구하여야 한다는 것이다. 모리스(Leon Morris)는 "신자가 그리스도 안에 있고 그리스도의 말씀이 신자 안에 있으면 신자는 그리스도와 아주 가까이 사는 것이다. 그럴 때 신자의 기도는 하나님의 뜻과 일치된 기도를 드리게 되며 신자는 충분히 기도에 응답을 받는다"고 주장한다.[440]

C. 제자들이 그리스도 안에 거한다는 것이 무슨 뜻인가

예수님의 제자들이 중생하고 의를 얻으며 회심하고 연합했다고 해도 그것으로 많은 열매를 맺는 것은 아니다. 이유는 예수님께서 제자들로 하여금 예수님 안에 계속해서 머물러 있어야 한다고 말씀하신 것을 보면 알 수 있다. 예수님은 4절에서 이렇게 말씀하신다. "내 안에 거하라 나도 너희 안에 거하리라"(μείατε εν ἐμοί, κἀγὼ ἐν ὑμῖν).[441] 위에 기록한 헬라어 성구, 즉 "μείατε εν ἐμοί, κἀγὼ ἐν ὑμῖν"는 학자들에 의하면 여러 가지로 번역할 수

---

[440] Morris, *The Gospel according to John*, p. 672.
[441] meivnate는 2인칭, 복수, 부정(단순)과거.., 능동태., 명령법이지만 계속적인 뜻을 가질 수 있다. 로버트슨(A. T. Robertson)은 "직설법 때처럼, 부정(단순)과거도 계속성 있는 단어와 함께 사용될 수 있다. 그처럼 meivnate ejn th'/ ajgavph/ th'/ ejmh'/(요 15:9)에서도 마찬가지이다. 행위가 계속적이어서 엄격하다(puntiliar)고 취급된다"고 말한다. A. T. Robertson, *A Grammar of the Greek New Testament in the Light of Historical Research* (Nashville, Tenn.: Broadman Press, 1938), p. 856.

가 있다.

1) "내가 너희 안에 거하는 것 같이 내 안에 거하라"("Abide in me, as I abide in you").[442]

2) "너희가 내 안에 거하면 나도 너희 안에 거하리라"("If you abide in me, I will abide in you").[443]

3) "내 안에 거하라 그러면 나도 너희 안에 거하리라"("Remain in me and I remain in you").[444]

4) "너희가 내 안에 거하도록 조심하라 그러면 나도 너희 안에 거하리라"("Take care that ye abide in Me and I in you").[445]

5) "내 안에 거하라 그러면 나도 너희 안에 거하도록 하겠다"("Abide in me, and see that I abide in you").[446]

6) "너희가 내 안에 거하기를 노력하면 나도 너희 안에 거하기를 노력하겠다"("See that ye abide in me, and that I abide in you").[447]

---

[442] Barrett, p. 474.
[443] *Ibid.*
[444] Raymond E. Brown, *The Gospel according to John* 13-21, p. 661.
[445] Alford, *Matthew-John,* p. 858.
[446] Morris, *The Gospel according to John,* p. 670.
[447] John A. Bengel, *New Testament Word Studies,* trans, Charlton T. Lewis and Marvin R. Vincent (Grand Rapids: Kregel, 1978), p. 692.

위에 기록한 번역들 중에서 마지막 세 개의 번역이 예수님의 의도를 가장 잘 반영한 것으로 보인다. 그러나 영국 흠정역(KJV)의 번역-"내 안에 거하라, 그러면 나도 너희 안에 거하리라"("abide in me, and I in you")-이 번역이 가장 정확하고 문자적인 번역이라고 볼 수 있다.

그러면 사람이 예수님 안에 거한다는 말이 무슨 뜻인가. 반스(Barnes)는 "내 안에 거하라"는 말은 "살아있는 믿음으로 예수와 연합되어 있고 예수님께 의존하는 삶을 살며 예수님의 가르침을 따르며 예수님을 본받고 계속해서 예수님을 믿는 것이다"라고 주해한다.[448] 제자들이 많은 열매를 맺을 수 있는 것은 그들이 예수 안에 거하는데 달렸다고 한다면 그것은 분명히 그들이 전적으로 예수님을 의지하고 또 예수님의 말씀을 기쁨으로 순종하는 것을 의미하는 것이다(요일 2:6). 이유는 그들이 만일 예수 안에 있지 않으면 그들은 많은 열매를 맺을 수 없기 때문이다. 이 점에 관해서 블럼(Edwin A. Blum)은 "'거한다'(remain)는 말은 요한 신학에서 중요한 단어인데, 본 장에서 11번이나 나타나고 요한복음 전체에서 40회, 요한 서신에서 27회 나타난다"고 기록하고 있다. "거한다"는 말은 무슨 뜻인가. 이 낱말은 첫째, 예수님을 구주로 영접하는 것을 뜻하고, 둘째로 예수님을 계속해서 믿는

---

[448] Barnes, *Luke and John*, p. 337.

것을 의미할 수 있다(8:31 ['hold' is 'remain']; 요일 2:19, 24). 셋째, 이 말은 또한 믿는 것을 의미할 수 있고 순종하고 사랑하는 것을 의미할 수 있다(요 15:9-10). 믿음이 없이는 하나님의 생명이 아무에게도 임하지 않는다. 하나님의 생명이 없이는 아무 열매도 맺지 못한다. 핑크(Pink)도 이것을 적절하게 주해하고 있다.

> 첫째, 그리스도 안에 거한다는 것은 그리스도의 온전한 희생의 가치를 기쁨으로 인정하는 것이고 그리스도의 보배로운 피의 효력의 가치를 기쁨으로 인정하는 것이다. 우리 한 사람 한 사람이 구원을 받았다는 것을 의심하고 하나님께 우리가 받아졌다는 것을 의심하는 동안 우리는 주 예수와의 교제가 불가능하다…둘째, 그리스도 안에 거한다는 것은 그리스도를 전적으로 의지하는 정신과 태도를 유지하는 것이다…셋째, 그리스도 안에 거한다는 것은 그의 충만함으로부터 이끌어내 오는 것이다. 내가 자신의 지긋지긋함으로부터 돌아서는 것만으로는 충분하지 않고 기쁨으로 그리스도에게 돌아가는 것이다. 우리는 그의 나타나심을 찾아야 한다. 우리는 그의 위대하심에 점령되어야 하고 그와 교제해야 한다.[449]

---

449 Pink, *Exposition of the Gospel of John*, 3:8.

비록 11제자가 예수님께서 일러주신 말로 예수님과 연합할 때 기본 능력을 받았다고 해도 그들은 예수님 안에 거하기를 노력해야 하고 예수님께서 그들 안에 계시도록 해야 한다. 그들은 예수님의 말씀이 그들 안에 충만히 거해서 많은 열매를 맺기 위하여 그들은 예수님 안에 거하기를 노력했어야 했고 또 예수님께서 그들 안에 거하시도록 했어야 했다.

예수님의 제자들은 요 15:1-10에서 최소한 8회 정도 예수님 안에 거하도록 권유받았다. 그래서 예수 안에 거하는 이 특권과 경험이 중단되지 않도록 해야 했다. 모든 제자들은 겟세마네라고 하는 곳에서 예수님을 버리고 도망했다(마 26:56). 더욱이 베드로는 그가 나사렛 예수에게 속했느냐고 질문을 받았을 때 세 번이나 부인했다(마 26:69-75). 그런고로 그들은 예수 안에 거하도록 요청을 받았다. 이런 의미에서 예수 안에 거한다는 것은 예수님과 계속적으로 연합해 있어야 한다는 의미인데 예수님을 믿는 최초의 행위와는 구별되는 것이다.

여기 예수님과 연합한 사람들은 누구든지 영원한 안전을 결코 잃을 수 없다는 것을 인정해야 한다. 췌이퍼(Lewis Sperry Chafer)는

> 하나님의 의심할 여지없는 안전은 하나님께서 그의 백성을 위하여 시도하시는 12가지 사역에 달려 있다. 12가지 중에 넷은

하나님과 관련되어 있고, 넷은 아들과 관련되어 있으며, 나머지 넷은 성령과 관련되어 있다.

1. 아버지와 관련된 것들: a) 하나님의 주권적인 목적 혹은 언약, 이것은 무조건적이다. b) 구원하고 지키시는 하나님의 무한한 능력, c) 하나님의 무한한 사랑, d) 하나님 아들의 기도가 하나님에게 미치는 영향.

2. 아들과 관련 있는 사역들: a) 아들의 대속적인 죽음, b) 아들의 부활과 성도들의 생명에게 부활을 얻게 하는 일, c) 아들이 하늘에서 성도들을 위해 변호하시는 일, d) 아들의 목자 역할과 중보역할.

3. 성령과 관련된 사역들: a) 중생, b) 내주(성령께서 영원히 거하도록 주어지는 것이며 성령께서 나타나심으로 신자는 보호를 받게 된다), c) 세례(세례에 의하여 성도는 그리스도와 연합되고 새로운 창조의 영광과 복에 영원히 동참한다), d) 인침. 열두 가지 사역 중에 어느 하나만이라도 신자에게 영원한 안전을 주기에 충분하다고 주장한다.[450]

---

[450] Chafer, *Systematic Theology*, 7:286.

D. 예수님의 말씀에 관하여 규명해야 할 세 가지 문제

필자는 지금까지 11제자들이 예수님의 말씀으로 연합된 이후 계속해서 예수 안에 거했다는 사실을 말해왔다. 그리고 예수님께서 제자들에게 계속해서 그 안에 거하고 또 예수님께서 그들 안에 거하셨다는 것을 진술했다. 이제는 첫째, 예수님의 "내 말"(My words)(요 15:7)이 3절의 예수님의 "말"(the word)과 동일한 것인지를 검토해야 할 것이다. 검토해야 할 이유는 예수님을 대표하는 7절의 "내 말"(My words)은 복수이고, 3절의 "말"(the word)은 단수이기 때문이다. 둘째, "내 말"(My words)이 예수님과의 관계에 구체적으로 무슨 역할을 하는 것인지 알아야 할 것이며, 셋째, 예수님의 말씀이(15:7) 예수님 자신과의 관계에서 어떤 관계인지를 자세하게 논해야 할 것이다. 이제부터 위의 세 가지 문제를 하나하나 검토해 나갈 것이다.

1) "내 말"(요 15:7)과 "말"(요 15:3)

7절의 "내 말"(τὰ ῥήματά μου)이 요 15:3의 "말"(τὸν λόγον)과 동일시되는 것인가. 비록 7절의 "내 말"(My words)이 복수이며 3절의 "말"(the word)이 단수이고 또 헬라어에서 두 낱말의 어휘가 다르다고 할지라도 동일시된다고 볼 수 있는 것인가를 검토해야 할 것이다. 요한복음서에 나오는 몇 개의 성구를 비교해 보아야 할 것이다.

> 요 6:63, "살리는 것은 영이니 육은 무익하니라 내가 너희에게 이른 말(τὰ ῥήματα)은 영이요 생명이라."
>
> 요 8:43, "어찌하여 내 말을 깨닫지 못하느냐 이는 내 말(τὸν λόγον τὸν ἐμόν)을 들을 줄 알지 못함이로다."
>
> 요 8:47, "하나님께 속한 자는 하나님의 말씀(τὰ ῥήματα τοῦ θεοῦ)을 듣나니."
>
> 요 8:51, "진실로 진실로 너희에게 이르노니 사람이 내 말(τὸν ἐμὸν λόγον)을 지키면 영원히 죽음을 보지 아니하리라."
>
> 요 12:47, "사람이 내 말(μου τῶν ῥημάτων)을 듣고 지키지 아니할지라도 내가 그를 심판하지 아니하노라 내가 온 것은 세상을 심판하려 함이 아니요 세상을 구원하려 함이로라."
>
> 요 12:48, "나를 저버리고 내 말(τὰ ῥήματά μου)을 받지 아니하는 자를 심판할 이가 있으니 곧 내가 한 그 말(τὰ ῥήματά μου)이 마지막 날에 그를 심판하리라."
>
> 요 17:6, "세상 중에서 내게 주신 사람들에게 내가 아버지의 이름을 나타내었나이다 그들은 아버지의 것이었는데 내게 주셨으며 그들은 아버지의 말씀(τὸν λόγον σου)

을 지키었나이다."

요 17:8, "나는 아버지께서 내게 주신 말씀들(τὰ ῥήματα)을 그들에게 주었사오며 그들은 이것을 받고 내가 아버지께로부터 나온 줄을 참으로 아오며 아버지께서 나를 보내신 줄도 믿었사옵나이다."

요 17:14, "내가 아버지의 말씀(τὸν λόγον σου)을 그들에게 주었사오매 세상이 그들을 미워하였사오니 이는 내가 세상에 속하지 아니함 같이 그들도 세상에 속하지 아니함으로 인함이니이다."

위에 기록한 성구들이 보여주는 바와 같이 "말씀들"(τὰ ῥήματα)과 "말씀"(ὁ λόγος)은 서로 바꾸어 사용되는 것을 볼 수 있다. 특히 12:48을 보면 요한 사도는 "말들"(τὰ ῥήματά)과 "말"(ὁ λόγος)을 섞어서 사용하고 있다.[451] 주석학자들은 "말들"(τὰ ῥήματά μου)과 "말"(ὁ λόγος)은 내용에 있어 똑 같다고 확언한다.[452] 그런고로 7절의 예수님을 대표하는 "내 말들"이란 말은 제자들에

---

[451] Gordon H. Clark, *The Hohannine Logos* (Nutley, N.J.: Presbyterian & Reformed Publishing Co., 1972), pp. 38–43; Minear, *John, the Martyr's Gospel*, p. 94

[452] Barnes, *Luke and John,* p. 315. Everett F. Harrison, p. 1101. F. F. Bruce, *The Gospel of John* (Grand Rapids: William B. Eerdmans Publishing Co., 1992), p. 275. John Calvin, *Calvin's Commentaries,* 18:51. McGee, *Matthew through Romans,* p. 450. Leon Morris, *The Gospel according to John,* p. 608. Merrill C. Tenney, p. 134. R. C. H. Lenski, *The Interpretation of St. John's Gospel,* p. 897.

게 새 생명을 준 "말"(τὸν λόγον)과 동일시되고 있음을 알 수 있다.[453]

2) "내 말"(My Words)의 성격

"내 말"(My words)은 정확하게 무엇을 지칭하는가? "내 말"이 예수님 자신을 대표하는가? 다시 말해, 열매를 맺기 위하여 반드시 필요한 "내 말"은 무엇을 지칭하는가? 예수님의 말씀이 제자들에게 충만할 때 무엇이든지 원하는 대로 구할 수 있게 해주는 "내 말"이란 무엇인가?

"내 말"(My words)은 예수님의 특수한 말씀일수도 있으며 교훈들일 수가 있다. 배렛(Barrett)은 "예수님의 특수한 말씀이며 교훈이다(10절 참조). 이 말씀은 성도의 마음과 가슴에 남아있어야 한다"고 결론한다.[454] 그러나 요한복음서에 몇몇 성구는(15:10을 제외하고) "내 말"(My words)이 특수한 말씀이나 혹은 한정적인 말씀들 이상임을 암시한다. 요 8:43은 "내 말"은 예수님께서 초막절에 하신 말씀("내 말"-"what I am saying")과 똑 같은 말씀임을 보여주고 있다. 예수님은 장막 절기에 자신을 세상의 빛이시라고 하셨고(요 12:12-20) 또 세상을 위하여 죽겠다고 하셨으며(요

453　눅 1:29, 29, 37 참조. 눅 1:29의 "말"(τῷ λόγῳ)은 눅 1:37의 "말씀"(ῥῆμα)과 동일시되고 있다.
454　Barrett, *Gospel according to St. John*, p. 475.

8:21-30), 아버지로부터 보내심을 받으신 세상의 해방자시라고 주장하셨다(요 8:31-42). 그러므로 "내 말"(My words)(요 15:7)은 특수한 말씀 이상의 말씀이다. 요 12:47-48도 역시 "내 말"(τὰ ῥήματά μου)이 베다니에서 마지막 절기를 지내시기 6일 전에 아직 육체를 입고 계실 때 예수님께서 하신 말씀임을 암시하고, 예루살렘에서의 유월절기 5일전에 예수님께서 그의 죽음을 예고 하셨을 때 그리고 그가 자신을 따르는 자들에게 자신의 생명을 따르지 말라고 권고하셨을 때 그리고 자신을 믿는 사람들은 어둠에 다니지 않는다고 말씀하셨을 때에 말씀하신 말씀임을 암시하고 있다(17:6, 8, 14 참조). 그런고로 "내 말"은 예수님께서 11 제자들에게 하신 구전(口傳)의 말씀이고 그 이후에 생겨나는 신자들에게 주신 예수님의 기록된 말씀들을 지칭한다.[455]

3) 예수님의 말씀과 예수님과의 관계

요 15:4에서 예수님은 "내 안에 거하라 나도 너희 안에 거하리라"고 말씀하시고 요 15:5에서는 "그가 내 안에, 내가 그 안에 거하면"이라고 하신 반면, 요 15:7에서는 "너희가 내 안에 거하고 내 말이 너희 안에 거하면 무엇이든지 원하는 대로 구하라 그리하면 이루리라"고 말씀하신다. 예수님은 4절에서는 "나," 5절

---

[455] Lightfoot, *St. John's Gospel*, p. 283. William Hendriksen, *Gospel of John*, p. 302.

에서는 "내"라고 하시다가 7절에 와서는 "내 말"(τὰ ῥήματά μου)로 환치(換置)하신다. 그런고로 우리는 예수님의 말씀과 예수님의 관계를 더욱 자세히 다룰 필요가 있다. 예수님의 말씀과 예수님과의 관계를 다음과 같이 세 가지 면에서 다룬다.

예수님은 그가 육신을 입으시기 전에도 말씀이었다(The Word)

비록 15:7의 "말씀"이란 단어가 복수형(τὰ ῥήματα)[456]이라 할지라도 요한 사도는 예수님께서 육신을 입으시기 전에 말씀이었다고 주장한다: "태초에 말씀(ὁ λόγος)이 계시니라 이 말씀이 하나님과 함께 계셨으니 이 말씀은 곧 하나님이시니라 그가 태초에 하나님과 함께 계셨고"(요 1:1-2). 요한은 1절에서 예수님은 창세전에 "말씀"(Logos)이었다고 선언한다. 다시 말해 하늘과 땅이 만들어졌을 때 말씀이 이미 있었다. 이것은 말씀이 영원 전에 있었다(he existed from all eternity)는 또 다른 표현이다.[457] 요한은 서론에 있어서만 아니라 요한복음 전체에서 예수님께서 선재하시는 Logos라고 주장한다. 이와 관련하여 스프로스톤(Sproston)은 아마도 요한 신학에서 가장 두드러진 특징이며 분명 가장 현

---

[456] ta; rJhvmata와 oJ lovgo"은 성경에서 서로 바꾸어 사용된다. 하나님의 말씀(요 17:14)은 예수님의 말씀(요 17:8)과 같은 것이며 또 예수님의 제자들의 말씀과도 같은 것이다(요 17:8, 20).

[457] Hendriksen, *Gospel of John*, p. 69.

저한 특징은 사람이신 예수의 정체는 선재하시는 로고스(Logos)였다는 것이다. 이 주제(선재하시는 로고스)는 요한복음 서론에서 소개되었고 요한복음 전체에서 결코 늦추어지지(relinquished) 않고 있다. 이 주제는 요한이 예수님을 묘사할 때 세상에 보내지신 분으로 말씀할 때 암시되어 있고(예, 3:17; 3:34; 5:23 등 참조), 하늘에 올라가신다는 말씀과 내려오셨다는 말씀 속에 함축되어 있으며 또 예수님께서 '왔다'고 언급한 예수님의 진술 속에 함축되어 있다(5:43; 7:28; 9:39). 이 주제는 예수님 자신의 입술에서 나온 주장, 즉 "아브라함이 나기 전부터 내가 있느니라"는 말씀(요 8:58); "창세전에 내가 아버지와 함께 가졌던 영화로써 지금도 아버지와 함께 나를 영화롭게 하옵소서"라는 말씀(17:5); "아버지께서 창세전부터 나를 사랑하시므로 내게 주신 나의 영광을 그들로 보게 하시기를 원하옵나이다"라는 말씀(요 17:24)속에 분명히 나타나 있다.[458]

예수님은 그가 육신을 입으신 후에도 여전히 말씀이시다(The Word)

요 1:14에서 요한은 "말씀이 육신이 되어 우리 가운데 거하시

---

[458] W. E. Sproston, "이 사람이 요셉의 아들 예수가 아니냐…?" JSNT(1985):78; cf. Rufus Pereira, "A Christmas Meditation: 말씀이 우리 가운데 거하시며…" *Indian Theological Studies* 19, no. 4(December 1982), pp. 281–88.

매"(ὁ λόγος σὰρξ ἐγένετο καὶ ἐσκήνωσεν ἐν ἡμῖν)라고 말씀한다. 헨드릭슨은 "되어"(ἐγένετο)라는 단어에 대해 흥미 있는 설명을 달았다. 그는 "'되어'(became)라는 말은 여기서 특별한 의미를 가진다. 예전에 존재했던 것이 중단된다는 뜻의 '되어'(became)라는 뜻이 아니다. 롯의 아내는 소금기둥이 되어 이 이상 롯의 아내가 되는 것을 중단하고 말았다. 그러나 롯은 모압과 암몬의 아버지가 되었을 때 그는 여전히 롯이라는 사람이었다. 여기서도 그와 같다. 말씀(the Word)이 육신이 되었으나 여전히 말씀이고 하나님인 것은 분명하다."[459]

말씀(the Word)이 육신을 입으신 후에 말씀은 여전히 하나님의 내적인 마음을 표현하셨고 제자들에게 하나님을 계시하셨다(요 1:18; 3:22). 예수님께서 세상에서 육체를 입고 계셨던 때 예수님은 그가 하나님으로부터 보고 들으신 것을 계속해서 증거하셨고(요 3:22), 하나님께서 역사하시는 것처럼 계속해서 역사하셨다(요 5:17).[460] 예수님의 심판은 참되시다. 이유는 그가 하나님으

---

459 Hendriksen, *Gospel of John*, p. 84.
460 스프로스톤(Sproston)은 "요 5:17에서 예수님께서 주장하시는 주장('내 아버지께서 이제까지 일하시니 나도 일한다' 하시는 주장)은 예수님만이 성육신하신 로고스로서 충분히 말씀하실 수 있는 주장이다. 이유는 요한이 이미 우리들에게 '하나님은 말씀(Logos)이시다'(1:1)고 말씀해주셨으며 그 진술은 예수님께서 성육신하신 말씀으로서(Logos) 창세전에 계셨던 것처럼(1:3 참조) 새로운 창조에 있어서 하나님과 함께 일하신다는 것을 함축하고 있다"고 말한다(Sproston, p. 82). Albert C. Sundberg, Jr., "Christology in the Fourth Gospel," *Biblical Research 21* (1976): pp. 29-37; Robert Kysar, "Christology and Controversy: The Contributions of

로부터 들으신 대로 심판하시기 때문이며(요 5:30) 예수님의 뜻은 바로 예수님을 보내신 하나님의 뜻이기 때문이다(요 6:38). 그리고 예수님의 교훈은 자신의 교훈이 아니라 그를 보내신 하나님의 것이다(요 7:16). 그리고 예수님의 말씀 중에 아주 결정적인 주장의 하나는 자신과 하나님께서 하나라는 것이다(요 10:30).

그러나 그리스도는 말씀이시지만, 세상에서 몇 차례 하나님의 계시자로서 침묵하신 때가 있었다. 마 27:11에 "예수께서 총독 앞에 섰으매 총독이 물어 이르되 네가 유대인의 왕이냐 예수께서 대답하시되 네 말이 옳도다"라고 말씀한다. 그러나 "대제사장들과 장로들에게 고발을 당하되 아무 대답도 아니하시었다"(마 27:12; 막 15:3-4). 바비어리 2세(Louis A. Barbieri, Jr.)는 "예수님은 그들의 고발에 대답하실 필요가 없었다. 그런 고발 건으로 심리를 받으시는 것은 아니기 때문이다. 예수님은 대신 그가 유대인의 왕, 메시아라고 주장하셨기 때문에 심리를 당하셨다"(마 26:63-64).[461] 그리고 헤롯은 예수님에게 비교적 길게 질문을 했으나 예수님은 아무 대답도 하지 않으셨다(눅 23:9). 말틴(John A. Martin)은 "예수님은 단지 예수님이 기적을 행하는 것

---

the Prologue of the Gospel of John to New Testament Christology and Their Historical Setting," *Currents in Theology and Mission* 5 (Jun 1978): pp. 348-364.

[461] Louis A. Barbieri, Jr., "Matthew," in *The Bible Knowledge Commentary*, vol. 2, New Testament, ed., p. 87.

을 보기를 원했던 헤롯에게 아무 대답도 하지 않으셨다. 헤롯은 예수님을 희롱하는 일에 동참하고 예수님을 거짓 왕으로 만들어 옷을 입힘으로 예수님에게 자신의 진짜 감정을 보여주었다"고 말한다.[462] 예수님의 침묵은 어리석은 희롱에 대한 응답이었다.

예수님은 승천하신 후에도 계속해서 말씀이시다

요한 사도는 계 19:13에서 하늘에 계신 예수님은 "하나님의 말씀"이라고 말씀한다. 이 성경구절은 "선재하신 아들이 하나님의 때에 성육신하여 사람들 사이에 거하셨던 말씀(요 1:1; 1:14)이라는 요한복음 서론과 놀라운 연결이 있음"은 의심의 여지가 없다.[463]

그러나 마운스(Robert H. Mounce)는 이 이름 즉 계 19:13의 "하나님의 말씀"(αὐτοῦ ὁ λόγος τοῦ θεοῦ)은 요 1:1의 "말씀"(ὁ λόγος)과는 다른 의미를 가진다고 암시한다. 그는 요 1:1의 "말씀"과 계 19:13의 "하나님의 말씀"은 문맥상으로 다른 뜻을 가지고 있다고 주장한다. "그리스도의 칭호가 계시록에 사용되었으므로 그 칭호는 하나님의 자기 계시를 강조하는 것이 아니라

---

[462] John A. Martin, "Luke," in *The Bible Knowledge Commentary*, vol. 2, New Testament, ed., p. 262.
[463] Robert H. Mounce, *The Book of Revelation*, The New International Commentary on the Testament (Grand Rapids: Wm. B. Eerdmans Publishing Co., 1977), p. 345.

온 세계 국가가 멸망한다는 권위적인 선언을 강조한다. 메시아는 복수하는 장군으로서 적절하게 하나님의 말씀(권위 있고 발랄한 말씀)이라고 불려진다"고 말한다.⁴⁶⁴

그러나 예수님이 다른 입장을 취한다고해서 이 이름(ὁ λόγος)에 다른 의미를 부여할 필요가 있을까? 예수님은 어제나 오늘이나 영원토록 동일하시지 않은가(히 13:8)? "하늘로 올려지신 이 예수는 하늘로 가심을 본 그대로 오시리라" 하지 않았는가?(행 1:11). 브루스(F. F. Bruce)는 행 1:11을 주해하면서 "이 동일한 예수는 가신대로 돌아오실 것이다. 그러나 그 말은 예수님이 즉시 돌아오신다는 뜻은 아니다. 갈릴리 사람들이 예수님께서 구름타고 영광중에 가시는 것을 보았다; 구름타고 영광 중에 오실 것이다"고 주장한다.⁴⁶⁵ 패커(J. I. Packer)는 "메시아를 하나님의 말씀이라고 언급하는 것은 주님의 창조적 능력을 암시하는 것이며 '말씀'에 대한 구약 관련들을 우리에게 상기시켜 주기도 한다"고 말한다.⁴⁶⁶ 요 19:13의 "말씀"의 의미는 요 1:1의 의미와 동일한 의미로 보는 것이 더 옳을 것이다. 계 19:13의 "말씀"도 역시

---

464 Robert H. Mounce, *The Book of Revelation,* The New International Commentary on the New Testament (Grand Rapids: Wm. B. Eerdmans Publishing Co., 1977), p. 345.
465 F. F. Bruce, *The Book of the Acts,* The New International Commentary on the New Testament (Grand Rapids: Wm. B. Eerdmans Publishing Co., 1984), p. 41.
466 J. I. Packer, "Revelation and Inspiration," in *The New Bible Commentary* (Grand Rapids: Wm. B. Eerdmans Publishing Co., 1970), p. 1314.

'하나님의 계시자'라는 뜻으로 보아야 할 것이다.

위에서 본바와 같이 예수 그리스도는 항상 말씀이시다: 그는 태초에만 영원한 말씀이 아니라 성육신 하신 후에도 그리고 승천하신 후에도 (마 11:19; 눅 11:49; 골 1:15-19; 히 1:9 참조) 영원히 말씀이시다. 그러므로 우리가 간과할 수 없는 것은 말씀이 말씀하신 말씀들이 예수님을 대표한다는 것이다. 성경에 기록된 예수님의 말씀들은 말씀(the Word)과 통일이 있다. 그 말씀(the Word)은 태초에도 하나님과 함께 계셨고 성육신하셔서 우리 가운데 계신 후에도 역시 하나님이시다(요 1:1, 14).

E. 그리스도의 말씀이 어떻게 열매를 맺게 하는가

예수님의 말씀은 제자들의 열매를 위하여 역사하신다

요 15:7-8에 예수님께서 "너희가 내 안에 거하고 내 말이 너희 안에 거하면 무엇이든지 원하는 대로 구하라 그리하면 이루리라 너희가 열매를 많이 맺으면 내 아버지께서 영광을 받으실 것이요 너희는 내 제자가 되리라"고 하신다(이 문장에서는 "내"가 강조되어 있다). 이 성구들에서는 예수님의 말씀이 제자들의 심령에 거하는 것이 제자들의 기도의 응답의 조건이고(7절), 그리고 제자들이 열매 맺는 조건이라(8절)고 예수님께서 말씀하신다. 예수님은 "거한다"(abide)는 말을 현재형으로 사용하셨다. 즉 예수님의 말씀이 제자들로 하여금 기도에 응답을 받고 열매를 맺기 위해서는 제자들의 심령에 영원히 있어야 한다고 하신다.

기록된 말씀이 얼마나 중요한가에 대하여 렉터스(L. L. Legters)는 "성육신하신 말씀(Word)에 대한 우리의 태도는 기록된 말씀에 대한 우리의 태도가 어떤가에 의해서 측정된다"고 말한다. 골 3:16에 보면 "그리스도의 말씀이 너희 속에 풍성히 거하여 모든 지혜로 피차 가르치며 권면하고 시와 찬송과 신령한 노래를 부르며 감사하는 마음으로 하나님을 찬양하라"고 말씀한다. 본 절에서 바울 사도는 골로새 성도들에게 예수님의 말씀을 마음속에 가지라고 권한다. 본 절은 누구든지 그리스도의 말씀이 심령에 없으면 그리스도와 교제할 수 없고 또 열매를 맺을 수 없다고 가르친다.

성경은 하나님의 말씀이 열매를 맺히게 하는 그리스도의 대리자이다. 하나님은 "비와 눈이 하늘로부터 내려서 그리로 돌아가지 아니하고 땅을 적셔서 소출이 나게 하며 싹이 나게 하여 파종하는 자에게 종자를 주며 먹는 자에게 양식을 줌과 같이 내 입에서 나가는 말도 이와 같이 헛되이 내게로 돌아오지 아니하고 나의 기뻐하는 뜻을 이루며 내가 보낸 일에 형통하리라"라고 선언하신다(사 55:10-11; 참조 삼상 3:19; 9:6). 우리는 본 단락에서 하나님의 말씀이 하나님의 메신저와 능력을 가지진 대리자로 봉사하고 있음을 알 수 있다. 말씀은 결코 사명을 수행하지 않고는 그냥 하나님께로 돌아가는 법이 없다.

여기서 우리는 하나님의 말씀이 그의 대리자라는 것을 말하는 본보기들을 몇 개 찾아보는 것이 유익할 것이다. 히브리서 저자는 "믿음으로 모든 세계가 하나님의 말씀으로 지어진 줄을 우리가 아나니"라고 말씀한다(히 11:3). 성경은 통상적으로 하나님께서 세상을 지으셨다 하고(창 1:1), 또 예수님을 통하여 지으셨다고 말씀한다. 그러나 여기 히브리서 저자는 세계가 하나님의 말씀에 의하여 지어졌다고 말씀한다. 바로 이런 표현들은 하나님의 말씀이 하나님의 대리자로 역할을 한다는 것을 보여주며 또 하나님의 말씀이 하나님의 인격을 구체화한 것(materialization)이라는 것을 보여주고 있다(시 33:6, 9 참조).

히브리서 저자는 또 "그의 능력의 말씀으로 만물을 붙드신다"고 말씀한다(히 1:3). 히 11:3은 하나님의 말씀에 의한 창조를 말하는 반면 히 1:3은 말씀으로 모든 것을 유지하신다고 말씀한다. 히 1:3의 "그의 능력의 말씀"이란 말은 기적들을 산출하는 '그의 능력 있는 말씀'이라고 해석할 수가 있다(마 8:23-34; 9:1-8). 예수님은 계속해서 그의 유지하시는 말씀으로 우주를 붙드시고 또 하나님의 계획을 완성하시기 위하여 우주를 유지하실 것이다.

성경은 종종 예수님의 말씀이 병자들을 치유하신다고 말씀한다. 마태는 경건한 신앙을 가진 놀라운 신실한 백부장에 대해서 말한다. 마태는 예수님의 말씀이 그의 종을 치유하기에 충분하다고 믿었다. 마 8:8-9에 백부장은 "주여 내 집에 들어오심을 나는 감당하지 못하겠사오니 다만 말씀으로만 하옵소서 그러면 내 하인이 낫겠사옵나이다 나도 남의 수하에 있는 사람이요 내 아래에도 군사가 있으니 이더러 가라 하면 가고 저더러 오라 하면 오고 내 종더러 이것을 하라 하면 하나이다"라고 말씀한다. 놀라운 것은 첫째, 백부장은 예수님의 위대하심 앞에서 자기의 무가치함을 깨닫고 자기 집에 예수님을 모시기에 감당하지 못하겠다고 알았다. 둘째, 그는 예수님의 말씀이 그의 종을 치유하기에 충분하다고 믿었다. 더욱이 백부장은 예수님께서 멀리서도 치유의 이적을 수행하실 수 있다고 믿었고, 예수님의 말씀만으로도 얼마든지 병자를 고치실 수 있다고 믿었다. 그는 예수님의 말씀은 병을 치유하시는 하나님의 능력으로 분명히 충만해 있다고 믿었다.

성경은 예수님의 말씀이 말세에 불신자들을 심판하신다고 말씀한다. 비록 성경은 예수님께서 모든 심판을 하신다고 말씀하지만(요 5:22, 27; 9:39; 행 10:42; 17:31; 참조 마 16:27) 성경은 다른 한편 예수님을 거역하고 예수님의 말씀을 받지 않는 사람들을 심판할 다른 심판자를 제시하고 있다. 요 12:48에 "나를 저버리고 내 말을 받지 아니하는 자를 심판할 이가 있으니 곧 내가 한 그 말이 마지막 날에 그를 심판하리라"고 말씀한다. 이 문제에 관하여 렌스키(Lenski)는 "여기서 예수님은 자신과 자신의 말씀과를 연합시키고 있다. 그런고로 예수님께서 말세에 심판자가 되실 것이라는 언급과 예수님의 말씀이 심판자가 되실 것이라는 언급사이에는 아무런 모순이 존재하지 않는다"고 주장한다.[467] 예수님은 요 5:45에서는 다른 방법으로 이 사상을 표현하신다. 그는 "내가 너희를 아버지께 고발할까 생각하지 말라 너희를 고발하는 이가 있으니 곧 너희가 바라는 자 모세니라"라고 말씀하신다. 예수님은 자신을 거절하는 사람들을 고소하는 고소자는 모세의 말씀이라고 주장하신다. 이처럼 예수님은 자신의 말씀과 모세의 글을 하나님 말씀이라는 항목 아래에 두신다. 하나님은 또 모세의 글 속에서(신 18:18-19) 예수님의 말씀이 하나님의 말씀과 동일시된다는 것을 보여주고 있다. 그런고로 하나님의 말씀, 모세의 글, 예수님의 말씀-이들 셋이서 말세에 불신자들을 심판할 것이다. 위에 예를 든 여러 가지 실례들은 예수님의 말씀이 세상을 창조했고(히 11:3) 또 세계를 유지하며(히 1:3), 병자들을 고치고 말세에 불신자들을 심판할 것이므로 예수님의 대리자가 된다는 것을 보여주고 있다. 분명히 예수님의 말씀은 요

---

[467] R. C. H. Lenski, *The Interpretation of St. John's Gospel* (Minneapolis, Minn.: Augsburg Publishing House, 1961), 897.

15:7이 보여주는 바와 같이 예수님을 대리하는 것은 분명한 사실이다.[468]

내주하시는 말씀은 예수님께서 그들 안에 내주하시는 것을 대신한다

요 15:7에 예수님의 말씀이 예수님을 대신하기 때문에 제자들의 심령에 내주하시는 예수님의 말씀은 예수님께서 제자들 안에 내주하시는 것을 대신하고 있다. 요한 사도는 요일 2:24에서도 같은 사상을 드러내고 있다. 즉, "너희는 처음부터 들은 것을 너희 안에 거하게 하라 처음부터 들은 것이 너희 안에 거하면 너희가 아들과 아버지 안에 거하리라." 여기 너희가 "처음부터 들은 것"이란 말은 의심할 여지없이 복음 곧 하나님의 말씀이다 (요일 2:7 참조). 요한이 이렇게 주장한 의도는 하나님의 말씀이 신자들 안에 거하면 그들도 역시 아들과의 연합이 공고하여지며 또 아버지와의 연합도 더욱 공고하여진다는 것이다. 이 문제에 관하여 키스테메이커(Kistemaker)는 바르게 주해하고 있다. 즉 "하나님의 말씀이 우리 안에 거하면 그 결과로 우리는 아들과 아버지와 교제를 가지게 된다. 아들과 아버지는 말씀이 거하는 곳

---

[468] 참조, Freed, "Prelude to the Prologue," p. 260. 프리드(Freed)는 "초대 신자들의 설교에서 '말씀'(Logos)과 그리스도는 분명히 동일시되고 있다"고 말한다.

에 거처를 정하신다. 말씀을 통하여 아들과 아버지는 신자와 교제하시고 교통하실 수가 있으시다"고 말한다.[469]

요 6:35과 요 6:63을 비교하면 예수님의 말씀이 예수님을 대리하는 것을 알 수가 있다. 예수님은 요 6:35에서 자신이 신자들의 영적인 삶의 지지자라고 주장하시는 반면, 요 6:63에서는 예수님의 말씀이 신자들의 영적인 삶의 지지자가 된다고 말씀하신다. 예수님은 요 6:35에서 "예수께서 이르시되 나는 생명의 떡이니 내게 오는 자는 결코 주리지 아니할 터이요 나를 믿는 자는 영원히 목마르지 아니하리라"고 하신다. 예수님은 본 절에서 예수님 자신이 신자들의 영적인 삶의 지지자라고 주장하신다. 그리고 요 6:63에서 "살리는 것은 영이니 육은 무익하니라 내가 너희에게 이른 말은 영이요 생명이라"고 하신다. 예수님은 본 절에서 "내가 너희에게 이른 말은 영이요 생명이라"고 하신다. 곧, '예수님께서 하신 말씀들(요 6:26-58)은 영이고 생명이라'는 것이다. 다시 말해 예수님께서 하신 말씀들은 죽은 말씀들이 아니라 영적인 말씀들이고 생명을 주는 말씀들이라는 뜻이다. 예수님께서 하신 말씀은 어느 특별한 부분만 아니라 모두가 영적이고 생명을 주는 말씀들이라는 것이다. 우리가 예수님의 말씀을 진지하게 받을 때 성령님이 역사하셔서 우리에게 풍성한 생명을 주

---

[469] Kistemaker, *James and 1-3 John*, p. 283.

신다. 그러므로 예수님도 생명이시고 예수님의 말씀도 생명이시다. 예수님의 말씀은 예수님과의 연합을 더 끈끈하게 하고 더 공고히 하는 일에 크게 역사하신다. 성도들의 심령 속에 있는 말씀들은 성도들과 예수님의 연합에 진수(essence)가 된다고 할 수 있다.

요 14:22은 예수님의 말씀이 예수님 자신과 동일시되고 있음을 보여주고 있다. 요 14:22은 "가룟인 아닌 유다가 이르되 주여 어찌하여 자기를 우리에게는 나타내시고 세상에는 아니하려 하시나이까"라고 말씀한다. 유다의 질문에 예수님은 "사람이 나를 사랑하면 내 말을 지키리니 내 아버지께서 그를 사랑하실 것이요 우리가 그에게 가서 거처를 그와 함께 하리라"고 답하신다(요 14:23). 예수님은 예수님의 말씀 안에 거하는 사람은 누구든지 예수님 안에 거할 수 있다고 말씀하신다.

예수님의 말씀은 성도들을 예수님에게 붙어 있도록 성화시키신다

예수님의 말씀은 성도들이 계속해서 예수님과의 연합을 공고히 하도록 성도들을 성화시킨다. 그러면 성화란 무엇인가. 머리(John Murray)는 성화를 두 가지로 구분한다. 절대적인(definite) 성화와 점진적인(progressive) 성화로 나눈다. 머리(Murray)는 고전 1:2이 말하는 성화는 고린도 교인들의 절대적인 성화를 언급한다고 주장한다: "바울은 하나님의 교회로서의 고린도 신자들에 대해 말할 때 '그리스도 예수 안에서 거룩하여지고 성도라 부르심을 받은 자들'이라고 말하고(고전 1:2), 후에 역시 똑같은 고린도전서에서 바울은 그들에게(고전 6:11) '주 예수 그리스도의 이름과 우리 하나님의 성령 안에서 씻음과 거룩함과 의롭다 하심을 받았느니라'고 기억시켜 주었는데 이것은 분명 그가 그들의 성화를 하나님께서 그들을 유효하게 부르신 일과 또 그들을 성도라고 부르신 일, 중생시키신 일, 칭의하신 일과 동등한 것으로 여긴 것이다"라고 주장한다.[470]

머리(Murray)는 또 성화의 다른 방면, 즉 점진적인 성화에 대하여 언급한다. 그는 점진적인 성화란 "우리가 성도 안에 아직 내재하고 있는 죄를 고려하고 또 성도가 아직도 획득해야 하는 목표에 도달하지 못했다는 사실을 고려할 때 이 세상의 성도의 조건은 정적인 현상에 속한 것이 아니다. 이 세상의 성도의 조건은 점진적이라는 것, 곧 성격에 있어서 부정적이기도 하고 적극적이기도 한 점진성에 속한다는 것을 풍성하게 보여주는 증거가 있다. 그 증거는 금욕과 성화를 포함하고 있다"고 정의한다.[471]

필자는 이 부분에서 연합 당시 당장에 이루어진 위치적(positional) 성화에 대해서는 취급하지 않고 한 생애를 통하여 점진적

---

[470] John Murray, *Collected Writings of John Murray* (Carlisle, PA.: Banner of Truth Trust, 1984), p. 277.
[471] *Ibid.*, p. 295.

으로 이루어지는 성화에 대해서만 다룰 것이다. 성화란 그리스도를 통하여 하나님의 형상으로 변하여 가는, 성령에 의한, 한 인간의 전반적인 갱신이라고 할 수 있다. 이 작업은 점진적이다. 이븐스(James Harrington Evans)는 "성화는 예수 그리스도를 믿음으로 마음에 일어나는 청결이다…이것은 영혼의 계속적인 갱신으로 하나님의 뜻에 맞추는 것이고 이 세상 원리로부터 분리되어 가는 것이며 하나님 봉사에 몸을 드리는 것이다"라고 말한다.[472]

디이슨(Thiessen)은 성화에는 네 요소가 있다고 말한다: 즉, "하나님을 위하여 세상으로부터 분리되는 것, 우리의 거룩이신 그리스도가 우리에게 전가되는 것, 도덕적인 악으로부터 깨끗하여지는 것, 그리스도의 형상으로 화하여 가는 것 등이라"고 하였다.[473] 이것이 사실이라면 예수님의 말씀이 성도들 안에서 이 목적을 이룰 수 없을 것인가? 다음의 성구들은 하나님의 말씀이 성도들을 변화시켜 그들로 하여금 하나님을 위하여 거룩하게 분리되고 도덕적인 악으로부터 깨끗하여지고 그리스도의 형상으로 화하여 가게 할 수 있을 것이라고 주장한다.

요 17:17에서 예수님은 그의 제자들을 위하여 하나님께 기도

---

[472] James Harrington Evans, *The Spirit of Holiness and Sanctification through the Truth* (London: John Farquhar Shaw, n.d.), p. 7.
[473] Thiessen, p. 287.

하신다. "그들을 진리로 거룩하게 하옵소서 아버지의 말씀은 진리니이다." 그리스도께서 이 기도로 하나님께 기도하기 전에, 그는 요 17:15-16에서 제자들을 악한 자로부터 보호해 달라고 기도하신다. "내가 비옵는 것은 그들을 세상에서 데려가시기를 위함이 아니요 오직 악에 빠지지 않게 보전하시기를 위함이니이다 내가 세상에 속하지 아니함 같이 그들도 세상에 속하지 아니 하였사옵나이다"라고 기도하신다. 그러니까 예수님의 17절에서의 기도는 그의 제자들로 하여금 진리를 통하여 세상의 악한 자로부터 지켜달라고 하는 기도이다. 여기 진리란 하나님의 말씀을 지칭한다. 하나님의 말씀은 성령님께서 쓰시는 칼이다 (엡 6:17; 히 4:12). 다시 말해 하나님의 말씀은 성령님께서 성도의 성화를 위해 쓰시는 수단이란 뜻이다. 17절의 예수님의 기도는 15-16절의 기도와 거의 같다고 할 수 있다. 다만 15-16절의 기도는 17절에 기록된 "진리로"(through the truth)라는 말만 빠져 있을 뿐이다. 다시 말해 17절에 있는 예수님의 기도, 즉 "그들을 거룩하게 하옵소서"라는 기도는 15절의 기도, 즉 "내가 비옵는 것은 그들을 세상에서 데려가시기를 위함이 아니요 오직 악에 빠지지 않게 보전하시기를 위함이니이다"라는 기도와 동일시된다. 17절의 "거룩하게 하옵소서"(aJgivason)라는 기도는 15절의 "악에 빠지지 않게 보전하시기를 위함이니이다"(keep them from the evil)라는 기도와 동일한 기도이다. 17절의 "거룩하게 하옵소서"(aJgivason)라는 기도는 "순결하게 하거나 혹은 죄로부터 깨끗하게 하는 것이다. 크리스천의 마음의 성화는 점진적이다. 성화는 하나님처럼 되는 것이며 세상과는 떨어지는 것이다."[474] 15절의 "악에 빠지지 않게 보전하시기를 위함이니이다"라는 기도는 "악한 자(마귀)나 혹은 일반적인 악(배교, 시험에 빠지는 것)으로부터 보전하시기를 기도하는 것"이다.[475] 여기서 한 가지 주의해야 할 특기할 것은 17절에서 제자들을 거룩하게 하는 수단을 제시하고 있다는 점이다. 예수님은 어떤 합당한 수단 없이 제자들을 거룩하게 하시라고 하나님께 구하는 것이 아니라 "그들을 진리로 거룩하게 하옵소서"라고 기도하신다. "진리로"(ejn th'/ ajlhqei-va/)라는 성구는 예수님의 제자들이 끊임없이 거룩해지기 위해서 사용되어져야 하는 수단이다. 그들은 "진리로" 계속해서 성화되어야 할 필요가 있었다. 이유는 그들이 이미 예수님과 연합되었기 때문이다(요 13:10; 15:3).

그렇다면 요 17:17절의 "진리"(the truth)란 무엇인가? 예수님은 "진리"[476]란 하나님의 말씀이라고 규명하신다. 요 17:14에서

---

[474] Barnes, *Luke and John*, p. 357.
[475] *Ibid.*, p. 356.
[476] C. K. Barrett은 "'진리'란 예수님의 교훈과 활동에 나타난 구원하는 진리라"고 말한다(*Gospel according to St. John*, p. 510). Raymond E. Brown도 "여기 '진리'란 깨끗하게 하는 수단이며 동시에 그들이 신성하게 되는 영역(realm)이라고 말한다(*Gospel according to John 12-21*, p. 761).

예수님은 "내가 아버지의 말씀을 그들에게 주었사오매 세상이 그들을 미워하였사오니 이는 내가 세상에 속하지 아니함 같이 그들도 세상에 속하지 아니함으로 인함이니이다"라고 말씀하신다. 본 절에서 우리는 하나님께서 제자들을 성화시키기 위하여 말씀을 사용하심을 알 수 있다. 그런고로 예수님은 요 17:17에서 하나님의 말씀으로 제자들을 성화시켜 주시라고 기도하신다. 예수님의 이 기도는 예수님께서 제자들을 위하여 기도하시는 대상이신 하나님께서 말씀으로 그들을 성화시키실 수 있다는 것을 보여준다. 예수님은 이미 요 17:14에서 하나님의 말씀을 제자들에게 주셨다. 분명히 하나님은 제자들이 하나님을 위하여 구별되고 도덕적인 악으로부터 순결해지며 그리스도의 형상을 닮아가도록 하나님의 말씀을 통하여 제자들을 성화시키신다.

베드로전서의 한 구절도 역시 예수님의 말씀이 예수님의 제자들을 계속해서 성화시키신다는 것을 말하고 있다. 베드로는 본도, 갈라디아, 갑바도기아, 아시아와 비두니아에 흩어져 살고 있는 수신자들에게 "너희가 진리를 순종함으로 너희 영혼을 깨끗하게 하여 거짓이 없이 형제를 사랑하기에 이르렀으니 마음으로 뜨겁게 서로 사랑하라"고 말씀한다(벧전 1:22). 베드로는 본 절에서 수신자들이 진리를 순종하므로 영혼을 순결하게 했다고 말한다. 다시 말해 베드로는 수신자들이 계속적으로 진리를 순종하여 형제들을 신실하게 사랑할 만큼 그들의 영혼을 성화시키고 있다고 말씀한다. "너희가 진리를 순종함으로 너희 영혼을 깨끗하게 하였다"는 말씀에 대하여 므기(J. Vernon McGee)는 "하나님의 말씀은 이적적으로 깨끗하게 하는 대리자(agent)이다. 오늘날 TV에서 광고하는 사람들은 그들의 비누나 또 깨끗하게 하는 세제들을 위하여 굉장히 선전한다. 그들은 우리들에게 그들의 상품이 다른 경쟁자들의 상품보다 얼마나 월등한가를 선전한다. 그들 모두는 '미러클'(miracle) 상품을 팔려고 노력한다. 이 세상에서 진짜 미러클 세제는 하나님의 말씀이다. 말씀이야 말로 우리가 이 세상에서 얻을 수 있는 최고의 비누이다. 하나님의 말씀은 더러운 것들을 다 빼낸다. 우리 많은 사람들은 이 말씀에 더욱 가까이 할 필요가 있다"고 말한다.[477] 레이머(Roger M. Raymer)는 "진리를 순종한 결정적인 결과는 순결해진 삶이다. '청년이 무엇으로 그의 행실을 깨끗하게 하리이까 주의 말씀만 지킬 따름이니이다'(시 119:9). 고난이 믿음을 연단하는 것처럼 하나님의 말씀 순종도 인격을 연단한다"고 말한다.[478] 예수님의 말씀은 성도들을 성화시켜서 그들로 하여금 계속해서 예수님과 연합된 상태를 잘 유지하게 만든다(마 5:8; 히 12:14 참조).

---

[477] J. Vernon McGee, *Thru The Bible with J. Vernon McGee*, vol. 5, *1 Corinthians through Revelation* (Nashville: Thomas Nelson Publishers, 1983), p. 686.
[478] Roger M. Raymer, "1 Peter," in *the Bible Knowledge Commentary,* New Testament ed., ed. John F. Walvoord and Roy B. Zuck (Wheaton, Ill.: Victor Books, 1983), p. 844.

예수님의 말씀은 제자들로 하여금 열매 맺게 한다

성경은 예수님의 말씀이 제자들로 하여금 최초로 연합하게 했을 뿐 아니라 또한 열매 맺는 믿음을 가지게 한다고 말씀한다. 요 5:39에서 예수님은 주장하시기를 비록 유대인들이 성경에서 영생을 얻는 줄 생각하고 성경을 상고한다 할지라도 그들은 그들의 마음에 예수님의 말씀을 갖지 않고 있다고 주장하셨다. 왜냐하면 그들은 아버지로부터 구세주의 사명을 가지고 보내심을 받은 예수님을 믿지 않았기 때문이라고 하신다. 랑게(John Lange)는 "유대인들이 예수님 안에서 온전한 계시, 즉 하나님의 음성(fwnh;n)과 형상(eiWdo")을 인지하지 못하고 영접하지 않은 사실은 그들이 구약에서 이 계시의 의미를 이해하지 못했다는 것을 증거하는 것이었고 또 그들이 그들 안에 살아있는 구약 성경을 가지고 있지 않았다는 것을 증거하는 것이었으며 또 아들에 관하여 직접적으로 증언한바 성경에 있는 하나님의 말씀에 귀가 멀고 눈이 멀었다는 것을 증거하는 것이다"고 기록한다.[479]

유대인들이 그들의 마음속에 예수님의 말씀을 가지고 있지 않았다는 사실은 그들이 예수님을 믿지 않았다는 것과 동일시되는 말이다. 이유는 예수님의 말씀은 예수님을 대표하기 때문이다

---

[479] J. P. Lange, *The Gospel according to John,* Lange's Commentary on the Holy Scriptures, trans. J. Isidor Mombert (Grand Rapids: Zondervan Publishing co., 1980), p. 195.

(요 15:7). 이 점에 관하여 모리스(John Morris)는 "그들의 불신앙은 하나님과의 교제의 가능성을 배제했다. 그러나 그들의 불신앙은 또한 그들이 그들 안에 거하시는 말씀을 가지고 있지 않은 이유이기도 하다"고 말한다.[480]

우리는 요 15:7에서 예수님의 말씀이 신자들에게 예수님을 믿는 믿음을 줄 수 있다는 것을 볼 수 있다. 예수님의 말씀이 아니고는 신자는 예수님에 관한 어떤 지식도 가질 수가 없으며 또 예수님을 믿을 수 있는 힘도 없다. 신자는 말씀으로부터 예수님의 인격과 사역에 관한 지식을 받는다. 그리고 또 예수님을 믿을 수 있는 영적인 힘을 얻게 된다.

신자가 말씀을 통하여 예수님을 믿으면 예수님과 연합하게 된다는 말에 관해 머리(John Murray)는 "믿음은 우리를 그리스도와 연합하게 하는데 이 연합은 한결같은 애정과 위탁(attachment and entrustment)의 결속으로 우리를 그리스도와 연합시킨다. 그리고 이 연합은 구주의 구원하는 능력과 은혜, 그리고 덕(virtue)이 신자 안에서 활동하도록 보증한다"고 주장한다.[481] 요한복음 17장에서 우리는 제자들의 믿음을 위한 말씀의 역할과 제자들을 예수님에게 연합시키는 신자들의 믿음에 끼쳐진 말씀의 역할을 분

---

[480] Leon Morris, *Gospel according to John*, p. 329.
[481] John Murray, *Redemption Accomplished and Applied*, p. 126.

명히 볼 수 있다. 요 17:8에 예수님은 전통적인 기도 형식으로 하나님께 기도하시지 않으시고 보통형식으로 기도하셨는데 예수님은 하나님께 "나는 아버지께서 내게 주신 말씀들을 그들에게 주었사오며 그들은 이것을 받고 내가 아버지께로부터 나온 줄을 참으로 아오며 아버지께서 나를 보내신 줄도 믿었사옵나이다"라고 기도하신다. 여기서 예수님은 자신이 제자들에게 주신 말씀을 통하여 제자들이 예수님을 이해했고 또 믿었다고 드러내신다.[482] 예수님은 자신이 제자들에게 말씀을 주시지 않았더라면(요 17:14), 그들은 예수님을 이해할 수도 없었고 또 믿을 수도 없었다고 암시하신다. 요 17:8의 예수님의 기도는 예수님의 말씀이 제자들로 하여금 예수님을 믿게 했다는 것을 드러내신다. 예수님은 그의 제자들만 위해서 기도하신 것이 아니라 제자들이 전하는 말씀을 통하여 예수님을 믿는 사람들을 위해서도 기도하신다(요 17:20). 제자들이 전하는 말씀은 바로 예수님의 말씀이다. 예수님의 말씀은 바로 하나님의 말씀이다(요 17:14).[483] 본문(요 17:20)의 예수님의 기도에서 보면 아무도 제자들의 말씀이 없으면 예수님을 믿을 수 없음을 발표하신다.

---

[482] 예수님께서 제자들에게 주신 말씀은 성령의 역사에 의하여 그들로 하여금 예수님을 믿게 했고 그들의 믿음은 그들로 하여금 예수님에게 연합시켰다.
[483] 하나님의 말씀(요 17:14)은 예수님의 말씀(요 17:8)과 같고 예수님의 말씀은 제자들의 입을 통하여 전해졌다(요 17:8, 21). 여기서 우리는 단수와 복수가 혼용되고 있음을 볼 수 있다.

사도행전에서 예수님의 말씀은 제자들로 하여금 예수님을 믿어서 열매를 풍성하게 맺게 하는 믿음을 준다는 것을 알 수 있다. 행 11:23은 예루살렘으로부터 보냄을 받은 바나바가 안디옥으로 와서 하나님의 은혜를 보고 기뻐하여 "모든 사람에게 굳건한 믿음으로 주와 함께 머물러 있으라 권했다"(행 11:23; 요 15:4).[484] 바나바는 그들에게 예수님을 계속해서 믿으라고 권했고 따라서 주님과 연합되어 열매를 맺도록 권했다. 안디옥 교회의 새 교인은 밖으로부터 오는 모든 시험을 정복하기 위하여 굳건히 믿어야 했고 열매를 맺을 수 있을 정도가 되어야 했다. 새 교우들은 아마도 "스데반의 일로 일어난 환난으로 말미암아 흩어진"(행 11:19) 신자들로부터 계속해서 그리스도의 말씀을 들었을 것이며 또 바나바와 바울(행 11:24-26)로부터 말씀을 들어 그리스도께 계속해서 연합된 채 생활했다.

베드로 사도는 행 15:7에서 이방인의 믿음을 위한 말씀의 역할을 강조한다. 그는 "형제들아 너희도 알거니와 하나님이 이방인들로 내 입에서 복음의 말씀을 들어 믿게 하시려고 오래 전부터 너희 가운데서 나를 택하셨다"고 말한다(행 15:7). 사도들과 장로들이 할례가 필요한지 혹은 필요하지 않은지를 의논하기 위

---

[484] prosmevnein tw'/ kurivw/는 "Remain true to the Lord"(NASB); "Remain faithful to the Lord"(RSV); 그리고 "Remain true to the Lord"(NIV)로 번역된다. 우리 말로는 "굳건하게 주께 붙어(머물러) 있어라"가 될 것이다.

해 예루살렘 총회를 회집했는데 베드로는 10년 전에 고넬료의 집에서 결정된 근본 원리를 그들에게 말해 주었다.[485] 행 10:44은 "베드로가 이 말을 할 때에 성령이 말씀 듣는 모든 사람에게 내려오셨다"고 말한다. 베드로가 그들에게 기억시킨바 중요한 것은 할례가 아니라 복음의 말씀을 듣는 것이며 성령을 통하여 예수님을 믿는 것이라고 말한다. 다시 말해 중요한 것은 복음의 말씀을 들음으로 예수님을 믿는 것이다.

바울 사도의 제 2차 전도여행은 자기가 전한 복음을 통하여 형제들이 주님께 붙어 있도록 하기 위한 것이었다. 바울은 바나바에게 "우리가 주의 말씀을 전한 각 성으로 다시 가서 형제들이 어떠한가 방문하자"고 말했다(행 15:36). 바울은 형제들이 그리스도를 계속해서 잘 믿도록 1차 전도여행을 다녀온 곳들을 모두 돌아보자고 한 것이다.

바울은 제 3차 전도여행을 하는 동안 에베소 교회의 장로들에게 복음을 전하면서 그들을 "주와 그의 은혜의 말씀에" 부탁했다(행 20:32). 본 절에서 바울은 "하나님"과 "그의 은혜의 말씀"을 동일시했다. 이유는 "하나님과 그의 은혜의 말씀은 항상 함께 있기 때문이며 하나님의 은혜는 항상 말씀을 통하여 흘러나오기

---

[485] Gotthart V. Lechler, *The Acts of the Apostles, Lange's Commentary on the Holy Scriptures,* trans. Charles F. Schaeffer (Grand Rapids: Zondervan Publishing Co., 1980), p. 279.

때문이다."⁴⁸⁶ 다시 말해 바울은 분명히 하나님의 말씀을 하나님의 대리자(agent)라고 생각했고 교회의 장로들은 하나님의 말씀으로 예수 그리스도를 믿는 믿음 안에서 세움을 받는다고 생각했고 또 그 말씀으로 예수님에게 연합된 채 지내는 것으로 생각했다.

바울 사도가 쓴 로마서는 예수님의 말씀이 예수님을 믿는 성도들에게 영원한 믿음을 주는 것이라는 것을 보여주고 있다. 바울은 롬 10:17에서 "믿음은 들음에서 나며 들음은 그리스도의 말씀으로 말미암았다"고 말한다(롬 10:17). 믿음은 그리스도의 말씀을 들음으로 얻는다. 반스(Albert Barnes)는 "믿음이란 메시지가 없는 곳에는 존재하지 않는다. 메시지가 있어야 들을 수 있고 믿을 수 있는 것이다"⁴⁸⁷ 이에 동조하여 므기(J. Vernon McGee)는 "우리가 하나님의 말씀을 듣기까지는 구원받을 수 없다"고 주장한다.⁴⁸⁸

---

486 Lenski, *The Interpretation of the Acts of the Apostles* (see chap. 2, n. 112), p. 853.
487 Albert Barnes, *Romans: Barnes' Notes* (Grand Rapids: Baker Book House, 1983), p. 232.
488 McGee, *Matthew through Romans*, p. 720.

F. 본장 결론

 지금까지 논한바와 같이 제자들 안에 거하는 예수님의 말씀은 열매를 많이 맺게 하는 필수조건이다. 따라서 제자들 안에 내주하는 예수님의 말씀은 예수님께서 그들 안에 거하시는 것과 동일한 것이다. 예수님의 말씀은 제자들로 하여금 예수님을 계속해서 믿도록 제자들을 성화시키며 또 예수님을 계속해서 믿도록 일깨워 믿는 자들로 하여금 열매를 맺도록 하여 준다. 이런 뜻에서 제자들로 하여금 열매를 맺도록 연합을 공고히 해주는 말씀의 영향은 절대적이다. 말씀이 없으면 열매를 맺을 수 없다. 그러므로 성도들은 열매를 많이 맺기 위하여 말씀을 들으며 읽고 또 묵상하는 것이 필요하다(수 1:8;, 시 1:2; 119:15, 23, 78, 97; 눅 8:21; 11:28; 계 1:3).

제5장

적용(Application)

　예수님의 말씀은 우리의 구원을 위하여 하나님께서 쓰시는 도구이고 열매를 많이 맺게 하는데 절대적으로 필요한 하나님의 대리자(agent)임으로 신자들은 반드시 예수님의 말씀을 사랑해야 한다. 다시 말해 사람은 성령님께서 예수님의 말씀을 사용하셔서 예수님에게 연합시키시므로 누구든지 예수님의 말씀을 듣고 읽으며 묵상해야 한다. 더욱이 사람은 예수님의 말씀이 충만할 때 열매를 맺을 수 있음으로 예수님의 말씀을 읽고 들으며 묵상하고 연구하지 않으면 안 된다.

　또 한편, 예수님의 말씀을 전하는 설교자들은 부지런히 말씀을 전하고 가르쳐야 할 것이다. 이유는 예수님의 말씀은 사람들을 예수님께 연합시키는 도구이고 또 열매를 많이 맺게 하는데 예수님을 대리하는 도구이기 때문이다. 예수님의 말씀을 전하는 전도자나 말씀을 가르치는 교사들이 주의해야 할 것은 "바른 말 곧 우리 주 예수 그리스도의 말씀과 경건에 관한 교훈을 따라야"

한다(딤전 6:3). 성경을 봉독하는 것과 예수님의 말씀을 전하는 것이 얼마나 중요한지에 대해서는 더 토론해야 할 것이다.

A. 믿는 자들은 예수님의 말씀을 열심히 들어야 함

바울은 "그들이 믿지 아니하는 이를 어찌 부르리요 듣지도 못한 이를 어찌 믿으리요…그러므로 믿음은 들음에서 나며 들음은 그리스도의 말씀으로 말미암았느니라"고 말한다(롬 10:14-17). 복음을 들어야 한다는 것을 말하기 위하여 롬 10:17을 표본 절로 취하여 설명하면서 위트니(Donald S Whitney)는

> 사람은 성경 말씀을 들음으로만 그리스도를 믿음에 이를 수 있다는 것은 아니다. 왜냐하면 많은 사람들이 조나단 에드워즈처럼 성경 말씀을 읽으므로 신자가 되었기 때문이다. 아직도 이 구절(롬 10:17)은 들음 자체에 관심을 둔다. 그러나 우리는 에드워즈와 같이 성경말씀을 읽는 중에 회심한 대부분의 사람들이 회심하기 전 하나님의 말씀 선포를 들었다는 점에서 에드워즈와 같다고 덧붙일 수 있을 것이다. 더욱이 본 절이 그리스도를 처음으로 믿는 믿음이 예수 그리스도에 대한 영감된 말씀을 들음으로 온다는 것을 가르치는데, 역시 크리스천들에게

우리의 매일의 삶에 필요한 믿음이 성경 메시지를 들음으로 온다는 것은 사실이다.[489]

성경은 성경을 읽는 것과 듣는 것을 구분하고 있다. 계 1:3은 "이 예언의 말씀을 읽는 자와 듣는 자와 그 가운데에 기록한 것을 지키는 자는 복이 있나니 때가 가까움이라"라고 말씀한다. 읽음과 들음에 대하여 주해하면서 왈보르드(John, F. Walvoord)는 "본절이 내포하고 있는 뜻은 한 사람의 독자가 큰 청중에게 큰 소리로 메시지를 읽어준다는 뜻일 것이다. 그리고 독자에게만 아니라 청중들에게도 복이 있을 뿐 아니라 순종하는 사람들에게도 복이 있다는 뜻이다"라고 주장한다.[490]

바울 사도는 그의 젊은 디모데에게 딤전 4:13에서 회중 들 앞에서 성경을 읽으라고 권하고 설교하라고 권하며 가르치라고 권한다: "내가 이를 때까지 읽는 것과 권하는 것과 가르치는 것에 전념하라." 본 절에서 청중들에게 성경을 봉독함이 얼마나 중요한지를 설명하면서 휫트니(Donald Whitney)는 "비록 보다 더 많은 설명을 할 수 있지만 하나님의 백성들이 하나님의 말씀을 읽

---

[489] Donald S. Whitney, *Spiritual Disciplines for the Christian Life* (Colorado Springs, Colo.: NavPress Publishing Group, 1991), p. 29.
[490] John F. Walvoord, "Revelation," in *the Bible Knowledge Commentary*, vol. 2, New Testament ed., ed. John F. Walvoord and Roy B. Zuck (Wheaton, Ill.: Victor Books, 1983), 928.

는다는 것은 바울의 사역에서도 중요하고 또 말씀들을 영감하신 하나님에게도 중요하다는 사실을 말하는 것만으로도 충분하다. 그러므로 우리가 성경을 듣는 것이 우선순위가 되게 해야 할 것이다"라고 지적한다.[491]

예수님은 성경 여러 곳에서 예수님의 말씀을 듣는 것이 중요하다고 강조하신다: 예수님은 귀를 가지고 있는 모든 사람은 예수님의 말씀을 들어야 한다고 말씀하신다(마 11:15; 13:9, 43); 말씀을 듣고 행하는 사람은 그의 가족이다(눅 8:21); 하나님의 말씀을 듣는 자는 복되다(눅 11:8); 하나님의 말씀을 듣는 자는 예수님이 세상의 그리스도이시고 구주이심을 알게 된다(요 4:42); 그의 말씀을 듣고 믿는 자는 영생이 있다(요 5:24); 그의 말씀을 듣고 따르는 자는 영원한 생명을 가지고 있다(요 10:27-28); 그리고 진리에 속한 자는 그의 말씀을 듣는다(요 18:37)고 말씀하신다.

B. 신자들은 성경을 열심히 읽어야 함

예수님은 복음서에서 하나님의 백성들이 성경을 조심스럽게

---

491 Whitney, p. 30.

읽어야 한다고 암시하신다. 예수님은 바리새인들에게 너희가 성경을 "읽지 못하였느냐?"고 자주 말씀하신다(마 12:3; 19:4-5; 막 2:25; 12:26; 눅 6:3). 예수님은 마 4:4에서 성경의 "모든 단어"를 읽어야 한다고 암시하신다. 즉 "예수께서 대답하여 이르시되 기록되었으되 사람이 떡으로만 살 것이 아니요 하나님의 입으로부터 나오는 모든 말씀으로 살 것이라 하였느니라"고 말씀하신다. 예수님은 계 1:3에서 신자들에게 성경을 읽으라고 부탁하신다. 예수님은 "이 예언의 말씀을 읽는 자와 듣는 자와 그 가운데에 기록한 것을 지키는 자는 복이 있나니 때가 가까움이라"고 하신다. 위어스비(Warren W. Wiersbe)는 "모든 신자는 하나님의 말씀을 듣고 읽는 일에 전념해야 한다. 하나님의 말씀 안에서 우리는 하나님을 보고 또 하나님께서 우리를 어떻게 보시는지를 우리가 본다"고 주장한다.[492]

성경은 성령께서 죄인의 확신과 회심을 위하여 사용하시는 아주 귀중한 수단이다. 죄인의 마음과 감정에 이런 적용이 없이는 (성경을 읽지 않고는) 성령님은 사람을 구원하시는 변화를 시도하는 과정에 있지 않으실 것이다. 성도는 누구든지 성경을 하나님께서 인류에게 주신 사랑의 편지로 알고 무시로 읽어서 성령의

---

[492] Warren W. Wiersbe, *Be Confident: An Expository Study of the Epistle to the Hebrews* (Wheaton, Ill.: Victor Books, 1983), p. 44.

감동을 받아야 할 것이다.

C. 신자는 성경을 열심히 연구해야 함

옛날에는 하나의 신비였던 말씀을 우리가 이해하고 또 우리에게 적용함으로써 그리스도가 누구인지에 대한 '충분한 지식'(골 1:28; 엡 1:17 참조)을 알게 되는 고로 신자는 예수님의 말씀을 열심히 상고해야 한다.

복음을 사람들에게 가르치는 사람은 역시 성경을 상고해야 한다. 에스라 7:10은 "에스라가 여호와의 율법을 연구하여 준행하며 율례와 규례를 이스라엘에게 가르치기로 결심하였었더라"고 말씀한다. 에스라는 이스라엘에게 율례와 규례를 가르치기 위하여 여호와의 율법을 상고해야 했다. 요 5:39에서 예수님은 유대인들에게 "너희가 성경에서 영생을 얻는 줄 생각하고 성경을 연구하거니와 이 성경이 곧 내게 대하여 증언하는 것이니라"고 말씀하신다. 요 5:39을 설명하면서 반스(Albert Barnes)는

> "상고하다" 혹은 "연구하다"라고 번역되는 이 낱말은 '열심히 연구하는 것' 혹은 '몹시 갈망하면서 상고하는 것'을 뜻한다. 이 낱말은 귀금속을 찾아 헤매는 광부들에게 적용되는 낱말이다.

원광(原鑛)의 지층을 찾아 헤매되 금속의 가치를 알기 때문에 그에 따른 강렬함과 열망을 가지고 원광의 지층을 찾아 헤매는 광부들에게 적용되는 말이다…우리의 번역에서 이 낱말은 명령법이다. 이는 마치 예수님께서 그들에게 성경을 연구하라고 명령하신 것처럼 명령법이다. 씨릴(Cyril), 에라스무스(Erasmus), 베자(Beza), 벵겔, 쿠이놀(Kuinoel), 톨럭(Tholuck), 드 베테(De Wette), 그리고 다른 학자들은 이 낱말을 직설법으로 생각한다. 그러나 크리소스톰, 어거스틴, 루터, 캘빈, 웨스타인(Westein), 스티어(Stier), 알포드(Alford)와 다른 학자들은 이 낱말을 명령법으로 고려하거나 혹은 명령으로 본다. 그 낱말의 참 뜻이 무엇인지 결정하기란 불가능하다…구약 성경을 유대인들이 열심히 연구했다는 충분한 증거가 있다. 모든 사람은 성경을 열심을 다하여 연구해야 한다고 주장한다.[493]

비록 문법적 형식이 직설법이든지 혹은 명령법이든지 문맥에서 명령법으로 해석해야 할 것이다. 그렇지 않으면 바리새인들의 거짓 확신에 대한 얼마간의 책임이 성경위에 머무를 것같이 보인다. 바리새인들의 문제는 그들이 성경을 안다는 것이 단지 도무지 믿을 수 없는(casual) 수준이었다. 그래서 예수님은 그들

---

[493] Barnes, *Luke and John*, pp. 239-240.

에게 명령하시기를 가서 성경이 예수님에 대해 증거한다는 것을 알아보라고 하셨다.

사도행전의 저자 누가는 베뢰아에 있는 유대인들은 "데사로니가에 있는 사람들보다 더 너그러워서 간절한 마음으로 말씀을 받고 이것이 그러한가 하여 날마다 성경을 상고하므로 그 중에 믿는 사람이 많았다"고 말한다(행 17:11-12). 이 두 절은 성경 연구의 중요성을 지적한다. 키스테메이커(Kistemaker)는 "베뢰아 사람들은 바울과 실라의 가르침이 기록된 말씀과 일치하는지 알기 위해서 성경을 자세히 살폈다. 그들은 불신앙의 자세나 의심을 가지고 그렇게 한 것이 아니라 하나님 계시의 메시지를 알기 위하여 진지하게 분석하고 또 열심을 다하여 연구했다"고 주장한다. 이에 동조하여 반스(Albert Barnes)는 실제적인 교훈을 주고 있다: "성경을 계속해서 연구하는 것은 우리의 마음을 오류로부터 지켜주는 최상의 방법이다. 매일같이 성경을 연구하지 않는 사람은 모든 교리의 풍조에 밀리고 또 정함이 없는 견해들을 가질 수 있다"고 말한다.[494]

---

[494] Albert Barnes, *Acts: Barnes' Notes on the New Testament* (Grand Rapids: Baker Book House, 1983), p. 254.

D. 설교자는 청중들에게 열심을 다해 전해야 함

예수님의 말씀은 예수님과 성도들과의 연합에 필수불가결한 수단이고 또 열매를 맺게 하는데 반드시 필요한 요소이므로 모든 설교자들은 열심을 다해 말씀을 전하고 가르쳐야 한다. 디이슨(Henry Thiessen)은 "하나님은 사람을 구원하는데 있어 사람을 사용하신다. 그러나 사람의 헌신이란 단지 진리를 선포하고 그리스도를 위한 결단을 호소하는 것뿐이다"(롬 10:14f; 고전 4:15; 갈 4:19; 몬 1:10 참조)라고 말한다.[495]

오르(James Orr)는 "우리는 '복음 진리의 말씀'(골 1:5; 히 4:12)이 우리에게 생명주는 능력을 아무리 높여도 다 높였다고 말할 수 없다. 우리는 말씀을 읽는 것(행 17:11-12), 말씀을 전하는 것(막 16:15; 행 11:20-21; 롬 10:14-15), 말씀으로 권하는 것(눅 1:4; 딤전 4:13-16; 딤후 3:15; 4:2)의 귀중성을 아무리 높여도 충분하지 않다"고 주장한다.[496]

바울은 그의 전도여행에서 예수님의 말씀을 열심을 다해 전했다. 설교자는 복음의 메시지를 신실하게 그리고 진지하게 전파해야 한다. 복음을 전할 때 성령님께서 죄인에게 확신을 주고 회

---

[495] Thiessen, p. 280.
[496] Orr, p. 148.

심시키는 역사를 하시는 고로 전도자는 그 기회를 다시없는 기회로 알고 최선을 다해 준비하고 전해야 한다. 복음을 전할 때 성령님의 주장 아래서 하나님 봉사에 헌신된 사람의 생생한 목소리로 복음을 전하면 특별히 효과를 보게 된다.

예수님은 막 16:15-16에서 제자들에게 세상에 나가서 모든 민족에게 복음을 전하라고 명령하시면서 "믿고 세례를 받는 사람은 구원을 얻을 것이라"고 말씀하신다.[497] 예수님은 복음 전도와 믿는 자의 구원을 연계시키신다. 바울은 롬 10:14-15에서 "그런즉 그들이 믿지 아니하는 이를 어찌 부르리요 듣지도 못한 이를 어찌 믿으리요 전파하는 자가 없이 어찌 들으리요 보내심을 받지 아니하였으면 어찌 전파하리요 기록된 바 아름답도다 좋은 소식을 전하는 자들의 발이여 함과 같으니라"고 말씀한다. 바울은 이 성경 구절에서 예수님을 믿는 것과 복음을 듣는 것을 연계시키고 그런 다음 복음을 듣는 것과 설교자를 연계시킨다. 결국 바울은 예수님을 믿는 것과 설교자를 연계시키고 있음을 알 수 있다.

---

497 여기 "세례를 받는 것"은 '물세례를 받는 것'으로 이제 옛사람은 죽고 새 생명을 받았다는 의적인 표시로 물세례를 받는 것을 뜻한다.

E. 한국인 전도자들은 오순절파, 신비주의, 이단을 조심해야 함

그리스도의 말씀을 전하는 한국 전도자들은 오순절파와 신비주의 그리고 이단의 위험을 물리치기 위하여 열심히 말씀을 연구하고 설교하고 가르쳐야 한다. 한국의 오순절파는 그리스도와 성도의 연합에 있어서 말씀의 역할에 대해서 소홀하며 구원을 위해서 성령님의 역할만 주로 강조한다. 설교자들은 믿는 자의 구원을 위해서 말씀을 사용하신다는 것을 알아야 한다. 오순절파의 전도자들은 설교하고 교육하는데 있어 성령님의 사역과 예수님의 말씀의 역할을 잘 알아야 하는 것이다. 물론 오순절파가 그리스도의 말씀을 전하지 않는다는 것이 아니라 말씀의 역할을 강조하지 않고 주로 성령님의 역사만 많이 강조하고 있다는 것이다. 그들은 성령을 받으라는 것만을 주로 강조하고 있다.

한국의 신비주의는 하나님의 말씀으로부터 별로 능력을 구하지 않고 불건전한 신비적인 현상을 주로 구하고 있다. 신비주의자들은 한국교회의 건전한 신학을 위협하고 있고 기성교회의 성도들을 혼란시키고 있다. 그들은 기성교회의 성도들을 자기들의 공동체에 초대하여 그들의 잘 못된 교리를 신봉하게 하고 있다. 오늘 개혁주의 전도자들은 그 어느 때보다 더욱 그리스도의 말씀을 듣고 읽으며 연구하고 또 설교하고 가르쳐야 할 것이다. 결단코 신비주의자들로 인하여 흔들리지 않게 해야 할 것이다.

한국 교회가 당면한 가장 큰 문제는 이단이다. 한국 안에는 89개의 위험한 이단이 있다.[498] 이단은 점점 숫자가 늘어가고 있다. 지금도 계시록 연구를 중심한 몇몇 이단이 새로 생겨났다. 이런 이단들 중에 한 사람으로 김풍일씨는 "2,000년 동안 예수를 믿어서 구원을 받은 사람은 한 사람도 없다. 2,000년간 닫혀 있던 계시를 내가 열 것이다. 나는 위로자(성령)이다"라고 선언했다.[499] 그런데 아무도 그가 선언한 내용을 정확하게 이해하는 사람은 없다. 다만 성경으로부터 멀리 동떨어진 소리라는 것만은 확실하다.

한국 교회는 앞으로 더 많은 이단들을 직면할 것이다. 전도자들은 더욱 열심을 가지고 예수님의 말씀을 묵상하고 연구해야 할 것이고(수 1:8), 그 말씀을 그대로 전하고 가르쳐야 할 것이다. 더욱이 설교자들을 위하여 신학 연구가 필요하다. 그리하여 전도자들은 많은 사람들의 구원-연합, 중생, 칭의, 회심, 수양, 성화-을 위하여 그리스도의 말씀을 정확하게 전하여야 할 것이다.

---

[498] Korean Heresy Sect Research Institute, *Heresy Materials* (Seoul, Korea: Korean Heresy Sect Research Institute, 1998).
[499] Yoon Suk Chung, "한국기독교의 이단들," *The Church and the Faith Newspaper*, 29 October 2003, p. 59.

F. 결론

죄와 사탄을 이기는 비결은 주 예수 그리스도와의 연합에 있다(고후 2:14). 그리고 은혜와 기도, 기쁨, 평화와 능력을 받는 유일한 비결도 역시 예수 그리스도와의 연합에 있다. 그리고 우리 자신이 성화되리라는 소망도 우리가 그리스도와 연합되었다는 데 있다. 그리스도와의 연합이란 성령님의 세례의 결과이다. 성령님께서 세례를 베푸실 때 신자는 그리스도를 믿음으로(고전 12:13) 그리스도의 몸(교회) 안으로 들어간다. 성령님께서 역사하실 때 성도는 그리스도 안에 있게 되고, 그리스도의 죽으심과 같은 모양으로(롬 6:5) 예수님과 연합된다.

성경은 예수 그리스도 안에 있는 신자는 예수 그리스도와 함께 죽고 함께 살았다고 말씀한다. 롬 6:4-5은 "그러므로 우리가 그의 죽으심과 합하여 세례를 받음으로 그와 함께 장사되었나니 이는 아버지의 영광으로 말미암아 그리스도를 죽은 자 가운데서 살리심과 같이 우리로 또한 생명 가운데서 행하게 하려 함이라 만일 우리가 그의 죽으심과 같은 모양으로 연합한 자가 되었으면 또한 그의 부활과 같은 모양으로 연합한 자도 되리라"고 말씀한다. 엡 2:4-6도 역시 말씀하기를 "긍휼이 풍성하신 하나님이 우리를 사랑하신 그 큰 사랑을 인하여 허물로 죽은 우리를 그리스도와 함께 살리셨고(너희는 은혜로 구원을 받은 것이라) 또 함께 일으키사 그리스도 예수 안에서 함께 하늘에 앉히셨다"고 말한다. 골 2:12은 "너희가 세례로 그리스도와 함께 장사되고 또 죽은 자들 가운데서 그를 일으키신 하나님의 역사를 믿음으로 말미암아 그 안에서 함께 일으키심을 받았느니라"고 말한다. 위의 성구들은 그리스도 안에 있는 성도들은 그리스도의 죽음과 부활에서 그리스도와 연합되어 있다는 것을 보여준다.

하나님의 복을 받기 위해서는 "그리스도 안에" 있어야 한다. 사람이 그리스도와 영적으로 연합되어야 그리스도의 몸(교회)의 한 부분이 된다. 열매를 맺는 것은 전적으로 그리스도와의 연합에 달려있다. 예수님은 "가지가 포도나무에 붙어 있지 아니하면 스스로 열매를 맺을 수 없음 같이 너희도 내 안에 있지 아니하면 그러하리라…나를 떠나서는 너희가 아무 것도 할 수 없음이라"라고 하신다(요 15:4-5). 그리고 바울은 "주와 합하는 자는 한 영이니라"고 말씀한다(고전 6:7). 그리스도와의 이 연합은 하나님 측에서는 성령으로 그리고 인간 측에서는 믿음으로 이루어진다.

예수님의 말씀은 제자들과 예수님 사이의 연합에 중요한 역할을 한다. 그 영향이란 제자들의 영원한 생명에 연계되어 있다. 여기서 간과하지 않아야 할 것은 예수님의 말씀이 제자들과 그리스도를 연합시켰다는 점이다(요 15:3; 약 1:18; 벧전 1:23). 예수님의 제자들은 예수님께서 일러준 말씀으로 구원을 받았다. 그리고 그들은 예수님의 말씀으로 구원을 받았기에 예수님 안에 거하라는 부탁을 받았다.

게다가 예수님의 말씀은 열매를 많이 맺도록 예수님과의 연합을 더욱 공고히 하는 역할을 해서 제자들의 성화에 그리고 제자들의 계속적인 믿음에 결정적인 영향을 끼치고 있다. 예수님의 말씀은 제자들에게 성화를 이루어 주었고(요 17:17; 벧전 1:22) 또 계속적으로 그리스도를 믿게 해주었다(요5:38; 17:8, 20; 행 15:7; 롬 10:17). 만일 그리스도의 말씀이 아니라면 제자들은 성화를 이룰 수 없었을 것이며 계속해서 예수님을 믿을 수 없었을 것이다. 다시 말해 예수님의 말씀이 아니었다면 예수님의 제자들은 열매를 맺을 수 없었을 것이다(요 6:68-69; 갈 3:2, 5; 엡 1:13 참조). 그런고로 예수님은 그를 믿은 유대인들에게 그 안에 있으라고 하신다(요 8:31).

예수님과 성도가 연합하면 성도는 그리스도의 지체가 되고 성령의 역사로 말미암아 그리스도와의 생명적인 연합으로 들어가고 그리스도와 성도의 영혼의 연합이 이루어진다. 개신교의 교리는 모든 크리스천은 그리스도와 연합되어 있다고 가르치는데 로마 캐돌릭 교회는 교회를 통하여 연합되어 있다고 주장한다. 성경은 연합이 한번 이루어지면 영원히 깨지지 않는다고 가르친다.

그리스도와의 연합은 많은 열매를 산출한다. 연합은 성도에게 죄 사함을 주며 죄에 대하여 죽게 한다. 그리고 하나님을 위하여 구별되게 만든다. 성도가 그리스도의 말씀을 매일 접하게 되면 성도의 마음과 생활에 있는 죄와 불완전은 들어난다. 성도가 그 죄와 불완전을 그리스도에게 고백할 때 성도는 점진적으로 죄로부터 분리되어 하나님에게 기울어진다(요일 1:9). 주님과 연합하면 주님으로부터 새 생명을 얻는다. 이런 연합은 그리스도와 새로운 교제에 들어가게 하고 성도 상호간에 교제를 가지게 하며 또한 거룩한 삶을 살게 한다. 그리스도와의 연합이 이루어지면 연합은 하나님의 상속자로서의 성도에게 영원한 안정을 보장한다.

예수님의 말씀은 예수님과의 연합을 이루었고 또 열매를 맺게 해주었는데 예수님과 제자들은 사람들에게 성령을 받으라고 설교하지 않고[500] 주님을 믿기 위하여 하나님의 말씀을 받으라고 설교했다. 이유는 그들이 하나님의 말씀을 선포하면 성령께서 성도들과 예수님 사이를 연합시키는 줄 알았기 때문이었다. 오늘의 교회와 전도자들이 계속해서 기억해야 하는 것은 예수님과 제자들이 그랬던 것처럼 주님과의 연합을 위해서 그리스도의 말씀을 전파해야 하는 것이다. 예수님의 말씀은 그 말씀을 듣는 자들과 예수님을 연합시키는 영원한 대리자이다. 다시 말해 예수님의 말씀은 처음부터 끝까지 예수님과 제자들 사이를 연결시키

---

500 두 곳에 예외가 보인다: 요 20:22과 엡 5:18.

는 영원한 연결고리이다.

그런데 오늘날 전도자들은 예수님의 말씀을 전할 기회를 점점 잃어가고 있다. 교회에서 집회수를 줄이고 있고 심지어는 교회 문을 닫고 있다. 전도자들은 아무리 힘들어도 집회수를 줄이거나 교회 문을 닫는 일은 하지 말고 오히려 집회수를 늘려서 말씀 전할 기회를 더 많이 가져야 할 것이다. 우리의 기도는 이 모든 일을 가능하게 만들어줄 것이다(막 9:29).

오늘날 우리의 눈을 돌려 일반 평신도들의 형편을 살펴보면 가슴깊이 염려하지 않을 수 없다. 평신도들은 세상의 일에 지쳐서 그리고 세상 재미에 빠져서 하나님의 말씀을 읽는 일과 묵상하는 일, 그리고 연구하는 일에 열심을 다하지 못하고 있다. 그들의 영혼은 하루하루 눈에 띄게 말라가고 있다. 그들 중 많은 사람들은 소망없이 기쁨없이 활기없이 세상을 살아가고 있다. 평신도들은 아무리 바쁘다고 해도 성경 읽고 묵상하고 연구하는 것만큼 중요한 일이 없음을 깨닫고 이 일에 매진해야 할 것이다. 그리고 세상의 흥미 중심의 삶은 우리의 영혼을 죽이는 것인 줄 알고(딤전 5:6) 하나님의 사랑의 편지 읽는 재미, 묵상하는 재미, 연구하여 은혜 받는 재미 쪽으로 선회해야 할 것이다. 그래서 우리의 영혼도 살고 범사가 잘 되어야 할 것이다(요삼 1:2).

참고문헌

Abbott, Lyman. "New Testament." In *Illustrated Commentary on the Gospel according to St. John*. New York: A. S. Barnes & Co., 1879.
Alford, Henry. *MatthewJohn*. Vol. 1 of Alford's Greek Testament: An Exegetical and Critical Commentary. Grand Rapids: Baker Book House, 1980.
_____. *Hebrews to Revelation*. Vol. 4 of Alford's Greek Testament: An Exegetical and Critical Commentary. Grand Rapids: Baker Book House, 1980.
Arndt, William F., and F. Wilbur Gingrich. *A Greek English Lexicon of the New Testament*. Grand Rapids: Zondervan, 1960.
Baker, J. P. "Union with Christ." In *New Dictionary of Theology*, ed. Sinclair B. Ferguson and David F. Wright, 699. Downers Grove, Ill.: InterVarsity Press, 1988.
Baker, Kenneth S. J. *Fundamentals of Catholicism*. Vol. 3. San Francisco: Ignatius Press, 1985.
Bancroft, Emery H. *Christian Theology*. Rev. ed. Ronald B. Mayers. Grand Rapids: Zondervan Publishing House, 1976.
Barbieri, Louis A., Jr. "Matthew." In *Bible Knowledge Commentary*. New Testament ed., ed. John F. Walvoord and Roy B. Zuck, 13–94. Wheaton, Ill.: Victor Books, 1983.
Barclay, William. *The Gospel of John*. The Daily Study Bible Series, vol. 2. Philadelphia: Westminster Press, 1956.
Barnes, Albert. *Acts: Barnes' Notes on the New Testament*. Grand Rapids: Baker Book House, 1983.
_____. *1 Corinthians: Barnes' Notes*. Grand Rapids: Baker Book

House, 1983.
_____. *Luke and John: Barnes' Notes*. Grand Rapids: Baker Book House, 1983.
_____. *Romans: Barnes' Notes*. Grand Rapids: Baker Book House, 1983.
_____. *2 Corinthians and Galatians: Barnes' Notes*. Grand Rapids: Baker Book House, 1983.
Barrett, C. K. *The Gospel according to St. John*. Philadelphia: Westminster Press, 1978.
Bartlett, Norman C. *Right in Romans: Studies in the Epistle of Paul to the Romans*. Chicago: Moody Press, 1953.
Baxter, Sidlow J. *Explore the Book*. Grand Rapids: Zondervan, 1966.
Bengel, John Albert. *New Testament Word Studies*. Translated by Charlton T. Lewis and Marvin R. Vincent. Grand Rapids: Kregel, 1978.
Bere, Michael C. *Bible Doctrines for Today*. Book 1. Pensacola, Fla.: A Beka Book, 1987.
Berkeley, James P. *Reading the Gospel of John*. Chicago: Judson Press, 1958.
Berkhof, Hendrikus. *The Doctrine of the Holy Spirit*. Richmond, Va.: John Knox Press, 1964.
Berkhof, Louis. *Systematic Theology*. Carlisle, Pa.: Banner of Truth Trust, 1958.
Bernard, J. H. *A Critical and Exegetical Commentary on the Gospel according to St. John*. Vol. 2. New York: Charles Scribner & Co., 1958.
Best, W. E. *Regeneration and Conversion*. Grand Rapids: Baker Book House, 1975.
Blank, Josef. *The Gospel according to St. John*. Vol. 2. Translated by Matthew J. O'Connell. New York: Crossroad, 1981.

Bloesch, Donald G. *The Holy Spirit: Works and Gifts.* Downers Grove, Ill.: InterVarsity Press, 2000.
Blum, Edwin A. "John." In *Bible Knowledge Commentary.* New Testament ed., ed. John F. Walvoord and Roy B. Zuck, 267–384. Wheaton, Ill.:Victor Books, 1983.
Boettner, Loraine. *Roman Catholicism.* Phillipsburg, N.J.: Presbyterian & Reformed Publishing Co., 1985.
Boice, James Montgomery. *The Gospel of John: An Expositional Commentary.* Vol. 4, *John 13:1-17:26.* Grand Rapids: Zondervan Publishing House, 1981.
Broomall, Wick. *The Holy Spirit: A Scriptural Study of His Person and Work.* Grand Rapids: Baker Book House, 1963.
Brown, David. *MatthewJohn.* Vol. 3, pt. 1, of *A Commentary: Critical, Experimental, and Practical on the Old and New Testaments.* Grand Rapids: William B. Eerdmans Publishing Co., 1989.
Brown, Francis. *The New Brown-Driver-Briggs-Gesenius Hebrew and English Lexicon.* Peabody, Mass.: Hendrickson Publishers, 1979.
Brown, Raymond E. *The Gospel according to John 1-12.* The Anchor Bible. Garden City, N.Y.: Doubleday, 1982.
_____. *The Gospel according to John 12-21.* The Anchor Bible. Garden City, N.Y.: Doubleday, 1982.
Bruce, F. F. *The Book of the Acts.* The New International Commentary on the New Testament. Grand Rapids: Wm. B. Eerdmans Publishing Co., 1984.
_____. *Commentary on the Epistle to the Colossians.* Grand Rapids: Wm. B. Eerdmans Publishing Co., 1975.
_____. *The Epistle to the Hebrews.* The New International Commentary on the New Testament. Grand Rapids: Wm. B.

Eerdmans Publishing Co., 1984.

_____. *The Gospel of John.* Grand Rapids: Wm. B. Eerdmans Publishing Co., 1992.

Bultmann, Rudolf. *Faith and Understanding.* Translated by Louise Pettibone Smith. New York: Harper & Row, 1969.

_____. *The Gospel of John.* Translated by G. R. Beasley Murray, W.N. Hoare, and J. K. Riches. Philadelphia: Westminster Press, 1971.

Burdick, Donald W. *Hebrews-Revelation.* Vol. 12 of *The Expositor's Bible Commentary,* ed. Frank Gaebelein. Grand Rapids: Zondervan, 1981.

Burge, Gary M. *The Anointed Community: The Holy Spirit in the Johannine Tradition.* Grand Rapids: Wm. B. Eerdmans Publishing Co., 1987.

_____. *John.* Baker Commentary on the Bible, ed. Walter A. Elwell. Grand Rapids: Baker Book House, 1989.

Calvin, John. *Calvin's Commentaries.* Vol. 27, *Commentary on a Harmony of the Evangelists.* Grand Rapids: Baker Book House, 1979.

_____. *Calvin's Commentaries.* Vol. 22, *Commentary on the Catholic Epistles.* Edited and Translated byJohn Owen. Grand Rapids: Baker Book House, 1979.

_____. *Calvin's Commentaries.* Vol. 29, *Commentary on the Epistles of Paul the Apostle to the Romans.* Translated by John Owen. Grand Rapids: Baker Book House, 1981.

_____. *Calvin's Commentaries.* Vol. 21, *Commentaries on the Epistles of Paul to the Galatians and Ephesians.* Translated by William Pringle. Grand Rapids: Baker Book House, 1979.

_____. *Calvin's Commentaries.* Vol. 18, *Commentary on the Gospel according to John.* Translated by William Pringle. Grand

Rapids: Baker Book House, 1979.
_____. *Calvin's Commentaries.* Vol. 8, *Commentary on the Prophet Isaiah, Isaiah 33-66.* Translated by William Pringle. Grand Rapids: Baker Book House, 1979.
_____. *Institutes of the Christian Religion.* Edited by John T. McNeill. Translated by Ford Lewis Battles. Philadelphia: Westminster Press, 1960.
_____. *Institutes of the Christian Religion.* Edited by John T. McNeil. Translated by Ford Lewis Battles. London: S.C.M. Press, 1975.
_____. *Institutes of the Christian Religion.* Translated by Henry Beveridge. Grand Rapids: Wm. B. Eerdmans Publishing Co., 1993.
Carson, D. A. *The Expositor's Bible Commentary.* Vol. 8. Grand Rapids: Zondervan Publishing House, 1984.
_____. *The Farewell Discourse and Final Prayer of Jesus.* Grand Rapids: Baker Book House, 1980.
_____. *The Gospel according to John.* Grand Rapids: Wm. B. Eerdmans Publishing Co., 1991.
Cecilia, Madame. *The Gospel according to St. John: Catholic Scripture Manuals.* London: Burns Oates & Washbourne, 1923.
Chafer, Lewis Sperry. *Systematic Theology.* Vol. 1. Grand Rapids: Kregel Publications, 1976.
_____. *Systematic Theology.* Vol. 3. Grand Rapids: Kregel Publications, 1976.
_____. *Systematic Theology.* Vol. 4. Grand Rapids: Kregel Publications, 1976.
_____. *Systematic Theology.* Vol. 6. Grand Rapids: Kregel Publications, 1976.
_____. *Systematic Theology.* Vol. 7. Grand Rapids: Kregel Publica-

tions, 1976.
Chamblin, J. Knox. "Matthew." In *Baker Commentary on the Bible,* ed. Walter A. Elwell. Grand Rapids: Baker Book House, 1989.
Cho, David. *The Daily Bread.* Seoul: Seoul Book Co., 1983.
_____. *The Fourth Dimension.* Seoul: Seoul Word Co., 1995.
_____. *The Holy Spirit.* Seoul: Seoul Book Co., 1995.
_____. *The Inner Condition of Happiness.* Seoul: Seoul Book Co., 1983.
Chung, Hang Eup. *Heresy Dispute in Korean Church History.* Seoul: Korean Presbyterian Publishing Co., 1999.
Clark, George W. *The Gospel of John.* Philadelphia: American Baptist Publication Society, 1896.
Clark, Gordon H. *The Johannine Logos.* Nutley, N.J.: Presbyterian & Reformed Publishing Co., 1972.
Congar, Yves M. *The Word and the Spirit.* Translated by David Smith. London: Harper & Row, 1986.
Cook, Robert. *The Theology of St. John.* Chicago: Moody Press, 1979.
Cumming, James Elder. *Through the Eternal Spirit: A Biblical Study on the Holy Ghost.* Chicago: Fleming H. Revell Co., 1896.
Dabney, R. L. *Lectures in Systematic Theology.* Grand Rapids: Baker Book House, 1985.
Dearden, H. W. *Modern Romanism Examined.* London: Chas. J. Thynne, Wycliffe House, 1909.
Dickson, David. *Matthew.* The Geneva Series Commentaries. Carlisle, Pa.: Banner of Truth Trust, 1981.
Douty, Norman F. *Union with Christ.* Swengel, Pa.: Reiner Publications, 1973.
Dunn, James D. G. *Baptism in the Holy Spirit: A Re-Examination of the New Testament Teaching on the Gift of the Spirit in Relation*

to *Pentecostalism Today*. Philadelphia: Westminster Press, 1979.

Dunwell, Francis Henry. *A Commentary on the Authorized English Version of the Gospel according to St. John*. London: J. T. Hayes, Lyall Place, Eaton Square, 1872.

Epp, Theodore H. *The Other Comforter: Practical Studies on the Holy Spirit*. Lincoln: NEB, 1966.

Erdman, Charles. *The Gospel of John: An Exposition*. Philadelphia: Westminster Press, n.d.

Erdman, W. J. "The Spirit in Agreement with the Word." In *The Person and Ministry of the Holy Spirit*, ed. A. C. Dixon, 117. Baltimore, Md.: Wharton, Barron, & Co., 1890.

Erickson, Millard J. *Christian Theology*. Grand Rapids: Baker Book House, 1990.

Evans, James Harlington. *The Spirit of Holiness and Sanctification through the Truth*. London: John Farquhar Shaw, n.d.

Fenton, J. C. *The Gospel according to John*. Oxford: Clarendon Press, 1970.

Ferguson, John. *Encyclopedia of Mysticism and Mystery Religions*. New York: Crossroad, 1982.

Ferguson, Sinclair B. *The Christian Life*. Carlisle, Pa.: Banner of Truth Trust, 1989.

_____. *The Holy Spirit*. Edited by Gerald Bray. Downers Grove, Ill.: InterVarsity Press, 1996.

_____. *Taking the Christian Life Seriously*. Grand Rapids: Zondervan Publishing House, 1981.

Filson, F. V. *The Interpreter's Dictionary of the Bible*. Vol. 2. Edited by G. A. Buttrick. Nashville: Abington Press, 1982.

Fisher, Fred. *Commentary on 1 and 2 Corinthians*. Waco, Tex.: Word Books, 1976.

Flavel, John. *The Works of John Flavel.* Vol. 2. Carlisle, Pa.: Banner of Truth Trust, 1982.
Ford, W. Herschel. *Sermons You Can Preach on John.* Grand Rapids: Zondervan Publishing House, 1958.
Franck, Eskil. *Revelation Taught: The Paraclete in the Gospel of John.* Lund: C. W. K. Gleerup, 1985.
Franzmann, Martin H. *Romans.* Concordia Commentary. Saint Louis, Mo.: Concordia Publishing House, 1968.
Fronmuller, G. F. C. *The Epistles General of Peter.* Lange's Commentary of the Holy Scriptures. Translated by J. Isidor Mombert. Grand Rapids: Zondervan, 1980.
Gaebelein, A. C. *The Gospel of John: A Complete Analytical Exposition of the Gospel of John.* New York: Publication Office "Our Hope," 1924.
Gaffin, R. B., Jr. *Perspectives on Pentecost: New Testament Teaching on the Gifts of the Holy Spirit.* Phillipsburg, N.J.: Presbyterian & Reformed Publishing Co., 1980.
Gamble, Richard C. "Word and Spirit in Calvin." In *Calvin and the Holy Spirit,* papers and responses presented at the Sixth Colloquium on Calvin & Calvin Studies, ed. Peter De Klerk, 73-92. Grand Rapids: Calvin Studies Society, 1989.
Gangel, Kenneth O. "2 Peter." In Bible Knowledge Commentary. New Testament ed., ed. John F. Walvoord. Wheaton, Ill.: Victor Books, 1983.
Geisler, Norman L., and William E. Nix. *A General Introduction to the Bible.* Chicago: Moody Press, 1986.
Gill, John. *Body of Divinity.* Atlanta, Ga.: Turner Lassetter, 1965.
Godet, F. L. *Commentary on First Corinthians.* Grand Rapids: Kregel Publications, 1977.

_____. *Commentary on John's Gospel.* Grand Rapids: Kregel Publications, 1980.

Grassmick, John D. "Mark." In *Bible Knowledge Commentary,* New Testament ed., ed. John F. Walvoord and Roy B. Zuck, 96-197. Wheaton, Ill.: Victor Books, 1983.

Gray, James M. *The Holy Spirit in Doctrine and Life.* New York: Fleming H. Revell Co., [c. 1936].

Greene, Oliver B. *The Gospel according to John.* Vol. 3 (Chapters 15-21), Greenville, S.C.: Gospel Hour, 1966.

Grogan, Geoffrey W. *Isaiah.* The Expositor's Bible Commentary. Vol. 6. Edited by Frank E. Gaebelein. Grand Rapids: Zondervan Publishing House, 1986.

Guthrie, Donald. *New Testament Theology.* Downers Grove, Ill.: InterVarsity Press, 1981.

Harm, Frederick R. "Distinctive Titles of the Holy Spirit in the Writings of John." *Concordia Journal* 13 (April 1987): 119-135.

Harrison, Everett F. "The Gospel according to John." In *The Wycliffe Bible Commentary.* Chicago: Moody Press, 1962.

Harrison, Norman B. *His Indwelling Presence.* Chicago: Bible Institute Colportage Association, 1928.

Hendriksen, William. *Exposition of Ephesians.* New Testament Commentary. Grand Rapids: Baker Book House, 1985.

_____. *The Gospel of John.* New Testament Commentary. Grand Rapids: Baker Book House, 1985.

_____. *The Gospel of Mark.* New Testament Commentary. Grand Rapids: Baker Book House, 1984.

_____. *The Gospel of Matthew.* New Testament Commentary. Grand Rapids: Baker Book House, 1985.

_____. *Romans.* New Testament Commentary. Grand Rapids: Bak-

er Book House, 1981.
Hengstenberg, E. W. *The Gospel of John.* Vol. 2. Minneapolis, Minn.: Klock & Klock Christian Publishers, 1980.
Henry, Matthew. *Matthew Henry's Commentary on the Bible.* Vol. 5, *Matthew to John.* McLean, Va.: MacDonald Publishing Co., n.d.
Hill, David. *The Gospel of Matthew.* The New Century Bible Commentary. Edited by Matthew Black. Grand Rapids: Wm. B. Eerdmans Publishing Co., 1972.
Hobbs, Herschel M. *An Exposition of the Gospel of John.* Grand Rapids: Baker Book House, 1968.
Hodge, A. A. *Outlines of Theology.* Carlisle, Pa.: Banner of Truth Trust, 1983.
Hodge, Charles. *A Commentary on Ephesians.* The Geneva Series Commentaries. Carlisle, Pa.: Banner of Truth Trust, 1964.
_____. *Commentary on the Epistle to the Romans.* Grand Rapids: Wm. B. Eerdmans Publishing Co., 1980.
_____. *Commentary on the First Epistle to the Corinthians.* Grand Rapids: Wm. B. Eerdmans Publishing Co., 1980.
_____. *Systematic Theology.* Vol. 3, *Soteriology.* Grand Rapids: Wm. B. Eerdmans Publishing Co., 1981.
Hodge, Louis Igou. *Reformed Theology Today.* Columbus, Ga.: Brentwood Christian Press, 1995.
Hoehner, Harold W. "Ephesians." In *Bible Knowledge Commentary.* New Testament ed. Ed. John F. Walvoord and Roy B. Zuck. Wheaton, Ill.: Victor Books, 1983.
Hoeksema, Herman. *Behold, He Cometh: An Exposition of the Book of Revelation.* Grand Rapids: Reformed Free Publishing Association, 1974.
Hughes, Philip E. *The Second Epistle to the Corinthians,* The New In-

ternational Commentary on the New Testament. Grand Rapids: Wm. B. Eerdmans Publishing Co., 1982.

Hunter, A. M. *Gospel according to St. John*. London: SCM Press, 1968.

Hutcheson, George. *John*. The Geneva Series Commentaries. Carlisle, Pa.: Banner of Truth Trust, 1985.

Inge, Willam Ralph. *Christian Mysticism*. New York: Charles Scribner's Sons, 1933.

Jacomb, Thomas. *Sermons on the Eighth Chapter of the Epistle to the Romans*. Carlisle, Pa.: Banner of Truth Trust, 1868.

Jeremiah, David. *God in You*. Orange, Calif.: Multnomah Publishers, 1998.

Johnson, S. Lewis. "The Complete Sufficiency of Union with Christ." *Bibliotheca Sacra* 120 (Jan.Mar. 1963): 22.

Jones, J. D. *Commentary on Mark*. Grand Rapids: Kregel Publications, 1992.

Kent, Homer A. "The Gospel according to Matthew." In *The Wycliffe Bible Commentary*, ed. Charles F. Pfeiffer and Everett F. Harrison. Chicago: Moody Press, 1962.

Kim, Ki Dong. *Let Us Know the Holy Spirit*. Seoul: Berea Press, 1986.

_____. *The Power Conquering the Evil One*. Seoul: Berea Press, 1984.

Kistemaker, Simon J. *James and 1-3 John*. Grand Rapids: Baker Book House, 1986.

_____. *New Testament Commentary: Acts*. Grand Rapids: Baker Book House, 1990.

Korean Heresy Sect Research Institute. *Heresy Materials*. Seoul: Korean Heresy Sect Research Institute, 1998.

Korean Presbyterian Assembly Consultation Office for Pseudo-Religion and Heresy Research. *A Paper for Pseudo-Religion and Heresy Research*. Vol. 8. Seoul: Korean Presbyterian

Assembly Consultation Office for Pseudo-Religion and Heresy Research, 1997.
Kuyper, Abraham. *The Work of the Holy Spirit.* Translated by Henri De Vries. Grand Rapids: Wm. B. Eerdmans Publishing Co., 1979.
Kysar, Robert. "Christology and Controversy: The Contributions of the Prologue of the Gospel of John to New Testament Christology and Their Historical Setting." *Currents in Theology Mission* 5 (June 1978): 348-364.
_____. *John: The Maverick Gospel.* Atlanta: John Knox Press, 1965.
Ladd, George Eldon. *A Theology of the New Testament.* Grand Rapids: Wm. B. Eerdmans Publishing Co., 1989.
_____. *The Wycliffe Bible Commentary.* Chicago: Moody Press, 1962.
Lane, William L. *The Gospel of Mark.* The New International Commentary on the New Testament. Grand Rapids: Wm B. Eerdmans Publishing Co., 1974.
Laney, J. Carl. "Abiding Is Believing: The Analogy of the Vine in John 15:1-6." *Bibliotheca Sacra* 146:55 (Jan.Mar. 1989): 56.
_____. *John.* Moody Gospel Commentary. Chicago: Moody Press, 1992.
Lange, John Peter. *The Gospel according to John: Lange's Commentary on the Holy Scriptures.* Translated and edited by Philip Schaff. Grand Rapids: Zondervan, 1980.
Lapide, Cornelius A. *The Great Commentary.* Translated by Thomas W. Mossman. London: John Hodges, 1892.
Laws, Sophie. *A Commentary on the Epistle of James.* Cambridge: Harper & Row, 1980.
Lechler, Gotthart Victory. *The Acts of the Apostles.* Lange's Commentary

on the Holy Scriptures. Translated by Charles F. Schaffer. Grand Rapids: Zondervan, 1980.

Lee, Young Hoon. *The Church History of the Assembly of God*. Seoul: Word Press, 1998.

Legters, L. L. *Union with Christ*. Philadelphia: Pioneer Mission Agency, 1933.

Lehman, Chester K. *The Holy Spirit and the Holy Life*. Scottdale, Pa.: Harrold Press, 1960.

Lenski, R. C. H. *The Interpretation of the Acts of the Apostles*. Minneapolis, Minn.: Augsburg Publishing House, 1961.

_____. *The Interpretation of 1 and 2 Corinthians*. Minneapolis, Minn.: Augsburg Publishing Co., 1937.

_____. *The Interpretation of St. Mark's Gospel*. Minneapolis, Minn.: Augsburg Publishing Co., 1964.

_____. *The Interpretation of St. John's Gospel*. Minneapolis, Minn.: Augsburg Publishing House, 1961.

Leupold, H. C. *Exposition of Isaiah*. Grand Rapids: Baker Book House, 1971.

Lightfoot, R. H. *St. John's Gospel*. Edited by C. F. Evans. Oxford: Clarendon Press, 1956.

Lindars, Barnabas. *The Gospel of John*. New Century Bible, ed. Barnabas Lindars. Greenwood, S.C.: Attic Press, 1972.

Lloyd-Jones, Martyn. *God the Holy Spirit*. Wheaton, Ill.: Crossway Books, 1997.

Luthardt, Christopher Ernst. *St. John's Gospel*. Vol. 3, trans. Caspar Rene Gregory. Edinburgh: T. & T., Clark, 1878.

MacArthur, John F., Jr. *The Charismatics*. Grand Rapids: Zondervan Publishing House, 1978.

_____. *The MacArthur New Testament Commentary: Acts 1-12*. Chicago: Moody Press, 1994.

_____. *The MacArthur New Testament Commentary: Colossians & Philemon.* Chicago: Moody Bible Institute, 1992.

_____. *The MacArthur New Testament Commentary: 1 Corinthians.* Chicago: Moody Press, 1984.

_____. *The MacArthur New Testament Commentary: Matthew 8-16.* Chicago: Moody Press, 1987.

_____. *The MacArthur New Testament Commentary: Romans 1-8.* Chicago: Moody Press, 1991.

MacGregor, G. H. C. *The Gospel of John.* The Moffat New Testament Commentary. New York: Harper & Brothers Publishers, n.d.

MacLaren, Alexander. *Hebrews 7James: Expositions of Holy Scripture.* Grand Rapids: Baker Book House, 1982.

MacMillan, Hugh. *The True Vine or The Analogies of Our Lord's Allegory.* London: MacMillan & Co., 1879.

Marshall, Walter. *The Gospel-Mystery of Sanctification.* Grand Rapids: Zondervan Publishing House, 1954.

Martin, John A. "Luke." In *Bible Knowledge Commentary.* New Testament ed., ed. John F. Walvoord and Roy B. Zuck, 199-265. Wheaton, Ill.: Victor Books 1983.

McBrien, Richard P. *Catholicism.* New York: HarperCollins Publishers, 1994.

McClintock, John, and James Strong. *Cyclopedia of Biblical, Theological, and Ecclesiastical Literature.* Vol. 10, *Su-Z.* Grand Rapids: Baker Book House, 1981.

McGee, J. Vernon. *Thru the Bible with J. Vernon McGee. 1 Corinthians through Revelation.* Nashville: Thomas Nelson Publishers, 1983.

_____. *Thru the Bible with J. Vernon McGee. Matthew through Romans.* Nashville: Thomas Nelson Publishers, 1983.

Mealand, David L. "The Christology of the Fourth Gospel." *Scottish Journal of Theology* 31 (May 1978): 450, 462.
Min, Kyung Bae. *Korean Church History.* Seoul: Christian Press of Korea, 1968.
Minear, Paul S. *John, the Martyr's Gospel.* New York: Pilgrim Press, 1984.
Morris, Leon. *Galatians: Paul's Charter of Christian Freedom.* Downers Grove, Ill.: InterVarsity Press, 1996.
_____. *The Gospel according to John.* The New International Commentary on the New Testament. Grand Rapids: Wm. B. Eerdmans Publishing Co., 1984.
_____. *Hebrews.* Vol. 12 of The Expositor's Bible Commentary, ed. Frank E. Gaebelein. Grand Rapids: Zondervan, 1981.
Motyer, J. Alec. *The Prophecy of Isaiah.* Downers Grove, Ill.: InterVarsity Press, 1993.
Moule, H. C. G. *Veni Creator: Thoughts on the Person and Work of the Holy Spirit on Promise.* London: Hodder & Stoughton, n.d.
Mounce, Robert H. *The Book of Revelation.* New International Commentary on the New Testament. Grand Rapids: Wm. B. Eerdmans Publishing Co., 1977.
Mueller, W. A. "The Mystical Union." *Christianity Today.* 30 March 1962, 23.
Murray, John. "The Attestation of Scripture." In *The Infallible Word: A Symposium by Members of the Faculty of Westminster Theological Seminary,* ed. N. B. Stonehouse and Paul Woolley, 1–54. Philipsburg, N.J.: Presbyterian & Reformed Publishing Co., 1980.
_____. *Collected Writings of John Murray.* Carlisle, Pa.: Banner of Truth Trust, 1984.

_____. *The Epistle to the Romans.* New International Commentary on the New Testament. Grand Rapids: Wm. B. Eerdmans Publishing Co., 1984.

_____. *Redemption Accomplished and Applied.* Grand Rapids: Wm. B. Eerdmans Publishing Co., 1984.

_____. "Union with Christ, 1: The Application of Redemption." *Presbyterian Guardian* 23, no. 4 (April 1954): 71-72.

_____. "Union with Christ, 2: The Application of Redemption." *Presbyterian Guardian* 23, no. 5 (May 1954): 94-96.

Nee, Watchman. *The Ministry of God's Words.* New York: Christian Fellowship Publishers, 1971.

O'Brien, John A. *The Faith of Millions.* Huntington, Ind.: Our Sunday Visitor, 1938.

Oden, Thomas C. "Life in the Spirit." *Systematic Theology*, Vol. 3. Harper San Francisco: A Division of HarperCollins Publishers, 1992.

O'Grady, John F. "Johannine Ecclesiology: A Critical Evaluation." *Biblical Theology Bulletin* 7 (January 1977): 36-44.

Orr, James. *Sidelights on Christian Doctrine.* London: Marshall Brothers, 1909.

Owanga-Welo, Jean. "A Structural Approach." In *The Function and Meaning of the Footwashing in Johannine Passion Narrative,* 243. Ann Arbor: University Microfilms, 1980: 243.

Owen, John J. *Commentary, Critical, Expository, and Practical, On the Gospel of John.* New York: Charles Scribner & Co., 1869.

Pache, Rene. *The Inspiration and Authority of Scripture.* Chicago: Moody Press, 1969.

_____. *The Person and Work of the Holy Spirit.* Translated by J. D. Emerson. Chicago: Moody Bible Institute, 1957.

Packer, J. I. "Revelation and Inspiration," in *The New Bible Commentary*. Grand Rapids: Wm. B. Eerdmans Publishing Co., 1970.

Palmer, Edwin H. *The Person and Ministry of the Holy Spirit*. Grand Rapids: Baker Book House, 1974.

Park, Duck Jong. *The Explosion of the Spirit*. Seoul: Full Gospel Fellowship International Church, 1980.

Paschal, R. Wade, Jr. "Sacramental Symbolism and Physical Imagery in the Gospel of John." *Tyndale Bulletin* 32 (1981): 151–176.

Payne, J. Barton. *The Theology of the Older Testament*. Grand Rapids: Zondervan Publishing House, 1962.

Pentecost, George F. *Studies in the Gospel of St. John*. Cleveland, Ohio: Union Gospel Press, 1946.

Pentecost, J. Dwight. *The Divine Comforter: The Person and Work of the Holy Spirit*. Chicago: Moody Press, 1977.

_____. *The Words and Works of Jesus Christ*. Grand Rapids: Zondervan Publishing House, 1981.

Pereira, Rufus. "A Christmas Meditation: And the Word Was Made Flesh and Dwelt among Us . . ." *Indian Theological Studies* 19, no. 4 (December 1982): 281–288.

Phillips, John. *Exploring the Gospels: John*. Neptune, N.J.: Loizeaux Brothers, 1988.

Pink, Arthur W. *Exposition of the Gospel of John*. Vol. 1. Grand Rapids: Zondervan, 1975.

_____. *Exposition of the Gospel of John*. Vol. 2. Grand Rapids: Zondervan, 1956.

_____. *Exposition of the Gospel of John*. Vol. 3. Grand Rapids: Zondervan, 1958.

_____. *The Holy Spirit.* Grand Rapids: Baker Books, 1970.
Powell, Ivor. *The Amazing Acts.* Ivor Powell Commentary Series. Grand Rapids: Kregel Publications, 1987.
Poythress, Vern S. "Testing for Johannine Authorship by Examining the Use of Conjunctions." *Westminster Theology Journal* 46 (1984): 350-69.
Raymer, Roger M. "1 Peter." In *The Bible Knowledge Commentary,* New Testament ed., ed. John F. Walvoord and Roy B. Zuck. Wheaton, Ill.: Victor Books, 1983.
Rice, John R. *The Son of God: A Verse-by-Verse Commentary on the Gospel according to John.* Murfreesboro, Tenn.: Sword of the Lord Publishers, 1976.
Richardson, Alan. *An Introduction to the Theology of the New Testament.* New York: Harper & Row, Publishers, 1958.
Ridderbos, J. *Isaiah.* Bible Student's Commentary. Translated by John Vriend. Grand Rapids: Zodervan Publishing House, 1985.
Robertson, A. T. *A Grammar of the Greek New Testament in the Light of Historical Research.* Nashville, Tenn.: Broadman Press, 1934.
Rodgers, J. H. "Presence of the Living God: An Essay in Christology." *Foundations* 11 (Jan.-Mar. 1968): 53-67.
Ryrie, Charles Caldwell. *The Holy Spirit.* Chicago: Moody Press, 1965.
Sadler, M. F. *Commentary on St. John: With Notes Critical and Practical.* London: George Bell & Sons, 1899.
Schnackenburg, Rudolf. *The Gospel according to St. John, Vol. 3, Commentary on Chapters 13-21.* New York: Crossroad, 1982.
Scofield, C. I. *The Scofield Reference Bible.* New York: Oxford University Press, 1945.
Senior, Donald. *First and Second Peter.* New Testament Message: A

  Biblical-Theological Commentary. Wilmington, Del.: Michael Glazier, 1980.

Shedd, William G.T. *Dogmatic Theology.* Vol. 2. Nashville, Tenn.: Thomas Nelson Publishers, 1980.

Simpson, A. B. *The Holy Spirit: An Unfolding of the Doctrine of the Holy Spirit in the Old and New Testaments.* Vol. 2. Harrisburg, Pa.: Christian Publications, n.d.

Smedes, Lewis B. *Union with Christ: A Biblical View of the New Life in Jesus Christ.* Grand Rapids: Wm. B. Eerdmans Publishing Co., 1983.

Smith, H. B. *System of Christian Theology.* Edited by William S. Karr. New York: A. C. Armstrong and Son, 1892.

Smith, J. B. *Greek-English Concordance to the New Testament.* Scottdale, Pa.: Herald Press, 1955.

Smith, J. Ritchie. *The Teaching of the Gospel of John.* New York: Fleming H. Revel, 1903.

Smith, David L. *A Handbook of Contemporary Theology.* Wheaton, Ill.: BridgePoint, 1992.

Smith, Lewis B. *Union with Christ: A Biblical View of the New Life in Jesus Christ.* Grand Rapids: Wm. B. Eerdmans Publishing Co., 1983.

Sproston, W. E. "*'Is Not This Jesus, the Son of Joseph . . .?' (John 6:42): Johannine Christology as a Challenge to Faith.*" *Journal for the Study of the New Testament* 24 (1985): 77-97.

Stewart, James S. *A Man in Christ: The Vital Elements of St. Paul's Religion.* New York: Harper & Row Publishers, n.d.

_____. *The Life and Teaching of Jesus Christ.* Nashville, Tenn.: Abington Press, 1984.

Stibbs, Alan M. *The First Epistle General of Peter.* Grand Rapids: Wm. B. Eerdmans Publishing Co., 1979.

Strong, Augustus Hopkins. *Systematic Theology.* Vol. 3, *The Doctrine of Salvation.* Philadelphia: Griffith & Rowland Press, 1909.
Summers, Ray. *Behold the Lamb: An Exposition of the Theological Themes in the Gospel of John.* Nashville, Tenn.: Broadman Press, 1979.
Sundberg, Albert C., Jr. "Christology in the Fourth Gospel." *Biblical Research* 21(1976): 29-37.
Swete, Henry Barclay. *The Last Discourse and Prayer of Our Lord: A Study of St. John 14-17.* London: MacMillan and Co., 1914.
Tasker, R. V. G. *The General Epistle of James.* Grand Rapids: Wm. B. Eerdmans Publishing Co., 1979.
_____. *The Gospel according to St. John.* Grand Rapids: Wm. B. Eerdmans Publishing Co., 1978.
Tenney, Merrill C. *The Gospel of John.* The Expositor's Bible Commentary. Vol. 9, ed. Frank E. Gaebelein. Grand Rapids: Zondervan, 1981.
Terry, Milton S. *Biblical Hermeneutics.* Grand Rapids: Zondervan Publishing House, n.d.
Thieme, Robert B., III. *Union with Christ.* Portland, Oreg.: Micropublished by Theological Research Exchange Network, 1987.
Thiessen, H. C. *Lectures in the Systematic Theology.* Grand Rapids: Wm. B. Eerdmans Publishing Co., 1992.
Thomas, W. H. Griffith. *Studies in Colossians and Philemon.* Grand Rapids: Kregel Publications, 1986.
Thornton, L. S. *The Common Life in the Body of Christ.* London: Dacre Press, 1950.
Toon, Peter. *Justification and Sanctification.* Westchester, Ill.: Crossway Books, 1983.
Torrey, R. A. *The Baptism with the Holy Spirit.* Minneapolis, Minn.:

Bethany House Publishers, 1972.
Toussaint, Stanley D. "Acts." In *Bible Knowledge Commentary*, New Testament ed., ed. John F. Walvoord. Wheaton, Ill.: Victor Books, 1983.
Turner, George Allen, and Julius R. Mantey. *The Gospel according to John*. The Evangelical Commentary. Grand Rapids: Wm. B. Eerdmans Publishing Co., n.d.
Turner, M. M. B. "The Concept of Receiving the Spirit in John's Gospel." *Vox Evangelca* 10(1977): 24-42.
Unger, Merrill F. *Unger's Bible Dictionary*. Chicago: Moody Press, 1981.
Van Doren, William H. *Gospel of John*. Expository and Homiletical Commentary. Grand Rapids: Kregel Publications, 1981.
Vaughan, Robert Alfred. *Hours with the Mystics*. Vol. 1. London: W. W. Gibbings, 1891.
_____. *Hours with the Mystics*. Vol. 2. London: W. W. Gibbings, 1891.
Walvoord, J. F. *Evangelical Dictionary of Theology*. Edited by Walter A. Elwell. Grand Rapids: Baker Book House, 1984.
_____. *The Holy Spirit*. Grand Rapids: Zondervan Publishing House, 1991.
_____. *The Holy Spirit at Work*. Chicago: Moody Press, 1973.
_____. "Revelation." In *The Bible Knowledge Commentary*, New Testament ed., ed. John F. Walvoord and Roy B. Zuck. Wheaton, Ill.: Victor Books, 1983.
Warfield, B. B. *Revelation and Inspiration*. The Works of Benjamin B. Warfield. Grand Rapids: Baker Book House, 1981.
Watkins, H. W. *The Gospel according to St. John*. Ellicott's Commentary on the Whole Bible. Edited by Charles John Ellicott. Grand Rapids: Zondervan Publishing House, 1981.

Watts, John D. W. *Isaiah 34-66.* Word Biblical Commentary, Vol. 25. Waco, Tex.: Word Books, Publisher, 1987.

Weisiger, Cary N., III. "The Reformed Doctrine of Sanctification." In *Fundamentals of the Faith,* ed. Carl F. H. Henry, 211-230. Grand Rapids: Zondervan Publishing House, 1969.

Wessel, Walter W. *Mark.* Vol. 8 of *The Expositor's Bible Commentary.* Edited by Frank E. Gaebelein. Grand Rapids: Zondervan Publishing House, 1984.

White, James R. *The Fatal Flaw.* Southbridge, Mass.: Crowne Publications, 1990.

White, R. E. O. *The Night He Was Betrayed: Biblical Studies in Our Lord's Preparation for His Passion.* Grand Rapids: Wm. B. Eerdmans Publishing Co., 1982.

Whitelaw, Thomas. *Commentary on John.* Grant Rapids: Kregel Publications, 1993.

Whitney, Donald S. *Spiritual Disciplines for the Christian Life.* Colorado Springs, Colo.: NavPress Publishing Group, 1991.

Wiersbe, Warren W. *Be Confident: An Expository Study of the Epistle to the Hebrews.* Wheaton, Ill.: Victor Books, 1983.

_____. *Be Joyful: Philippians.* Wheaton, Ill.: Victor Books, 1983.

_____. *Be Rich: Ephesians.* Wheaton, Ill.: Victor Books, 1984.

_____. *Be Right: Romans.* Wheaton, Ill.: Victor Books, 1983.

_____. *Be Transformed: An Expository Study of John 13-21.* Wheaton, Ill.: Victor Books, 1987.

_____. *Be Wise: 1 Corinthians.* Wheaton, Ill.: Victor Books, 1984.

Wilkinson, Bruce. *Secrets of the Vine.* Sisters, Oreg.: Multnomah Publishers, 2001.

Williams, John. *The Holy Spirit: Lord and Life-Giver.* Neptune, N.J.: Loizeaux Brothers, 1980.

Wilson, T. Ernest. *John 13-17: The Farewell Ministry of Christ.* Neptune, N.J.: Loizeaux Brothers, 1981.

Witmer, John A. "Romans." In *Bible Knowledge Commentary,* New Testament ed., ed. John F. Walvoord and Roy B. Zuck. Wheaton, Ill.: Victor Books, 1983.

Wood, Leon J. *The Holy Spirit in the Old Testament.* Grand Rapids: Zondervan Publishing House, 1976.

Wood, A. Skevington. *Ephesians.* Expositor's Bible Commentary, Vol. 11. Edited by Frank E. Gaebelein. Grand Rapids: Zondervan Publishing House, 1978.

Woodcock, Eldon. "The Seal of the Holy Spirit: The Doctrine of Eternal Security." In *Evangelical Theological Society Papers,* 6 leaves. Portland, Oreg.: Micropublished by Theological Research Exchange Network, 1996.

Young, Edward J. *The Book of Isaiah.* Vol. 3. Grand Rapids: Wm. B. Eerdmans Publishing Co., 1977.

Zenos, Andrew C. *The Plastic Age of the Gospel: A Manual of New Testament Theology.* New York: MacMillan Co., 1927.